하루 한 권 아이와 함께 하는
영어 그림책 수업
77

하루 한 권 아이와 함께 하는
영어 그림책 수업 77

초판 1쇄 발행 2025년 4월 18일

지은이 | 초등영어그림책연구회
발행인 | 최윤서
편집장 | 이경혜
디자인 | 김수경
마케팅 지원 | 최수정
펴낸 곳 | (주)교육과실천
저자 강의·도서 구입 | 02-2264-7775
인쇄 | 031-945-6554 두성 P&L
일원화 구입처 | 031-407-6368 (주)태양서적
등록 | 2020년 2월 3일 제2020-000024호
주소 | 서울특별시 중구 창경궁로 18-1 동림비즈센터 505호

ISBN 979-11-91724-83-7 (13370)
정가 23,000원

저작권법에 따라 한국 내에서 보호를 받는 저작물이므로 무단 전재 및 복제를 금합니다.
저자 강의 및 도서 문의는 교육과실천 02-2264-7775로 연락 주십시오.

하루 한 권 아이와 함께 하는

영어 그림책 수업 77

초등영어그림책연구회 지음

교육과실천

★ 들어가며 ★

영어 그림책을 연구하는 선생님들이 한자리에 모였습니다.

    2016년 새 학기를 앞둔 겨울, 10여 명의 교사들이 '영어 그림책'에 대한 열정 하나로 한자리에 모였습니다. 9년여 세월 동안 다양한 주제의 영어 그림책, 작가 그리고 이를 활용한 수업 및 활동 연구에 집중해 왔습니다. 매년 겨울 커다란 여행 가방에 영어 그림책을 한가득 담고 1박 2일 워크숍으로 향하는 발걸음에는 늘 설렘이 가득했습니다. 새 학년도에 어떤 주제와 그림책으로 활동을 이어 나갈지에 대한 토의는 밤늦게까지 이어졌습니다.

    워크숍에서는 지금까지 '열두 달 학급 경영', '세계 시민 교육', '마음 챙김' 등 다양한 연구 주제를 다루었는데, 그 중심에는 늘 영어 그림책이 있었습니다. 연구 주제와 알맞은 그림책을 선정하고 월별로 요목화하는 것은 일 년의 활동을 시작하기 전 가장 공들이는 작업이었습니다. 월별로 읽을 그림책을 정하고 나면 작가와 그림책 내용을 꼼꼼하게 살펴보면서, 짚어 봐야 하는 부분, 알아 두면 좋은 그림책 정보, 수업 활용 방안 등에 관해 심도 있게 논의했습니다. 또한 각자 교실에서 영어 그림책을 읽어 주고 활동한 뒤, 서로 수업 결과물을 공유하고 소감을 나누며 그림책에 대한 이해를 더욱 깊이 있게 확장했습니다.

그렇게 수년간 영어 그림책을 연구하며 현장에 적용한 결과, 우리는 지속적으로 성장할 수 있었습니다. 그리고 그 과정이 기쁘고 즐거웠기 때문에 이를 더 널리 알리고 싶다고 생각했고, 그동안 현장에서 녹인 경험과 노하우를 이번 책을 통해 공유하게 되었습니다. 영어 그림책을 활용하고 싶지만 선뜻 시작하기 어려워하는 선생님들께 이 책이 도움이 되면 좋겠습니다.

영어 그림책 읽기가 가져다주는 특별한 효과가 있습니다.

그림책은 우리 삶의 다양한 장면을 담고 있습니다. 다문화, 장애, 성평등 등 범교과적인 주제까지 다룹니다. 이를 통해 깊은 울림과 깨달음을 주며, 또한 우리 마음에 감동을 선사하고 풍부한 상상력과 창의력으로 웃음을 안겨 줍니다. 아이들에게 이런 그림책을 읽어 주며 그림책이 가진 힘과 아이들의 변화와 성장을 현장에서 직접 보고 느끼고 있습니다.

그중에서도 영어 그림책을 읽어 주면 아이들에게 어떤 점이 좋을까요?
첫째, 영어에 관심을 갖게 됩니다. 그림책이라는 특성상 그림을 보고 내용을 파악할 수 있어, 영어 실력이 낮거나 영어를 싫어하는 아이들도 영어 그림책 읽기에 호기심을 가지고 빠져드는 모습을 볼 수 있습니다. 재미있고 다양하게 구성된 그림책을 통해 영어를 흥미롭게 느끼고 즐거운 마음으로 받아들이게 됩니다.
둘째, 영어 어휘 실력을 향상할 수 있습니다. 그림책에서 자주 나오는 표현은 일부러 외우려고 하지 않아도 맥락 안에서 자연스럽게 익혀집니다. 더구나 초등학생은 발달 특성상 어른이나 선생님의 말과 행동을 잘 관찰하고 모방합니다. 그림책을 실감 나게 읽어 주는 선생님을 따라 영어를 한두 마디 말하다 보면 영어 어휘를 쉽게 익힐 수 있습니다.
셋째, 원서가 가진 본연의 느낌을 그대로 느낄 수 있습니다. 한글 번역본으로는 원서의 어구나 문장의 리듬감, 어휘의 의미, 감동 등을 똑같이 전달하기 어려울 때가 있습니다. 원서를 읽으며 영어 그림책이 처음 의도한 색감, 표지, 디자인을 살피다 보면, 책이 전달하고자 하는 메시지와 감정을 보다 온전하게 느낄 수 있습니다.

영어 그림책을 통해 교사 역시 많은 것을 배울 수 있습니다.
그림책의 내용은 교사에게도 큰 메시지와 감동을 주며 힐링이 되는 시간을 선물합니다. 게다가 책에 나오는 영어 단어와 어휘, 또는 배경 지식들을 미리 연구하면서 전문 지식과 소양을 높일 수 있습니다.

또한 학급 경영에도 많은 도움을 줍니다. 아이들과 같은 책을 공유함으로써 유대 관계가 좋아지고, 아이들을 조금 더 이해할 수 있는 소중한 기회가 됩니다. 특히 아이들과 일 년 동안 꾸준히 영어 그림책을 읽으며 차곡차곡 쌓은 결과물과 다 함께 성장한 모습을 보면 큰 성취감을 느낄 수 있습니다.

교실 현장에서 영어 그림책을 꾸준히 읽어 주었더니 아이들의 변화가 조금씩 눈에 띄었습니다. 책장을 가득 채운 영어 그림책에 관심을 갖고 스스로 꺼내 읽기 시작하고, 함께 읽은 영어 그림책 번역서를 도서관에서 발견하고는 마치 보물을 찾은 듯 환하게 웃으며 책을 손에 들고 뛰어옵니다. 같은 작가의 다른 그림책을 스스로 찾아 읽기도 하고, 어느 날은 친구들과 함께 읽고 싶다며 재미있는 그림책을 가지고 와 선생님 책상에 올려 두기도 합니다.

또 학급에서 무슨 일이 생기면 함께 읽은 그림책의 주제를 떠올리고는 "실수해도 괜찮아.(『It's Okay to Make Mistakes』)", "잘 들어 주는 게 중요해.(『The Rabbit Listened』)"라고 말하며 긍정적인 학급 문화를 만들기도 합니다. 이런 아이들의 변화를 보며 영어 그림책의 매력과 힘을 더욱 깊이 느낄 수 있었습니다.

『하루 한 권 아이와 함께 하는 영어 그림책 수업 77』은 이렇게 구성되어 있습니다.

이 책에 수록된 77권의 영어 그림책은 크게 세 가지 주제로 분류했습니다.

첫 번째 주제는 '특별한 하루'로, 장애인의 날, 지구의 날, 세계 평화의 날 등 교육적으로 의미 있는 기념일과 관련된 영어 그림책을 다룹니다. 두 번째 주제는 '특별한 관계'로, 자신을 이해하고 감정을 조절하며 성장해 가는 과정에서, 주변 사람들과 다양한 관계를 확장해 나가는 방법과 관련된 그림책을 소개합니다. 세 번째 주제는 '특별한 재미'입니다. 작가의 풍부한 상상력과 창의력으로 독자에게 무한한 재미를 주는 그림책을 담았습니다.

각각의 영어 그림책은 주제별 핵심 내용과 주요 어휘를 소개하고, 그림책 읽기의 전·중·후 단계에서 다루면 좋을 내용을 제시합니다. 그림책을 읽으면서 놓치면 안 될 정보와 함께, 어떤 방식으로 그림책을 읽고 다루면 좋을지 실제적이고 구체적인 자료를 제공합니다. 또한 선생님들이 수업 시간에 영어 그림책을 효과적으로 활용할 수 있게 핵심 키워드를 해시태그로 제시하였습니다. 그림책을 읽고 나서 할 수 있는 활동과 실제 아이들의 결과물을 게시해, 아이들의 변화를 관찰하고 유용한 정보도 확인할 수 있습니다. 이에 관해서는 이어지는 '내용 구성'을 참고하면 좋습니다.

더불어 책 말미에는 영어 그림책 읽어 주기와 관련한 궁금증들을 Q&A 형식으로 묻고 답하였으며, 수록된 그림책과 연관된 교과 주제를 표로 정리해 부록으로 실었습니다.

우리의 열정과 노력이 담긴 『하루 한 권 아이와 함께 하는 영어 그림책 수업 77』이 영어 그림책을 활용하고 싶은 모든 분들에게 유용한 길라잡이가 되길 바랍니다.

초등영어그림책연구회 'The Bucket Book' 일동

★ 내용 구성 ★

❶ 한글 번역서 제목

❷ 책 내용과 관련된 키워드, 수상 경력

❸ 교육과정과 정서 발달 수준을 고려한 읽기 맞춤 학년

❹ 영어 난이도(331쪽 '영어 그림책 읽어 주기 Q&A' 참고)

❺ 간단한 책 줄거리와 선정 이유

❻ [어휘 체크] 중요하거나 읽기 전에 미리 확인하면 도움이 되는 어휘

❼ [작가 이야기] 작가나 그림책에 관련된 일화

❽ [Before Reading] 읽기 전 활동 - 그림책 표지와 면지 활용 정보

❾ [While Reading] 읽는 중 활동
　- 강조해서 읽어 주어야 할 부분, 읽기 효과를 높이기 위한 구체적인 읽기 팁, 아이들의 반응

❿ 책 읽기에 필요한 핵심 전략 제시

⓫ 교사가 활용하면 좋을 핵심 발문

⓬ [After Reading] 읽기 후 활동 - 수업 중 활용할 수 있는 독후 활동

⓭ 참고 예시 작품(활동지 다운받아 활용 가능)

⓮ [아이들의 성장] 책을 읽고 성장한 아이들의 생생한 소감

⓯ [깨알 정보] 그림책과 관련된 배경지식, 알아 두면 좋은 상식

★ 차례 ★

들어가며 ··· 4
내용 구성 ··· 8

Part 1. 특별한 하루 _ 다양한 기념일과 특정한 때

| 1 | My Teacher Is a Monster! 선생님은 몬스터!
#3월_새학기 #선생님 #첫만남 | ··· 18 |

| 2 | The Happy Day 모두 행복한 날
#3월_봄 #겨울잠 #동물 #칼데콧아너 | ··· 23 |

| 3 | In the Forest 나무늘보가 사는 숲에서
#3/21_세계숲의날 #팝업북 #개발과보존 #나무늘보 | ··· 27 |

| 4 | We Are Water Protectors 워터 프로텍터: 생명의 물을 지키는 사람들 이야기
#3/22_세계물의날 #환경보호 #단체행동 #칼데콧아너 | ··· 32 |

| 5 | Susan Laughs 수잔이 웃어요
#4/20_장애인의날 #다름 #편견 #반전 | ··· 37 |

| 6 | 10 Things I Can Do to Help My World
고사리손 환경책-지구를 지키는 생활 습관 10가지
#4/22_지구의날 #지구 #환경교육 #내가할수있는일 | ··· 42 |

| 7 | Library Mouse 도서관 생쥐
#4/23_세계책과저작권의날 #글쓰기 #도서관 | ··· 46 |

| 8 | Yes Day!
#5/5_어린이날 #자유 #가족 #허락을구하는표현 | ··· 50 |

| 9 | Where's Halmoni? 사라진 할머니
#5/21_세계문화다양성의날 #한국전통문화 #할머니 #호랑이 | ··· 54 |

| 10 | Handa's Surprise 한다의 깜짝 선물
#5/21_세계문화다양성의날 #다문화 #친구 #열대과일 | ··· 59 |

| 11 | Hey! Get Off Our Train 야, 우리 기차에서 내려!
#5/22_국제생물다양성의날 #공존 #환경 #동물 | ··· 65 |

| 12 | I'm the Biggest Thing in the Ocean 내가 세상에서 제일 커!
#6/8_세계해양의날 #자부심 #바다생물 #비교급 | ··· 70 |

13	**The Water Princess** 물의 공주	… 75
	#6/17_세계사막화방지의날 #물의날 #물부족 #아프리카	
14	**The Day War Came** 모든 것이 사라진 그날	… 80
	#6/20_세계난민의날 #전쟁 #학교 #의자	
15	**Flotsam** 시간 상자	… 85
	#7월_여름 #바다표류물 #상상 #칼데콧메달	
16	**Hot Dog** 핫 도그	… 90
	#7월_여름 #휴식 #반려동물 #칼데콧메달	
17	**Negative Cat** 시큰둥이 고양이	… 94
	# 8/8_세계고양이의날 #반려동물 #책임 #동물에게책읽어주기	
18	**The Paper Bag Princess** 종이 봉지 공주	… 99
	#9월_성평등주간 #성고정관념 #자아존중감 #지혜	
19	**It's a Book** 그래, 책이야!	… 104
	#9월_독서의달 #몰입 #독서교육 #전자기기	
20	**The Incredible Book Eating Boy** 와작와작 꿀꺽 책 먹는 아이	… 109
	#9월_독서의달 #책 #책먹는아이 #독서교육	
21	**Imagine** 이매진	… 114
	#9/21_세계평화의날 #비둘기 #존레논	
22	**Martin's Big Words:** The life of Dr. Martin Luther King, Jr. 마틴 루터 킹	… 119
	#10/2_세계비폭력의날 #흑인 #인권 #칼데콧아너	
23	**The Stray Dog** 떠돌이 개	… 123
	#10/4_세계동물의날 #반려견 #펫티켓 #칼데콧아너	
24	**It's a No-Money Day** 세상의 모든 돈이 사라진 날	… 128
	#10/17_국제빈곤퇴치의날 #가난 #나눔 #푸드뱅크	
25	**Skeleton Hiccups** 해골이 딸꾹딸꾹	… 132
	#10/31_핼러윈 #딸꾹질 #인체 #해골	
26	**No Kimchi for Me!**	… 137
	#11/22_김치의날 #한국문화 #가족 #비오는날	
27	**The Mitten** 털장갑	… 141
	#12월_겨울 #우크라이나문화 #숲속동물 #따뜻함	
28	**Harvey Slumfenburger's Christmas Present** 크리스마스 선물	… 146
	#12/25_크리스마스 #나눔 #도움 #모험	

Part 2. 특별한 관계 _ 나, 너, 사회와의 관계

자기 이해

29 Chrysanthemum 난 내 이름이 참 좋아! ··· 152
#자존감 #이름 #괴롭힘 #새학기

30 Eat Your Peas 콩도 먹어야지! ··· 156
#편식 #음식 #유머 #가족

31 The Bad Seed 나쁜 씨앗 ··· 160
#자기반성 #노력 #변화 #생활습관

32 The Crocodile Who Didn't Like Water 물을 싫어하는 아주 별난 꼬마 악어 ··· 165
#자아정체성 #자존감 #성장 #극복 #반전

33 The OK Book ··· 170
#회복탄력성 #도전 #자아존중감 #실수

감정 조절

34 Mean Soup ··· 174
#감정조절 #화 #상상력 #가족애

35 The Color Monster: A Story about Emotions 컬러 몬스터: 감정의 색깔 ··· 178
#감정조절 #자기관리 #색깔 #콜라주

36 When Sadness Comes to Call 슬픔이 찾아와도 괜찮아 ··· 183
#슬픔 #이겨내는방법 #감정수용

성장

37 Black Dog 블랙 독 ··· 187
#두려움 #용기 #복선 #케이트그리너웨이

38 I Talk Like a River 나는 강물처럼 말해요 ··· 192
#위로 #극복 #용기 #말더듬기

39 The Dot 점 ··· 197
#자아존중감 #격려 #잠재력 #미술시간

40 Me... Jane 내 친구 제인 ··· 202
#자아성장 #진로 #제인구달 #동물친화 #칼데콧아너

긍정

41   I Can Be Anything! 나는 무엇이든 될 수 있어!   … 207
#긍정 #자기탐색 #좋아하는것 #~하는사람er

42   Imogene's Antlers 머리에 뿔이 났어요   … 211
#변화 #상상 #가족 #반전 #성교육

43   It's Okay to Make Mistakes   … 216
#긍정 #자기격려 #실수 #상황극복

44   Pete the Cat: I Love My White Shoes 고양이 피트: 난 좋아 내 하얀 운동화   … 220
#긍정 #회복탄력성 #고양이 #색깔

우정

45   How to Lose All Your Friends 친구를 모두 잃어버리는 방법   … 225
#우정 #친구 #새학기 #학급세우기 #유머

46   I'm the Best 내가 최고야   … 229
#비교 #잘난척 #장점 #잘하는것

47   Lost and Found 다시 만난 내 친구   … 233
#우정 #친구 #외로움 #공감

48   Ping 핑!   … 237
#우정 #관계맺기 #소통 #용기

49   Stick and Stone 막대기랑 돌멩이랑   … 241
#우정 #친구 #외로움 #성장

50   Superworm 꿈틀꿈틀 왕지렁이   … 245
#우정 #협동 #영웅 #라임

51   The Invisible Boy 보이지 않는 아이   … 250
#친구 #관계 #자존감 #존재감

52   The Rabbit Listened 가만히 들어주었어   … 256
#위로 #경청 #공감 #상황대처

사회

53　Blackout 앗, 깜깜해 ··· 261
#가족관계 #이웃 #정전 #칼데콧아너

54　Papa, Please Get the Moon for Me 아빠, 달님을 데려와 주세요 ··· 265
#아버지의사랑 #달의위상변화 #입체북 #콜라주

55　Hello Lighthouse 안녕, 나의 등대 ··· 270
#사라지는직업 #등대지기 #진로 #칼데콧메달

56　Swimmy 헤엄이 ··· 276
#협동 #용기 #공동체 #칼데콧아너

57　They All Saw a Cat 어떤 고양이가 보이니? ··· 281
#관점 #존재 #칼데콧아너

Part 3. 특별한 재미 _ 상상력과 창의력의 힘

58　A Million Dots 백만 개의 점이 만든 기적 ··· 288
#숫자읽기 #두배 #수학 #펼친그림책

59　Animalia ··· 290
#숨은그림찾기 #알파벳 #동물 #파닉스

60　Baa Baa Smart Sheep 똑똑해지는 약 ··· 292
#속임수 #똥 #양 #칠면조

61　Bark, George 짖어 봐, 조지야 ··· 294
#반전 #강아지 #동물울음소리 #수의사

62　Daisy Really, Really ··· 296
#거짓말 #일탈 #진짜하고싶은일

63　Dog Breath: The Horrible Trouble with Hally Tosis 입냄새 나는 개 ··· 298
#입냄새 #반려동물 #우정 #가족

64　Hi! Fly Guy 내 친구 파리보이 ··· 300
#반려동물 #z사운드 #우정 #리더스북

65　From Head to Toe 머리에서 발끝까지 ··· 302
#몸놀이 #신체 #동물 #Can you~?

| 66 | I Spy: An Alphabet In Art | ⋯ 304 |

#숨은그림찾기 #알파벳 #명화

| 67 | I Want My Hat Back 내 모자 어디 갔을까? | ⋯ 306 |

#범인찾기 #정직 #거짓말 #소통

| 68 | Not a Box 이건 상자가 아니야 | ⋯ 308 |

#상상력 #상자 #창의력 #토끼

| 69 | Pigsty | ⋯ 310 |

#돼지우리 #정리 #생활습관 #놀이문화

| 70 | Press Here | ⋯ 312 |

#책놀이 #상호작용 #색깔 #상상력

| 71 | Roller Coaster 롤러코스터 | ⋯ 314 |

#놀이공원 #현장체험학습 #설렘

| 72 | Sam & Dave Dig a Hole 샘과 데이브가 땅을 팠어요 | ⋯ 316 |

#모험 #탐험 #땅파기 #칼데콧아너

| 73 | That Is Not a Good Idea! 안 돼요, 안 돼! | ⋯ 318 |

#반전 #경고 #거위 #여우

| 74 | The Napping House 낮잠 자는 집 | ⋯ 320 |

#벼룩찾기 #낮잠 #비오는날 #평온

| 75 | The Very Hungry Caterpillar 아주 아주 배고픈 애벌레 | ⋯ 322 |

#구멍난책 #애벌레 #성장 #음식

| 76 | Tops & Bottoms | ⋯ 324 |

#꾀 #성실 #채소 #칼데콧아너

| 77 | What Does an Anteater Eat? | ⋯ 326 |

#반전 #개미핥기 #동물의먹이 #다양한동물

영어 그림책 읽어 주기 Q&A ⋯ 328
[부록 1] 수록 그림책과 학년별 교과 수업 연계 ⋯ 338
[부록 2] 수록 그림책과 학년별 영어 수업 연계 ⋯ 344

특별한 하루
_다양한 기념일과 특정한 때

My Teacher Is a Monster! (No, I Am Not.)
선생님은 몬스터!

Peter Brown

#3월_새학기 #선생님 #첫만남

추천 학년 1 2 3 4 5 6 | AR 1.7

주인공 로버트(Robert)의 눈에는 수업 시간에 비행기를 날린다며 호통치고, 똑바로 앉으라며 무섭게 말하는 커비(Kirby) 선생님이 괴물처럼 보인다. 그러던 어느 토요일 아침, 공원에서 우연히 선생님을 만나 함께 시간을 보내게 된 로버트에게 선생님의 모습이 점점 다르게 보이기 시작한다. 학생과 선생님 사이의 관계를 그린 이야기로, 새 학기를 긴장하며 맞이하는 아이들에게 추천하는 그림책이다.

✅ 어휘 체크

- **Bobby** 바비, 로버트(Robert)의 애칭
- **stomp** 쿵쿵거리며 걷다
- **settle down** 조용히 자리 잡다, 편안히 앉다
- **playtime** 쉬는 시간
- **aeroplane** 비행기
- **make things worse** 상황을 악화시키다
- **enormous** 아주 큰, 거대한, 막대한
- **awkward** 어색한, 곤란한, 불편한
- **get away** 도망가다, 빠져나가다
- **bump into** 우연히 만나다, 부딪히다

Before Reading

- Who's she? What does she look like? (이 여자는 누구일까요? 어떤 모습인가요?)
- Has your teacher ever looked like a monster? (선생님이 괴물처럼 보인 적이 있나요?)

표지의 선생님 모습이 어떤지, 왜 그렇게 그려졌을지 생각해 보자. 자연스럽게 연결해, 선생님이 괴물처럼 느껴진 적이 있었는지도 아이들과 이야기 나누어 보자.

아이들에게 이 책의 제목을 물으면 아이들 대부분은 "My Teacher Is a Monster!"라고 대답한다. 하지만 이 책의 전체 제목은 문답 형식으로, 학생의 대사인 'My Teacher Is a Monster!'와 선생님의 대사인 'No, I Am Not.'까지 포함한다. 처음에 선생님의 대사를 아이들이 발견하지 못한다면 책을 다 읽고 나서 다시 표지로 돌아와 언급해도 좋다. 아이들이 '아하!' 하고 놓친 부분을 확인하게 될 것이다.

While Reading

등장인물에 감정 이입하며 실감 나게 읽기

초반에 커비 선생님의 대사는 엄격하게, 바비의 대사는 소심하게 읽어 주면 아이들이 이야기에 더욱 집중할 수 있다. 선생님이 종이비행기 날리는 바비를 "로버트!"라고 부르는 장면에서 힘주어 큰 소리로 읽으며 아이들의 이목을 확 끌어 보자. 또한 선생님이 바비를 계속 '로버트'로 부르다가 모자를 되찾은 후 '바비'로 부르는 장면에서는 부드러운 목소리로 읽어 주어 둘의 관계가 점점 가까워지고 있음을 알려 준다.

의성어와 의태어를 활용하여 실감 나게 읽을 수도 있다. 선생님이 쿵쿵거리며 걷는 모습을 발소리 의성어 Thump! Thump!를 곁들여 흉내 내거나, 비행기가 날아갈 때의 바람 소리를 Whizz!로 표현하면서 더 재미있게 읽어 보자.

커비 선생님의 외모 변화 확인하기

- What does Miss Kirby look like on this page? (이 페이지에서 커비 선생님의 모습은 어떻게 보이나요?)
- What is the color of her face? What do her eyes look like? How about her teeth? How about her nostrils, are they big or small? (얼굴색은 어떤가요? 눈은 어떻게 보이나요? 이는 어떤가요? 콧구멍은 어때요? 큰가요, 작은가요?)

책장을 넘길 때마다 커비 선생님의 모습이 어떻게 달라지는지 아이들이 발견할 수 있도록 유도하자. 이야기 초반에 선생님의 모습은 연둣빛 얼굴과 심술궂은 눈, 뾰족한 이, 커다란 콧구멍으로 묘사되지만, 후반에는 얼굴도 살굿빛으로 변하고 눈, 코, 입도 상냥해 보인다. 이는 바비 입장에서 느껴지는 선생님의 모습 변화와 관련 있다. 선생님에 관해 잘 몰랐던 초반에는 무서운 괴물로 표현되지만, 바비가 선생님과 친해지면서 상냥한 선생님의 모습으로 그려진 것이다.

마음가짐에 따라 상대방이나 사물의 모습이 달라진다는 것 알기

- At first, Miss Kirby looked like a monster. But why did her appearance change? (처음에 커비 선생님은 괴물처럼 보였어요. 그런데 왜 커비 선생님의 모습이 달라졌을까요?)

공원에서 함께 시간을 보낸 선생님은 여전히 학교에서 발을 구르고 소리치지만 더 이상 괴물의 모습이 아니다. 마음가짐에 따라 상대방이나 사물의 모습이 다르게 보일 수 있다는 사실을 이야기해 보자. 또 새 학기에 만난 선생님이 아직 낯설고 두려운 아이들도 함께 지내다 보면 선생님의 다른 모습을 알게 되고 친해질 거라며 안심시켜 주자.

그림책 뒤표지의 'Monsters are not always what they seem.' (괴물처럼 보인다고 다 괴물은 아

니다.) 문장을 함께 읽고, 선생님뿐만 아니라 다른 사람들을 외모와 행동 등의 겉모습으로 오해하는 일이 없도록 이야기 나누어 본다.

또한, 속표지의 헌사 'To misunderstood teachers and their misunderstood students'(오해 받는 선생님들과 오해 받는 아이들에게)가 이 그림책의 주제를 암시한다는 내용도 지나치지 말고 확인한다.

After Reading

화난 선생님의 모습 표현하기

화가 잔뜩 난 선생님의 모습을 그림으로 그리거나 색종이, 클레이 등 다양한 재료로 표현해 보자. 선생님의 눈, 코, 입 모양과 색깔, 표정을 살려 표현하고, 선생님이 자주 하는 말을 말풍선에 적어 볼 수도 있다. 아이들은 선생님이 화내는 모습을 우스꽝스럽게 표현하면서 자신의 작품에 만족감을 느끼고 즐거워할 것이다. 고학년이라면 그림판이나 무료 디자인 앱을 활용해 작품을 제작할 수도 있다.

종이비행기 접어 날리기

그림책을 읽고 종이비행기를 접어 교실이나 운동장에서 날려 보자. 오늘만은 교실에서 종이비행기를 날릴 수 있다고 허락하면 어느새 아이들 모두 언덕 위의 바비가 되어 행복해할 것이다. 종이비행기에 올해 바라는 소망이나 이루고 싶은 꿈을 적을 수도 있고, 멀리 날리기나 오래 날리기 등 다양한 놀이 활동을 할 수도 있다.

아이들의 성장

- 애들아, 수업 시간에 장난치지 마. 선생님이 괴물로 변할지도 몰라. (지승민, 2학년)
- 나도 바이올린 방과후학교 선생님이 처음엔 무서웠는데 지금은 괜찮아. (노지율, 3학년)
- 공원에서 종이비행기를 날리는 바비는 정말 행복해 보여. 나도 선생님과 밖에서 만나고 싶어. (고아린, 4학년)

2

The Happy Day
모두 행복한 날

Ruth Krauss, Marc Simont

#3월_봄 #겨울잠 #동물 #칼데콧아너

추천 학년 1 2 3 4 5 6   AR 1.3   Lexile 320L

　길었던 겨울잠을 마치고 동물들이 하나둘 깨어나 코를 킁킁대며 달리기 시작한다. 동물들은 대체 어디로 달려가는 것일까? 한참을 달려간 후, 동물들은 눈밭 한가운데에서 무언가를 발견하고는 신나서 춤을 추기 시작한다. 동물들이 도착한 곳에는 무엇이 있을까? 겨울이 끝나 가고 점점 다가오는 봄의 기운을 느낄 수 있는 새 학년 3월에 읽으면 좋은 그림책이다.

✅ 어휘 체크

- **field mouse** 들쥐
- **sniff** (킁킁거리며) 냄새를 맡다
- **groundhog** 마르모트(다람쥣과의 설치동물)
- **cry** 외치다

Before Reading

- What are these animals? (무슨 동물일까요?)
- What colors can you see in this cover? (이 표지에는 무슨 색깔들이 있나요?)

표지에 나오는 다섯 가지 동물들의 공통점을 찾아보자. field mice, bears, little snails, squirrels, groundhogs 들은 모두 겨울잠을 잔다.

이 그림책은 검은색, 하얀색, 노란색의 세 가지 색깔만 사용해 그림을 그렸다. 겨울은 검은색과 하얀색으로 표현해 어둡고 추운 느낌이 들고, 봄의 시작을 알리는 부분은 노란색으로 표현해 밝고 따뜻한 느낌이 든다.

While Reading

상황에 어울리는 표정과 목소리로 실감 나게 읽기

- Why do the animals sniff? (왜 동물들은 킁킁거리는 걸까요?)
- Why are they running? (동물들은 왜 달려가고 있을까요?)

동물들이 잠을 자는 그림책 초반에는 '(동물) are sleeping.'이라는 표현이 반복되는데, 이를 차분한 표정과 조용한 목소리로 읽어 주면 아이들이 책에 몰입하는 데 도움이 된다.

stop, laugh, dance 등의 단어는 각 표현에 어울리는 동작과 함께 읽는다. 예를 들어 sniff는 코를 킁킁거리며 냄새 맡는 시늉을 하고, run은 달리는 흉내를 내면서 읽어 주자.

"동물들은 무슨 냄새를 맡은 걸까? 왜 달려갈까?" 등의 질문을 하여 아이들이 호기심을 갖고 예측하며 읽도록 한다.

동물들이 달려간 곳에 무엇이 있을지 상상해 보기

- **What will the animals find?** (동물들이 무엇을 발견할까요?)

동물들이 다 같이 모여 즐겁게 웃고 춤추는 장면에서는 잠시 멈추고 무엇을 발견했을지 질문해 보자. "먹이를 찾았어요.", "돈을 주웠어요." 등 다양한 반응을 확인할 수 있다. 다양한 답변을 최대한 수용하면서 마지막 장면에 대한 기대감을 높여 보자.

하얀 눈으로 뒤덮인 배경에 흑백으로 표현된 동물들 속에서 작고 노란 꽃 한 송이를 발견하면 아이들은 예상치 못한 결과에 탄성을 지를 것이다.

After Reading

봄 찾기 활동

봄에 이 그림책을 읽었다면, 모두 함께 밖으로 나가 "『The Happy Day』처럼 우리도 봄을 찾아보자!"라고 제안할 수 있다. 기념사진도 함께 찍으면 좋다. 아이들은 봄을 상징하는 민들레뿐만 아니라, 겨울을 이기고 얼굴을 내민 다양한 봄꽃을 찾으며 행복한 하루를 보낼 것이다.

'My happy day'를 주제로 글쓰기

'My happy day'라는 주제로 글쓰기를 진행할 수 있다. "먹고 싶은 것을 먹은 날 행복했다.", "친구가 웃어 준 날 행복했다." 등의 이야기를 통해 아이들이 언제 행복함을 느끼는지 알 수 있다. 완성한 작품은 아이들끼리 서로 살펴보게 하면서 일상에서 다양한 행복을 발견하도록 유도해 보자.

아이들의 성장

- 아직 춥지만, 나도 친구들과 함께 꽃을 찾아보고 싶어. (김나린, 4학년)
- 나에게 행복한 날은 학원 안 가는 날인데, 동물들은 봄이 와서 행복해하는 게 신기했어요. (조우진, 6학년)
- 난 겨울잠을 자고 일어난 동물들이 배고파서 먹이를 찾고 좋아한 줄 알았는데, 꽃을 보고 저렇게 좋아하다니. 낭만적이다. (박희수, 6학년)

In the Forest
나무늘보가 사는 숲에서

Anouck Boisrobert, Louis Rigaud

#3/21_세계숲의날 #팝업북 #개발과보존 #나무늘보

추천 학년 1 2 3 4 5 6

동물들이 어울려 사는 숲을 입체적으로 만날 수 있는 팝업북이다. 숲의 모습이 매우 정교하게 설계되어 있어, 책을 펼치는 순간 눈앞에 등장하는 생생하고 풍성한 초록 숲의 모습에 모두가 감탄한다. 숲이 파괴되는 동안 사라져 가는 동물들과 나무늘보의 움직임을 보며, 숲의 소중함을 깨닫고 자연과 인간의 공존에 관해 생각해 볼 수 있는 그림책이다.

✅ 어휘 체크

- **lounge** 느긋하게 서 있다
- **sway** 좌우로 천천히 흔들리다
- **metallic** 금속성의
- **echo** 울리다
- **split** 찢어지다
- **massacre** 대학살
- **yawn** 하품
- **destroy** 파괴하다
- **breeze** 산들바람
- **shoot** 새로 돋아난 싹

Before Reading

- **What animals can you see in the forest?** (숲속에 어떤 동물들을 볼 수 있나요?)

표지의 숲속 나무들을 자세히 살펴보자. 나뭇잎은 점묘법을 사용해 다양한 크기의 흰색 점으로 꾸미고, 나뭇가지는 단순화해서 표현했다. 숲속에 있는 동물을 찾아보고 영어 이름을 확인해 보자. 이 동물들은 책 속에서 계속 등장하므로 나무늘보는 sloth, 큰부리새는 toucan이라고 미리 알려 주면 좋다.

While Reading

팝업북의 매력을 느끼도록 책장을 직접 넘겨 보게 하기

팝업북은 책장을 넘길 때마다 그림이 입체적으로 펼쳐져 시각적인 아름다움을 느낄 수 있는 점이 매력이다. 아이들에게 책을 직접 넘기며 숲을 관찰할 수 있도록 기회를 주자. 특히 다인수 학급에서는 모둠별로 책을 갖추기를 추천한다. 여건이 안 될 때는 교실에 있는 실물 화상기로 그림을 확대하여 숲속의 생명체를 관찰하고, 책을 조작하는 과정을 보여 준다. 또, 교실을 순회하며 아이들 가까이 책을 보여 주거나, 책을 돌려 가며 직접 넘겨 보게 하자.

숲속에 숨은 동물 찾아보고 "Wake up, sloth!" 외치기

- **Let's find animals in the order I call them out.** (선생님이 말하는 순서대로 동물을 찾아봅시다.)
  bird(새), **big cat**(사자, 호랑이 등과 같은 대형 고양잇과 동물), **anteater**(개미핥기), **sloth**(나무늘보), **snake**(뱀), **toucan**(큰부리새), **hedgehog**(고슴도치)

숲속에는 여러 가지 동물들이 숨어 있다. 글에 나오는 동물들의 이름을 이해하고, 숨은그림찾기를 하듯 입체 숲에서 동물들을 찾아보게 한다. 이때 교사가 동물 이름을 하나씩 이야기하면 그 동물을 그림책 속에서 발견한 아이가 앞으로 나와 손으로 짚어 준다. 사진이나 동영상을 미리 보여 주며 동물의 생김새나 먹이 등 특성을 간단히 설명해 주는 것도 좋다.

그림책 속에서 위치를 바꾸며 등장하는 나무늘보를 찾아본다. 숲의 나무들이 베일 때마다 다 같이 "Wake up, sloth!"라고 외쳐 보자. 그런데도 쿨쿨 잠만 자는 나무늘보를 보며 아이들은 안타까움을 느낀다.

숲이 동물들에게 미치는 영향 생각해 보기

- Why did the people destroy the forest? (왜 사람들은 숲을 파괴할까요?)
- What will happen to sloths when forests are destroyed? (숲이 파괴되면 나무늘보에게 어떤 일이 벌어질까요?)

사람들이 왜 나무를 베는지, 나무가 없어진 숲에 어떤 변화가 생길지 이야기 나누어 보자. 나무가 없다면 나무늘보에게 무슨 일이 생길지 예측해 보고, 멸종 위기 동물들이 사라진 이유도 생각해 보자.

그림책의 마지막 부분에 등장한 남자는 다시 숲을 살리고자 씨를 뿌린다. 남자는 어떤 마음으로 씨를 뿌렸을까? 생명력을 잃어버리고 파괴된 숲을 경험한 사람들은 숲의 소중함을 느끼며 더욱 크고 아름답게 숲을 가꿔 나갈 것이다. 숲을 다시 건강하게 만들기 위해 우리가 할 수 있는 일은 무엇일지 함께 이야기 나눠 보자.

나무늘보의 의미 생각해 보기

이 그림책은 숲이 사라지며 등장하는 다양한 동물 중에서도 나무늘보를 주인공으로 한다. 초기 이 그림책의 제목은 'Wake up, Sloth'였는데, 그만큼 나무늘보가 우리에게 주는 특별한 의미가 있기 때문일 것이다. 아이들에게 초기 제목을 알려 주며, 나무늘보는 어떤 삶을 사는지 이야기 나누어 보자. 느리고 소박한 나무늘보는 인내와 단순함의 상징이다. 이를 통해 숲을 재건하는 데도 나무늘보와 같은 인내와 꾸준함이 필요함을 자연스럽게 알려 줄 수 있다.

After Reading

동물이 행복하게 살 수 있는 숲 꾸며 보기

멸종 위기 동물의 종류와 생태를 알아보고, 동물들이 행복하게 살 수 있는 숲을 꾸며 본다. 학생들이 스스로 좋아하는 동물을 고르고, 그에 어울리는 서식지를 입체적인 숲의 형태로 만들어 본다.

표지 따라 그려 보기

책 표지를 따라서 그려 보자. 표지의 틀을 그대로 사용하여 색칠하거나 창의적으로 자신만의 나무를 꾸며 본다. 사계절에 따라 나무가 변해 가는 모습을 표현해도 좋다.

아이들의 성장

- 사람들이 왜 동물들의 보금자리인 숲을 파괴하는지 궁금하다. (윤태영, 4학년)
- 숲은 울창한 아름다움이 있고, 다른 동물들의 서식지가 되어 주며, 우리에게 도움을 주는 고마운 존재이다. 이 책은 입체감이 흥미를 끈다. (신미진, 6학년)
- 농부가 씨를 뿌렸을 때 씨앗이 자란 곳에 나무늘보가 있는 게 인상 깊었다. 왜냐하면 없어졌던 나무늘보가 걱정됐는데, 다시 나무늘보가 나와 마음이 놓였기 때문이다. 이 책의 그림과 동물들이 아름다워 좋았고, 나무늘보에 대해 더 자세히 알고 싶어졌다. (이민정, 6학년)

| 깨알 정보 | 나무늘보의 특성

열대 우림에서 서식한다. 갈고리발톱을 이용해 주로 나무에 매달려 생활하며 하루에 18시간 정도 잠을 잔다. 동작이 느려 이동할 때는 평균 시속 900미터 정도로 움직이나, 헤엄은 잘 친다. 후각이 발달했고 청각은 둔하다. 야행성으로, 새싹, 잎, 열매 등을 먹는다.

사진_pixabay

We Are Water Protectors
워터 프로텍터 : 생명의 물을 지키는 사람들 이야기

Carole Lindstrom, Michaela Goade

#3/22_세계물의날 #환경보호 #단체행동 #칼데콧아너

추천 학년 1 2 3 4 5 6 | AR 1.9   Lexile 510L

　미국 원주민 혈통의 작가가 미국 노스다코타주에서 일리노이주에 걸친 약 1,900킬로미터 길이의 송유관 건설에 반대하는 '스탠딩 록(Standing Rock) 시위'에서 영감을 받아 쓴 그림책이다. 그림책 속 소녀와 마을 사람들은 Black Snake로 비유되는 송유관이 점차 가까워짐에 따라 위협을 느끼고 삶의 터전을 지키기 위해 단결하여 행동하기 시작한다. 그들은 과연 땅과 자연을 지켜 낼 수 있을까? 지구는 하나로 연결되어 있다는 사실을 알려 주고, 물과 환경을 보호하는 것의 중요성을 전달하는 그림책이다.

✅ 어휘 체크

- **Nokomis** (미국 원주민어) 할머니
- **nourish** 영양분을 공급하다
- **sacred** 성스러운, 신성시되는
- **stand** 서다, 맞서다
- **vein** 정맥
- **venom** 뱀의 독
- **course** 빠르게 흐르다
- **courage** 용기
- **rally** 결집하다, 단결하다
- **stand for** ~을 위하여 싸우다, 지지하다

- **destroy** 파괴하다
- **wreck** 망가뜨리다, 파괴하다
- **against** ~에 대항하여, ~에 맞서
- **ancestor** 조상

Before Reading

- Why do you think the cover is blue? (표지는 왜 푸른색 계열일까요?)
- Why is the girl clenching her fist? (소녀는 왜 주먹을 불끈 쥐고 있을까요?)
- Why are the people in the background holding each other's hands? (소녀 뒤의 사람들은 왜 서로 손을 잡고 있을까요?)

표지의 대부분은 푸른 계열의 색이다. 작가는 왜 푸른 계열의 색을 표지에 사용했을까? Water, Protectors 단어를 물결 느낌의 폰트로 표현하고 있는 부분도 함께 살펴보며 그 이유를 짐작해 보자. 소녀를 보면, 단호한 눈빛과 주먹을 움켜쥔 모습에서 어떤 의지가 느껴진다. 소녀는 어떤 마음일까? 소녀 뒤편에는 서로 손을 맞잡은 사람들이 있다. 그들은 왜 서로 손을 맞잡고 있을까? 그 이유를 아이들과 함께 생각해 보자.

While Reading

Black Snake로 표현된 송유관 찾아보기

- What is the 'Black Snake'? ('Black Snake'가 무엇일까요?)
- How was the pipeline's environmental impact illustrated? (송유관이 환경에 미치는 영향을 그림으로 어떻게 표현하였나요?)

소녀가 바라보고 있는 것이 무엇인지, 어떤 눈빛으로 바라보고 있는지 질문해 보자. 저 멀리 Black Snake처럼 보이는 것은 대체 무엇일까? 각양각색인 아이들의 대답을 확인할 수 있다.

다음 장에서는 Black Snake의 모습을 가까이에서 확인할 수 있다. Black Snake의 몸통에서 흘러나오는 것이 무엇인지, 그것으로부터 물속 동물들이 왜 도망치는지도 함께 이야기 나누어 보자. Black Snake의 정체가 송유관이라는 것을 알게 되는 중요한 장면이다.

'stand'의 의미와 연대하는 사람들 확인하기

- Guess what 'stand' means. ('stand'의 뜻을 짐작해 보세요.)
- What did the girl want to protect? (소녀가 지키고자 한 것은 무엇이었나요?)

사람들이 손에 손을 잡고 있는 모습은 무엇을 의미하는 것일까? 단호한 눈빛으로 주먹을 불끈 쥐고 있는 소녀의 모습과 Black Snake를 피하지 않고 당당히 마주하는 모습을 통해 삶의 터전과 환경을 지켜 내려는 원주민들의 의지를 엿볼 수 있다.

반복해서 나오는 단어 stand는 일반적으로 우리가 알고 있는 '서다'라는 뜻으로 사용된 것이 아니다. stand가 '맞서다'라는 뜻도 가지고 있으며, stand for가 '~을 위해 싸우다.'라는 뜻으로 사용되고 있음을 그림책 속에서 확인해 보자.

"We fight for those who cannot fight for themselves."라는 소녀의 말은 우리에게 큰 울림을 준다. 환경을 보호하기 위한 우리의 노력은 결국 인간뿐 아니라 스스로를 보호하지 못하는 동식물 생태계를 위한 것임을 느낄 수 있다.

반복해서 나오는 문구 함께 읽기

그림책에서는 'We stand, with our songs, and our drums. We are still here.'라는 문구가 반복된다. 이 문구가 나올 때마다 아이들과 함께 읽어 보자. 라임을 살려서 읽으면 더욱 실감 나게 읽을 수 있다. 삶의 터전을 지키려는 소녀와 연대한 사람들의 입장이 되어 볼 수 있는 시간이다.

After Reading

Take Courage! (우리가 계획하고 실천하는 캠페인 활동)

우리 학교 또는 주변의 문제를 살펴보고, 그것을 해결하기 위해 어떤 노력을 할 수 있는지 생각해 보자. 스스로 계획하고 실천하는 캠페인 활동을 통해 그림책 속 소녀처럼 "Take Courage!"를 외쳐 보자.

관련 신문 기사 찾고, 자신의 의견을 글로 쓰기

그림책의 모티프가 된 '미국 다코타 액세스 송유관 사업'과 관련된 신문 기사를 찾아본다. 어떤 이유에서 이 사업이 시작되었으며, 송유관 건설이 야기한 문제는 무엇인지, 그것을 막기 위해 원주민과 시민 단체가 어떻게 연대하고 어떤 노력을 기울였는지, 나아가 어떤 결실을 맺었는지 등 관련 내용을 찾아보는 활동을 한다. 환경보호를 위한 노력, 책임 있는 의사 결정, 시민 단체, 단체 행동 등에 대한 살아 있는 깨달음을 얻을 수 있다.

자신의 생각과 의견을 글로 쓰는 활동으로 연계할 수도 있다. '개발이 먼저일까? vs 환경보호가 우선일까?' 상충된 가치를 주제로 글쓰기 활동을 하고 친구들과 서로 돌려 읽으며 다양한 생각과 의견을 경험해 보자.

아이들의 성장

- 사람들이 송유관 건설을 막아 달라고 할 때 안쓰럽고 도와주고 싶었어. (이윤채, 3학년)
- 송유관을 'Black Snake'라고 부르고, 오랜 투쟁이 UN까지 알려진 것이 신기했어. (지호연, 4학년)
- "물은 신성하며 우리가 살아갈 때 꼭 필요한 존재란다."라는 말이 가장 인상 깊었어. 우리가 왜 수질 오염을 막아야 하는지에 대해 다시 한번 생각해 보는 계기가 되었어. (고승원, 5학년)

| 깨알 정보 | 다코타 액세스 송유관 사업

'다코타 액세스 송유관 사업'은 미국 내 4개 주를 관통하는 대형 송유관 건설 사업이다. 2014년 시작된 공사가 거의 막바지 단계에 이르렀을 때, 이 지역 원주민의 거센 반발에 부딪혔다. 송유관 건설이 원주민의 유일한 식수원인 '스탠딩 록(Standing Rock)'에 유해할 수 있으며, 수많은 원주민 성지와 문화 유적이 훼손될 수 있기 때문이었다. 원주민과 여러 시민 단체의 노력으로 송유관 건설 문제는 UN(국제 연합)으로까지 무대를 옮겨 다루어졌으며, 결국 경로를 재검토하여 우회로를 만들기로 하였다.

5

Susan Laughs
수잔이 웃어요

Jeanne Willis, Tony Ross

#4/20_장애인의날 #다름 #편견 #반전

추천 학년 1 2 3 4 5 6   Lexile AD110L

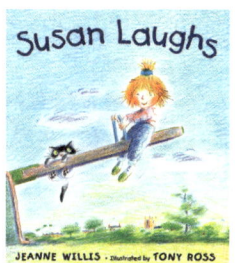

시소를 타면서 활짝 웃고 있는 수잔(Susan). 수잔은 노래를 부르고 춤도 추며, 슬플 때도 기쁠 때도 있는, 여느 아이와 다를 바 없이 평범한 아이다. 그리고 이런 수잔의 일상은 따뜻한 그림과 짧고 단순한 문장으로 그림책에 담백하게 표현되고 있다. 작가는 독자들에게 전하고 싶은 메시지를 그림책 마지막 페이지의 수잔의 모습에 담아냄으로써, 장애에 대한 편견을 깨뜨리도록 했다.

◉ 어휘 체크

- **ride** 목마를 타다
- **splash** 물장구를 치다
- **grin** 싱긋 웃다
- **trot** (말 등이) 빠른 걸음으로 가다
- **throw** 던지다
- **through and through** (하나부터 열까지) 속속들이

Before Reading

- _____ laughs. (_____가 웃어요.)
- What is she doing? (수잔이 무엇을 하고 있나요?)

단순한 문장으로 된 책 제목이지만 laugh 단어를 아이들이 모를 수 있으므로 단어 뜻을 짚어 준다. 교실에서 웃고 있는 아이들을 찾아 이름을 바꿔서 제목을 읽어 보자. (ex. 윤지 laughs.) 교사가 웃으며 자기 표정을 가리키고 표지 속 수잔의 얼굴을 가리키며 뜻을 유추하게끔 해도 좋다. 수잔이 무엇을 하고 있는지 물어보고, 앞으로 펼쳐질 내용이 무엇인지 이야기 나누어 본 후 책 읽기를 시작한다.

While Reading

자연스럽게 영어 단어, 문장, 문법 익히기

- How does she feel? (수잔의 기분이 어때 보이나요?)
- What is she doing? (수잔이 무엇을 하고 있나요?)

각 페이지에는 수잔의 기분이나 행동을 나타내는 쉽고 간단한 '주어+동사' 형식의 문장들이 나온다. 처음에는 문장을 보여 주지 말고, 그림에 해당하는 단어를 유추한 후 스스로 문장을 말해 보도록 한다. 상반되는 내용의 그림을 보고 반의 관계 단어들을 찾아낼 수도 있다. 또한 수잔이 3인칭 단수이므로 동사 뒤에 's'가 붙는다는 규칙을 책을 읽으면서 자연스럽게 익힐 수 있다.

> **〈반의 관계 단어〉**
> good-bad, happy-sad, right-wrong, weak-strong

경험을 떠올리며 주인공에게 공감하기

> - Raise your hand if you've had the same experience as Susan.
> (수잔과 같은 경험을 한 적이 있다면 손을 들어 봅시다.)

그림책 속 수잔을 보며 본인도 비슷한 경험을 한 적이 있다면 손을 들게 하여 아이들과 수잔의 일상이 비슷하다는 점을 확인해 보자. 예를 들어 수잔이 TV를 보며 웃는 장면이나 노래를 부르는 장면, 아빠가 수잔을 번쩍 들어 공중에서 휭 돌려 주는 장면을 보면서 아이들에게 비슷한 경험을 한 적 있냐고 물으면 대다수가 손을 들며 자신도 비슷한 경험을 한 적이 있다고 한다. 아이들은 자신의 경험과 연결시켜 책을 읽으면 주인공에게 더욱 감정 이입을 하고 내용에 집중하므로, 그에 관해 이야기 나누어 보자.

마지막 장면에서 아이들의 반응 살피며 담담하게 읽기

이 책의 마지막 장면을 본 사람들은 대부분 놀란다. 전혀 생각하지 못했던, 휠체어를 탄 수잔의 모습을 보고는 이제까지 수잔을 잘못 보았나 싶어 책을 다시 들춰 보곤 한다. 수잔이 누구와도 다르지 않은 평범한 아이라고 생각하다가 마지막 장면에서 다르게 느껴진다면, 우리 역시 편견을 가지고 있었던 것은 아닌지 생각해 보자. 그것을 깨뜨리게끔 하는 작가의 강한 메시지를 느낄 수 있는 장면이기도 하다.

After Reading

다양한 기념일에 활용하기

4월 20일 '장애인의 날', 11월 4일 '점자의 날', 12월 3일 '세계 장애인의 날' 등 장애와 관련한 여러 기념일에 이 그림책을 활용할 수 있다. 꼭 장애와 연결하지 않더라도, 사회 속 다양한 다름과 차별에 관해 이야기하고 관련 활동을 해 보자.

학교에서 볼 수 있는 점자 찾기

우리 주변, 특히 학교에서도 다양한 점자를 찾아볼 수 있다. 학생들이 직접 점자 사진을 찍어 와 서로 공유한 뒤, 점자표를 보며 숫자와 글자를 찾아 어떤 내용인지 확인해 보자. 평소에는 의식하지 못했던 점자를 찾아보며 일상에도 배리어 프리 시설이 많다는 것을 알게 된다.

학교에서 찾아볼 수 있는 점자

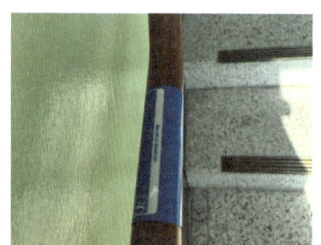  

계단   엘리베이터

 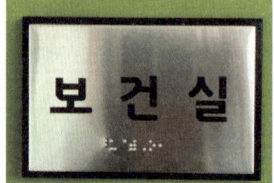  

방송실   보건실   남자 화장실   여자 화장실

아이들의 성장

- 나는 정말 수잔이 장애가 있는지 전혀 몰랐어. 수잔이 앞으로도 계속 행복했으면 좋겠어. (이은성, 3학년)
- 마지막 장면에 놀랐지만, 그래도 수잔이 달라지는 것은 아니니까 우리 모두 편견을 버리자. (우성현, 5학년)
- 나도 상대방과 다름을 느낄 때 놀라곤 한다. 하지만 다른 것은 틀린 것이 아니니 다름을 존중해야겠다. 특별한 수잔. (채민찬, 6학년)

10 Things I Can Do to Help My World
고사리손 환경책-지구를 지키는 생활 습관 10가지

Melanie Walsh

#4/22_지구의날 #지구 #환경교육 #내가할수있는일

추천 학년 1 2 3 4 5 6

전등 끄기, 수도꼭지 잠그기, 가까운 곳은 걸어가기 등 아이들이 환경을 지키기 위해 실천할 수 있는 10가지 일들을 소개하고 있다. 또 이런 습관이 지구에 어떤 영향을 주는지 아이들 수준에 맞추어 단순한 그림과 글로 쉽게 설명하고 있다. 지구 환경에 대한 관심이 더욱 요구되는 요즘, 우리 아이들에게 꼭 필요한 그림책이다.

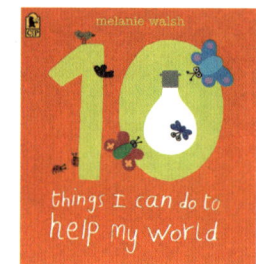

✓ 어휘 체크

- **efficient** 효율적인
- **lightbulb** 전구
- **valuable** 소중한, 귀중한
- **tap** 수도꼭지
- **unplug** 플러그를 뽑다
- **appliance** 가전제품
- **air pollution** 대기 오염
- **sort** 구분하다

Before Reading

> ▪ **What can you see on the cover?** (표지에서 무얼 볼 수 있나요?)

책의 제목과 숫자 10 안에 그려진 전구, 자연을 상징하는 그림을 보며 그림책의 주제를 예상해 보자. world가 '세계'가 아닌 '지구'를 의미하고 있음을 알려 주고, 지구를 지키기 위해 일상생활 속에서 실천할 수 있는 일은 무엇인지 가볍게 이야기해 보자. 이후 책에 소개된 내용과 아이들의 아이디어가 얼마나 일치하는지를 비교해 가며 읽으면 더욱 큰 재미를 느낄 수 있다.

While Reading

플랩을 열기 전에 다음 내용 예상하기

> ▪ **Look at the picture and complete this sentence.** (그림을 보고 문장을 완성해 보세요.)

이 책은 작가가 말하려는 메시지를 명확하게 제시하고 있다. 그림과 문장의 앞부분을 보고 다음에 어떤 내용이 나와 문장이 완성될지 예상해 본 뒤, 플랩(책장에 접힌 부분)을 펼쳐 내용을 확인한다. 완성된 문장을 아이들과 함께 소리 내어 읽으며 실천하도록 다짐해 보자. 또한 책 속에는 왜 이런 생활 습관을 실천해야 하는지에 관한 이유가 작은 글씨로 곳곳에 표현되어 있으니 놓치지 말고 읽어 보자.

'Bird Feeder'에 관해 알아보기

이 책에는 겨울에 먹이를 찾기 어려운 새들을 위해 먹이를 주는 내용이 있다. 이 장면에서 'Bird Feeder(새 모이통)'에 대해 알려 주자. Bird Feeder는 새에게 먹이를 주기 위해

야외에 설치하는 장치다. 우리 아이들에게는 익숙하지 않을 수 있지만 해외에는 이런 문화가 존재한다는 사실을 소개하며 아이들의 문화적 다양성을 길러 줄 수 있다. 동영상 사이트에서 'bird feeder', 'bird feeder make at home' 같은 키워드로 검색하면 많은 영상을 볼 수 있다.

환경을 지키는 다른 방법 이야기하기

- **What are some other ways to protect the Earth?** (그 밖에도 지구를 지키기 위해 무엇을 할 수 있을까요?)

이 책에는 환경을 지키기 위한 여러 가지 습관이 제시되어 있다. 그림책에 제시된 내용 외에도 어떤 방법이 있는지 발표해 보자. '엘리베이터 타지 않고 계단을 이용하기', '특별실 갈 때 교실 전등 끄고 가기' 처럼 학교에서도 쉽게 실천할 수 있는 일들이 많으니, 이를 중심으로 이야기해 볼 수 있다.

After Reading

지구 사랑 스마트톡 만들기

지구를 지키기 위해 할 수 있는 일을 간단하게 상징화하여 지구 사랑 스마트톡 만들기

활동을 해 보자. 매일 사용하는 휴대 전화 뒤에 부착하여 실천 의지를 다짐하는 효과를 가져올 수 있다.

앙리 마티스의 '컷아웃' 기법으로 책의 한 장면 만들어 보기

프랑스 화가 마티스는 종이를 오려서 붙인 '컷아웃' 기법으로 유명한 작가이다. '컷아웃' 기법을 적용하여 지구 환경을 위해 자신이 실천할 수 있는 일을 작품으로 표현해 보자.

바다에 쓰레기를 버리지 말자.

사용하지 않는 전등은 끄자.

사용하지 않는 전기 플러그는 뽑자.

분리배출을 올바르게 하자.

아이들의 성장

- 급식 때도 먹을 만큼만 받아야겠다! (이준서, 2학년)
- 내가 만든 스마트톡을 보며 매일 환경을 위해 작은 일이라도 실천해야겠어! (박해연, 4학년)
- 저는 여기 있는 내용을 다 실천하고 있어서 뿌듯해요. (정예빈, 6학년)

Library Mouse
도서관 생쥐

Daniel Kirk

#4/23_세계책과저작권의날 #글쓰기 #도서관

추천 학년 1 2 3 4 5 6 | AR 4.4 | Lexile NC760L

샘(Sam)은 도서관에 사는 생쥐다. 도서관에 사는 쥐답게 샘은 매일 밤 책을 읽고 또 읽는다. 그러던 어느 날 밤, 샘은 자신만의 책을 써서 도서관에 전시한다. 작가가 된 샘이 독자에게 전하고 싶은 메시지는 과연 무엇일까? 아이들에게 책을 쓰는 것이 그리 어렵지 않다는 점을 알려 주고 용기를 심어 주는 그림책이다.

● 어휘 체크

- brim over with ~로 넘쳐흐르다
- crumb 부스러기
- goose bumps 소름, 닭살
- bulletin board 게시판
- immensely 대단히
- flatter 잘난 줄 알다
- as a rule 대체로, 일반적으로
- snip (가위로) 싹둑 자르다

Before Reading

- **Where do you think the mouse lives?** (생쥐는 어디에 살고 있을까요?)
- **What is he doing?** (생쥐는 무엇을 하고 있나요?)

아이들에게 책의 제목을 소개하며 주인공이 사는 곳이 도서관임을 알려 준다. 도서관에서 생쥐는 무슨 일을 하면서 살지, 지금은 무엇을 하고 있는지 이야기 나누며 책에 대한 호기심을 유도한다. "도서관에서 책을 갉아 먹을 것 같아요.", "고양이 퇴치법을 연구하고 있어요." 등 다양한 반응을 확인할 수 있다.

While Reading

주인공의 표정을 살피며 마음 짐작하기

- **How does he feel?** (생쥐는 어떤 기분일까요?)

이 책에는 샘의 표정이 다양하게 드러난다. 혼자서 상상에 빠진 모습이나 자신의 책을 흐뭇하게 바라보는 모습 등에 나타난 표정에서 샘의 감정을 짐작할 수 있다. 특히 작가와의 만남 요청 편지를 받은 후 샘의 얼굴이 클로즈업된 장면은 부끄러우면서도 뿌듯한 감정이 사실적으로 묘사되어 있다. 이때, 잠시 멈추고 그림을 자세히 보며 표정을 통해 샘의 마음을 짐작해 보자.

누구나 작가가 될 수 있다는 샘의 메시지 짚어 보기

샘은 자신을 만나고 싶어 하는 아이들에게 특별한 방법으로 메시지를 전한다. 'Meet the Author' 라는 메시지가 적힌 상자 안에 거울을 넣어 놓아 거울을 보는 누구나 작가가 될 수 있다는 점을 깨닫게 한 것이다. 글쓰기 수업 전에 이 그림책을 읽어 주면, 글쓰기를 어려워하는 아이들의 부담을 줄이고 자신감을 불어넣어 줄 수 있다.

숨어 있는 샘 찾기

> ▪ Let's find where sam is hiding in the library. (도서관에 숨어 있는 생쥐를 찾아봅시다.)

샘은 부끄러움이 많아 밤에 주로 활동하지만, 아이들이 찾아오는 낮에도 종종 출몰하는 모습을 발견할 수 있다. 책장을 비롯해 구석구석 숨어 있는 샘을 찾는 것이 이 그림책을 읽는 또 다른 재미다.

After Reading

나만의 독서 비법 소개하기

책을 좋아하는 아이들은 자신만의 독서 비법이 있다. 도서관에서 책을 고르는 비법, 재미있는 책을 고르는 기준, 책을 재미있게 읽는 방법, 책을 읽을 때 좋아하는 장소 등을 친구들에게 소개해 보자.

나만의 책 표지 만들기

우리는 누구나 작가가 될 수 있다. 동물, 우주, 캐릭터 등 자신이 좋아하는 소재를 선택해 다양한 형식으로 책을 구성해 보자. 내가 책을 만든다면 어떤 책을 만들지, 샘처럼 작가가 되어 나만의 책을 구상해 보고, 나만의 책 표지를 만들어 보자.

아이들의 성장

- 누구나 책을 열심히 읽다 보면 책을 낼 수 있구나. (전하윤, 2학년)
- 거울을 넣어 두는 것을 생각하지 못했는데, 샘은 정말 똑똑하다. (안라엘, 3학년)
- 모두가 책을 쓸 수 있다는 말에 감동 받았어. (박유준, 4학년)
- 생쥐도 이렇게 책을 쓰는데 나도 동화책 하나쯤은 쓸 수 있겠다고 생각했어. (유주안, 5학년)

Yes Day!

Amy Krouse Rosenthal, Tom Richtenheld

#5/5_어린이날 #자유 #가족 #허락을구하는표현

추천 학년 1 2 3 4 5 6   Lexile AD200L

하고 싶은 일이 모두 가능한 특별한 날, '예스 데이(Yes Day)!' 그날을 위해 1년을 손꼽아 기다린 아이는 그동안 하고 싶었던 것들을 종일 마음껏 누린다. 나에게 '예스 데이'가 주어진다면 무엇을 하면 좋을까? 그림책을 바탕으로 만든 영화도 있어, 책과 함께 영화를 감상한다면 두 배의 재미를 느낄 수 있다.

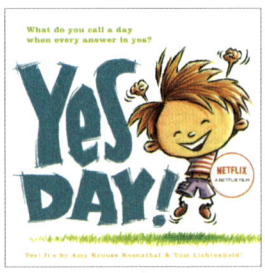

✅ 어휘 체크

- **invent** 발명하다
- **piggyback ride** 목말 타기, 등에 업기
- **come over** 놀러 오다
- **stay up** (평소보다 늦게까지) 안 자다

> **Before Reading**

> - What does 'Yes Day' mean? ('예스 데이'는 무슨 뜻일까요?)
> - When do your parents say 'no'? (언제 부모님이 '안 돼.'라는 말을 하나요?)

그림책 표지 속 아이의 표정과 제목을 보고 '예스 데이'가 무슨 뜻일지 물어보면, 많은 아이가 '뭐든 다 되는 날'이나 '무슨 질문에든 Yes라고 답하는 날'이라고 추측한다.

책을 펼쳐 면지를 보면 한 달 치 달력이 나오는데, Yes day와는 정반대 뜻을 가진 다양한 No day들이 하루하루 빼곡히 적혀 있다. 평소 아이들이 조르면 부모님이 계속해서 "안 돼."라고 말하는 장면이 떠오르는데, 아이들과 함께 달력을 살펴보며 부모님께 언제 어떻게 안 된다는 말을 들었는지 이야기 나누어 보는 것도 재미있다.

> **While Reading**

아이의 감정을 살려 실감 나게 읽기

주인공은 1년 동안 기다려 온 '예스 데이'를 드디어 맞이하게 된다. 주인공의 행복하고 흥분된 감정을 살려 실감 나게 책을 읽어 주자. 아침에 일어나 달력에 표시된 동그라미를 확인하고, "YES!!!"라고 말하는 장면은 기분 좋게 조용히 혼잣말하듯 읽고, 다음 장에서 만세를 하며 "Today is my FAVORITE day of the year! YES DAY!"라고 말하는 부분은 짜릿하고 흥분된 감정을 분출하며 큰 소리로 외치듯이 읽는다.

반복해서 나오는 'Can I(we) ~?' 표현 역시 기대에 찬 목소리로 읽어 준다. 풀밭에 누워 하루를 마무리하는 장면에서 "Does this day have to end?"라고 물어볼 때는 아쉬움이 가득 담긴 목소리로, 마지막 장면인 침대에 누워 내년을 기대하는 대사 "See you again next year!"도 놓치지 말고 희망차게 읽어 주자.

다음 장면 예상하기

주인공이 부모님에게 무언가를 요청한 뒤 다음 장면에 어떤 일이 벌어질지 예상해 보자. "Can I use your hair gel?"이라고 물은 뒤 주인공의 모습은 어떨지, "Can we invent our own game?"이라고 물은 뒤 새롭게 만든 우리만의 게임은 무엇일지, 미리 아이들과 이야기한 다음 책장을 넘기면 아이들이 이야기에 더 몰입할 수 있다.

After Reading

'예스 데이'에 하고 싶은 일 그리기

'예스 데이'에 하고 싶은 일을 상상해서 표현해 보자. 평소 하고 싶었던 일을 하루가 가기 전에 전부 시도할 수 있다는 상상만으로도 아이들은 행복할 것이다. 각각의 아이들이 평소에 어떤 것을 원하는지, 무엇을 하고 싶어 하는지 확인하는 계기가 될 수도 있다.

우리 반의 '예스 데이' 만들기

우리 반에서 '예스 데이'가 주어진다면 무엇을 하고 싶은지 이야기해 보자. 게임처럼 자유롭게 다양한 대답이 나올 수 있다. 어린이날이나 방학식과 같은 특별한 날의 경우, 학급에서도 '예스 데이'를 시도해 볼 만하다. 이때 터무니없는 것이 나오지 않도록 범위를 제한해 두면 좋다. 모두 함께하기, 시간 제한 정하기, 지나치게 돈을 많이 쓰거나 부담이 되는 건 하지 않기, '달에 가기'와 같이 할 수 없는 일을 이뤄 달라고 하지 않기 등 규칙을 정해서 하는 것도 즐거운 추억이 될 수 있다.

아이들의 성장

- 왜 매일 '예스 데이'가 아닌 거야! (최지섭, 2학년)
- 심심하고 따분한 일상의 탈출구 같은 책이다. (김하윤, 4학년)
- 책을 읽고 영화도 봤는데, 뭐든지 다 할 수 있는 게 꼭 좋은 것만은 아닌 것 같다. 맘대로 할 수 있다고 청소 안 하고, 쓰레기를 아무 데나 버리고, 집에 모르는 사람을 초대해서 파티도 열면, 결국 '예스 데이'가 끝나고 스스로 정리해야 한다. 내가 책임질 수 있는 만큼만 해야겠다. (이지현, 6학년)

| 깨알 정보 | 면지에 등장하는 다양한 'No' 표현

- over my dead body 절대 안 돼
- nope on a rope 절대 안 돼
- negatory 부정적인
- nyet 아니다, 거부, 반대
- by a long shot 결코, 확실히
- nay 아니다 (옛글 투 또는 방언)

Where's Halmoni?
사라진 할머니

Julie Kim

#5/21_세계문화다양성의날 #한국전통문화 #할머니 #호랑이

추천 학년 1 2 3 4 5 6 | AR 1.7 Lexile GN320L

누나(Noona)와 준(Joon)이 할머니 댁에 놀러 왔는데, 부엌에서 팥죽 냄새만 솔솔 풍길 뿐 할머니가 보이지 않는다. 바닥에 남겨진 낯선 발자국을 따라가다 새로 생긴 문을 발견하고 열어 보니, 토끼와 호랑이, 도깨비가 사는 옛날이야기의 세계가 펼쳐진다. 과연 남매는 사라진 할머니를 찾을 수 있을까? 영어 원서지만 우리나라 옛이야기와 전통문화가 담겨 있어 재미가 남다른 그림책이다.

✅ 어휘 체크

- **track** 발자국
- **growl** 그르렁거리다, 으르렁거리다
- **way too** 너무 ~한
- **awfully** 엄청, 정말, 몹시
- **let it go** 그냥 놔두다, 내버려두다
- **shortcut** 지름길
- **tie** 동점, 무승부, 비기다
- **c'mon** 나오다(come on의 단축형)
- **bushy** 숱이 많은, 무성한, 우거진
- **wily** 재빠른, 약삭빠른

Before Reading

- **What are the tiger and the children thinking?** (호랑이와 아이들은 각각 무슨 생각을 하고 있을까요?)
- **Where is the author from?** (이 책의 작가는 어느 나라 사람일까요?)

    그림책을 펼쳐서 앞표지와 뒤표지를 한꺼번에 보여 주자. 아이들과 호랑이는 무슨 생각을 하고 있을까? "남매를 잡아먹으려고 해요.", "무언가를 기다리고 있어요." 등 여러 가지 답변이 나올 것이다.

    표지를 보여 주며 작가가 어느 나라 출신인지 예상하게 해 보자. 두 아이의 동양적인 외모와 한국 전통의 창호지 문, Halmoni라는 할머니의 한국식 표기, 우리나라에 가장 많은 성씨인 작가의 김씨 성 Kim까지, 표지에서 확인되는 요소가 많다. 그리고 앞표지는 우리나라의 전래동화 '해와 달이 된 오누이'를 떠올리게 하므로, 아이들이 어렵지 않게 작가가 한국인임을 예상할 수 있다. 어릴 때 미국으로 건너간 재미 교포 작가가 자신과 같은 교포 아이들에게 한국 문화를 알리고 싶어서 이 작품을 썼다고 아이들에게 이야기해 주자.

While Reading

우리말 대사를 더욱 실감 나게, 속도감 있게 읽기

- **Who wants to read the rabbit's Korean lines?** (누가 토끼의 우리말 대사를 읽어 볼까요?)

이 책에는 미국에 살아서 영어만 할 줄 아는 누나와 준 그리고 한국말밖에 할 줄 모르는 전래동화 주인공들이 등장한다. 영어 그림책에 우리말 대사가 많이 나오기 때문에 아이들은 더욱 집중하고 즐거워한다. 특히 우리말을 하는 토끼와 호랑이, 도깨비의 대사를 과장해서 빠르게 읽어 주면 아이들의 관심과 흥미는 배가된다. '오 노!', '오 마이 갓!', '앤드!'와 같은 영어식 우리말 표현도 강조하여 읽어 줄 수 있고, 한글 대사를 아이들이 직접 등장인물의 느낌을 살려 실감 나게 읽게 해도 좋다.

Noona, Halmoni, Doh-kke-bee, Ho-rahng-ee와 같이 우리말을 영어식으로 표기한 글자들을 영어 발음하듯 살짝 굴려서 읽어 줘도 아이들이 재미있어한다.

그림 속에 숨겨진 비밀을 찾도록 유도하기

- What is the story about on the endpaper? (면지에 담긴 이야기는 무엇일까요?)
- What do you think of their grandma's reflection in the mirror? (거울 속에 비친 할머니의 모습이 어떤가요?)

이 책은 그림 속에 숨겨진 비밀을 찾는 재미가 쏠쏠하다. 그림을 자세히 보면 이야기 전개에 대한 단서, 등장인물들의 비밀 등을 찾을 수 있다. 시간이 조금 걸려도 아이들이 그림 속에 숨겨진 비밀을 스스로 찾을 수 있도록 격려하고 기다려 주면 좋다.

특히 면지에 매우 많은 내용이 담겨 있는데, 앞 면지에서는 할머니가 한국에서 배송받은 문에 고리를 달자 마법의 문으로 변하고 호랑이가 그 문을 통해 들어와 팥죽을 훔쳐 갔다는 사실을 알 수 있다. 문고리가 마법의 문을 여는 신기한 열쇠였던 것이다. 뒤 면지에서는 할머니가 다시 문을 통해 들어가 준이 두고 온 여우 가방을 찾아오고, 문고리를 떼어 내 주머니에 넣은 걸 확인할 수 있다.

토끼가 처음 등장할 때 타고 내려온 사다리가 다음 장면에서 달과 연결되어 있다. 이는 토끼가 달에서 떡방아를 찧다가 내려왔다고 상상할 수 있게 만드는 부분이다. 그리고

"오 마이 갓!"이라고 말하는 토끼가 머리 위에 진짜 '갓'을 쓰고 있는 장면도 작가의 위트가 엿보인다. 할머니의 머리 모양과 바지 무늬, 거울에 비친 아홉 꼬리를 통해 할머니의 정체가 구미호였다는 사실도 짐작할 수 있다. 또한, 거울에 누나의 꼬리가 하나 비치는 부분은 '누나도 곧 구미호가 되는 걸까?'라는 흥미진진한 예상을 하게 만든다. 준의 여우 가방이 상황에 따라 표정을 계속 바꾸는 것도 재미있는 점이다.

우리나라 전통문화에 관해 이야기 나누기

> ▪ **What do you think they used this for?** (어디에 사용하는 물건일까요?)

그림책에는 창호지, '일월오봉도', 효자손 같은 우리나라 전통문화를 엿볼 수 있는 그림들이 나온다. 이들에 관해 함께 이야기 나눠 보고, 그 밖에 아이들이 알고 있는 전통문화를 발표할 수도 있다. 사진 자료나 실제 물건을 준비해서 직접 보여 주면 더욱 생생한 수업이 된다. 또 도깨비가 주인공인 인기 동요 '도깨비 빤스' 노래를 함께 불러도 재미있다.

After Reading

우리나라 옛 물건 소개하기

요즘엔 잘 사용하지 않는 우리나라의 옛 물건을 소개해 보자. 궁금한 옛 물건을 조사하여 이름과 용도를 설명하는 소개 자료를 만들 수 있다. A4 용지에 물건을 직접 그리고 소개 글을 써도 좋고, 한글이나 파워포인트 프로그램을 활용해 제작할 수도 있다. 명절에 할머니 댁에 방문해 옛 물건을 찾아보고 할머니께 언제부터 집에 있던 물건인지 여쭤본 후, 학급 친구들과 얼마나 오래된 물건인지 맞혀 보는 퀴즈 활동을 해도 재미있다.

  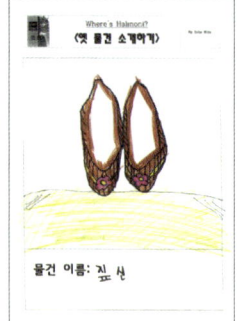 

후속작 표지 보고 내용 예상하기

『Where's Joon?』은 작가 줄리 킴의 가족 시리즈 중 두 번째 그림책이다. 제목에서 아이들은 '준'이 없어졌다는 사실을 알 수 있다. 준은 어디 갔을까? 이 책에선 어떤 모험의 세계가 펼쳐질까? 자유롭게 상상해 보자. 아이들에게 그림책 표지를 보여 주고 어떤 내용일지 상상하게 하면 다양한 이야기들이 나온다. 실제로 이 책에는 '금도끼 은도끼', '해님 달님', '자린고비 이야기', '단군 이야기'까지 4편의 옛이야기를 떠올리게 하는 장면이 있으니, 내용을 예상하고 함께 후속작을 읽어도 좋겠다.

아이들의 성장

- 호랑이에게 정정당당하게 가위바위보를 하자는 누나가 정말 용감하다! (이재윤, 3학년)
- 영어책인데 한글이 많이 나오는 게 신기해. 그래서 더 재미있어. (김형은, 4학년)
- 준의 가방은 도라에몽 가방 같아. 신기한 간식이 많네. (민지원, 4학년)
- 거울에 누나의 꼬리가 비친 장면이 제일 인상 깊었다. 누나는 자기가 구미호가 될 거라는 사실을 언제 알게 될까? 알게 되면 아주 혼란스러울 것 같다. (이시우, 5학년)

Handa's Surprise
한다의 깜짝 선물

Eileen Browne

#5/21_세계문화다양성의날 #다문화 #친구 #열대과일

추천 학년 1 2 3 4 5 6   AR 1.7

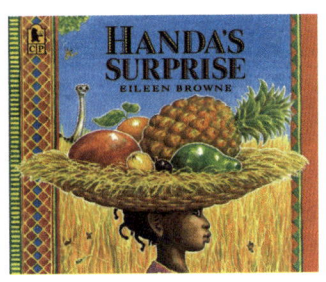

아프리카에 살고 있는 주인공 한다(Handa)는 친구에게 깜짝 선물을 주기 위해 여러 가지 과일을 바구니에 넣어 머리에 이고 간다. 가는 도중에 여러 동물들이 나타나 한다의 바구니에서 과일을 하나씩 가져가는데, 과연 한다는 친구에게 어떤 선물을 줄 수 있을까? 아프리카 풍경을 배경으로 펼쳐지는 재미있는 이야기와 함께 과일과 동물의 영어 표현도 같이 익힐 수 있는 그림책이다.

✓ 어휘 체크

- **surprise** 뜻밖의 선물
- **set off** 출발하다
- **ripe** 익은, 숙성한
- **spiky-leaved** 뾰족한 잎이 달린
- **creamy** 크림 같은
- **tangy** 톡 쏘는 맛이 있는

Before Reading

- **What fruits are there in Handa's basket?** (바구니에는 어떤 과일이 들어 있나요?)

표지에 주인공이 과일 바구니를 머리에 이고 가는 장면이 나온다. 그림을 보고 바구니에 어떤 과일이 들어 있는지 손가락으로 짚어 가며 과일 이름을 하나씩 말해 본다.

또한 아이의 생김새와 배경 등을 살펴보며 이곳이 어디일지 예상해 보고, 작가가 아프리카 케냐를 배경으로 그림을 그렸다는 사실을 알려 주며 책 읽기에 들어간다.

While Reading

친구가 어떤 과일을 가장 좋아할지 예측해 보기

- **Which fruit will Akeyo like most?** (아케오는 어떤 과일을 가장 좋아할까요?)

한다는 이웃 마을에 사는 친구에게 줄 선물로 바구니에 여러 가지 과일들을 담는다. 이 중에서 친구 아케오(Akeyo)가 어떤 과일을 가장 좋아할지 궁금해하면서 길을 떠난다. 아이들에게도 아케오가 어떤 과일을 좋아할지 예상해 보게 한 뒤, 그림책을 읽어 나가며 맞혀 보는 것도 재미있다.

그림을 자세히 살펴보며 다음 장면 예상하기

- **Who took the banana?** (바나나는 누가 가져갔나요?)
- **Which fruit will the ostrich/zebra/elephant/giraffe/antelope/parrot take?**
  (타조/얼룩말/코끼리/기린/영양/앵무새는 어떤 과일을 가져 갈까요?)

맨 처음에 등장하는 원숭이의 경우 앞 페이지 윗부분의 나뭇잎 사이로 꼬리를 보이며 등장을 예고하니, 다음에는 누가 등장할지 예상해 본다. 또 책의 왼쪽 페이지만 보여 주며, 등장한 동물이 과연 어떤 과일을 가져갈지도 추측해 보자. 그다음에 오른쪽 페이지를 보여 주고 예상한 것과 맞는지 비교하는 재미도 있다.

기린이 파인애플을 훔쳐 가는 장면에서는 기린의 혓바닥을 살펴보게 한다. 책을 다 읽은 후에 기린의 혓바닥 색깔을 퀴즈로 낼 수도 있다. 각각의 장면에서 동물들이 과일을 먹을 때의 표정과 눈빛을 자세히 살펴보면 그 동물의 특징이 잘 드러난다. 나무를 잘 타는 원숭이의 장난스러운 표정, 시력이 좋은 타조의 커다란 눈, 후각이 발달한 얼룩말의 코 등이다.

동물들이 과일을 모두 훔쳐 간 뒤 어떤 일이 벌어질지 예상해 보기

- What will happen after all the fruits are gone? (과일들이 모두 사라진 다음에 어떤 일이 벌어질까요?)

앵무새가 마지막 남은 패션 프루트를 가져가 버리고 바구니에는 과일이 하나도 남아 있지 않게 된다. 하지만 한다는 아무것도 모른 채 계속 길을 걸어간다. 이 장면에서 책 읽기를 잠시 멈추고 어떤 일이 벌어질지 아이들에게 예상해 보게 한다. 아이들은 아케오의 집에 갈 것이라고 이야기하거나, 동물들을 찾아가 빼앗긴 과일을 되돌려 받아 와야 한다는 등 의견이 분분하다. 그때 염소가 뛰어오다가 귤나무에 부딪혀 귤이 바구니에 쏟아지는 장면을 보여 주면 예상치 못한 전개에 탄성이 터져 나온다.

아케오와 한다의 깜짝 선물 알아보기

- What's Akeyo's favorite fruit? (아케오가 가장 좋아하는 과일은 무엇인가요?)
- What's Handa's surprise? (한다의 깜짝 선물은 무엇인가요?)

 이 책의 반전은 빈 바구니에 다시 귤이 한가득 채워지는 장면이다. 과일을 모두 빼앗겨 실망스러운 아이들의 눈빛이 반짝 빛나는 순간이기도 하다. 마지막에 한다가 아케오에게 선물을 전해 주는데, 아케오는 자기가 가장 좋아하는 과일이 귤이라면서 기뻐한다. 한다 또한 처음에 자기가 담았던 과일은 아니지만 바구니를 가득 채운 귤을 보면서 이것이야말로 깜짝 선물이라며 즐거워한다. 한다와 아케오가 서로 과일을 먹으며 함께 기뻐하는 장면은 우리 마음을 따뜻하게 해 준다.

아프리카와 우리나라의 문화와 자연환경 비교하기

 한다가 입고 있는 옷과 아케오네 마을 풍경 등을 우리나라 시골 마을과 비교해 보자. 한다가 사는 마을은 열대 지역이므로 옷차림이 얇고 가볍다. 집도 바람이 잘 통할 수 있게 흙벽으로 만들었다. 아케오네 마을은 우리나라의 시골과 같이 닭이나 염소 등을 키우고 근처 밭에는 작물들을 키우고 있다. 물이 귀하기 때문에 곳곳에 물항아리가 놓인 것도 보인다.

 친구와 선물을 주고받는 것은 우리나라와 똑같지만, 아이가 선물을 바구니에 넣어서 머리에 이고 가는 것은 차이가 있다. 우리나라도 옛날에는 어른들이 짐을 머리에 이고 가는 일이 흔했으나 요즘에는 잘 보이지 않는다.

 자연환경이 다르기 때문에 주로 먹는 과일도 다르고, 동물들의 종류도 다른 것을 알 수 있다. banana, guava, orange, red mango, pineapple, avocado, passion fruit 등은 우리나라에서는 잘 나지 않는 과일이다. 또한 monkey, ostrich, zebra, elephant, giraffe, antelope, parrot 등의 동물들도 우리나라에서는 흔히 볼 수 없다.

After Reading

자신과 친구에게 주고 싶은 선물 바구니 꾸미기

나 자신에게 깜짝 선물을 준다면 어떤 것을 주고 싶은지 생각해서 표현해 보게 한다. 자기 자신에 대한 이해를 높이는 기회가 될 수 있다. 또한 친구에게 주고 싶은 선물도 그려 본다. 친구와의 우정을 생각해 보는 시간이 될 수 있다.

메모리 게임

1. 책에 등장한 동물들의 이름을 순서대로 외워서 말하기 (영어로)
2. 동물이 가져간 순서대로 과일 이름 외우기 (영어로)
3. 과일을 묘사한 말을 넣어 외우기 (예: soft yellow banana, sweet-smelling guava 등)
4. 동물과 그 동물이 가져간 과일을 연결해 챈트 만들어 부르기 (예: The zebra likes the round juicy orange 등)

아이들의 성장

- 한다는 머리에 과일 바구니를 이고 가면 무겁지 않았을까? (김선우, 2학년)
- 염소가 귤나무에 부딪쳐 한다의 바구니에 귤을 떨어뜨려 주어 다행이다. (김진아,

3학년)

- 기린의 혓바닥이 검은색인 것이 놀라워. (박재희, 4학년)
- 동물들이 바구니에서 과일을 하나씩 가져가는데 한다는 눈치채지 못했을까? (이서희, 4학년)

Hey! Get Off Our Train
야, 우리 기차에서 내려!

John Burningham

#5/22_국제생물다양성의날 #공존 #환경 #동물

추천 학년 1 2 3 4 5 6 | AR 2.4 Lexile AD540L

기차 놀이 장난감을 좋아하는 소년은 늦게까지 놀다가 엄마에게 혼이 나고 잠이 든다. 꿈속에서 소년은 가지고 놀던 기차를 타고 강아지 인형과 여행을 떠나게 되는데, 갑자기 동물들이 한 마리씩 찾아와 기차에 태워 달라고 한다. 둘은 과연 동물들과 함께 무사히 여행을 할 수 있을까? 그림책의 거장 존 버닝햄의 유명작 중 하나로, 환경과 동물, 공존에 관한 메시지를 담고 있다.

✅ 어휘 체크

- **get off** 내리다
- **pajama-case dog** (잘 때 함께 자는) 애착 인형
- **immediately** 즉시
- **tusk** (코끼리의) 엄니
- **cut off** 베어 내다, 중단하다
- **crane** 학, 두루미
- **marsh** 습지
- **muck about** (할 일을 두고) 빈둥거리다
- **get stuck** 갇히다
- **laundry** 세탁, 세탁물, 세탁실

작가 이야기

존 버닝햄(1936~2019)은 세계에서 사랑받는 그림책 작가이며, 영국 최고 그림책 작가에게 주는 '케이트 그리너웨이상'을 두 번이나 받았다. 영국의 대표적인 대안 학교 '서머힐 스쿨'을 졸업하였고, 배우자는 그림책 『We are going on a bear hunt』의 그림 작가 헬렌 옥슨버리이다. 존 버닝햄의 그림책은 권위와 차별을 거부하고 특히 어린이의 마음을 잘 이해하여 뛰어난 상상력과 특유의 유머 감각으로 그려 내는 것이 특징이다. 또한, 열린 결말을 통해 독자로 하여금 생각하게 하는 여지를 남겨 두기도 한다.

Before Reading

- Who are on the train? (기차에는 누가 타고 있나요?)
- Why do they say "Hey! Get off our train."? (왜 기차에서 내리라고 말하는 걸까요?)
- Who do you think they're talking to? (누구에게 하는 말인 것 같나요?)

제목이기도 한 'Hey! Get off our train.' 문장이 그림책을 읽는 동안 계속 등장하므로, 아이들이 자연스럽게 말할 수 있도록 반복하여 연습한다. 그런 다음, 누구에게 왜 그렇게 무례하게 말을 하는지 생각해 보며 책 읽기를 시작한다.

While Reading

등장인물이 되어 감정을 담아 읽기

"Hey! Get off our train."이 나올 때마다 아이들이 직접 기차에 타고 있는 등장인물이 되어 읽도록 한다. 주인의 허락 없이 기차에 올라탄 낯선 동물에게 내리라고 명령조로 소리치는 장면이므로, 손을 뻗거나 삿대질을 하는 등 동작과 함께 크게 외치며 읽는다.

이에 반해 기차에 태워 달라고 하는 동물들의 대사는 안타깝고 비극적인 상황에서 기차를 타야만 하는 절박한 심정을 호소하듯이 읽는다.

비슷한 패턴이 반복되는 상황에서 다음 장면에 누가 나올지 상상하기

- What animal will appear next? (다음에는 어떤 동물이 등장할까요?)
- Why do they ask for a ride on the train? (왜 기차에 태워 달라고 할까요?)

기차를 타고 가다가 중간에 내려 놓고 나면, 동물들이 하나씩 찾아와 각각의 사연을 늘어놓으며 기차에 태워 달라는 패턴이 반복된다. 사연을 들어 보면 사람들 때문에 살 곳을 잃었다는 내용이 공통적이어서, 다음에는 어떤 동물이 왜 등장할지 아이들과 유추해 볼 수 있다.

등장인물들의 이기적이면서도 순수한 모습 짚어 보기

재미있는 점은 모든 동물들이 처음에는 간절히 태워 달라고 사정하다가 기차에 타고 나면 갑자기 태도를 바꿔 주인 행세를 한다는 점이다. 특히 강하게 손가락질하거나 눈을 부라리는 모습, 부리를 잡아 빼거나 코를 쭉 뻗는 모습들은 얼마나 상대를 받아 주고 싶지 않은지를 잘 표현하고 있어 재미있다.

그러면서도 구구절절 상대방이 하소연하면 또 차렷 자세로 서서 들어 주고 처지를 이해하면서 받아 주는 모습이나, 날씨에 따라 기차를 세우고 신나게 놀면서 금세 친해지는 모습에서 등장인물들의 때 묻지 않은 순수함을 잘 느낄 수 있다.

'치코 멘데스'에게 보내는 헌정사 읽기

> ▪ For Chico Mendes who tried so hard to protect the rain forest of Brazil
> (브라질의 열대 우림을 지키기 위해 열심히 노력한 치코 멘데스를 위해)

그림책 앞부분에 작가가 치코 멘데스에게 보내는 헌정사가 있다. 치코 멘데스는 '브라질의 간디'라고 불리는 비폭력 환경 운동가로, 열대 우림을 지키고 토착민의 권리 향상을 위해 투쟁하였으나 1988년에 반대 세력에 의해 암살당했다. 인간으로 인해 파괴되는 지구 환경과 이를 막기 위해 노력하는 운동가들에 대해 생각해 볼 수 있는 부분이다.

After Reading

리더스 시어터(Readers Theater)

> '낭독극'이라고도 하는 이 활동은 배우들이 의상, 소도구, 배경 같은 특별한 설치물 없이 대본을 낭독하는 연극 형태로, 영미권 학교에서 수업에 많이 활용한다. 각 역할을 부여받은 배우와 해설자는 대본을 외우지 않고 직접 읽으면서 간단한 동작과 목소리 연기만으로 낭독하기에 수업 시간에 부담 없이 진행하기 좋다.

이 그림책은 등장인물 수가 적절하고 대화문이 많아 낭독극으로 구성하기 좋다. 분량과 인원에 따라 해설을 넣거나 등장인물을 조절하여 상황에 맞게 대본을 작성해 보자. 그런 다음, 아이들과 역할을 나눠 각자의 감정을 담아 여러 번 읽는 연습을 하고 간단한 몸동작을 추가해 발표해 본다.

멸종 위기 동물 매직북 만들기

멸종 위기 동물을 주인공으로 한 매직북을 만들어 보자. 매직북은 OHP 필름과 액자 형식의 틀을 이용하여 만드는데, 선만 그려져 있는 흑백의 그림을 틀에서 빼내면 색이 입혀진 그림이 나타나도록 구성되어 있다. 자신이 지키고 싶은 멸종 위기 동물을 그린 뒤 틀에서 빼내면 색이 입혀지는 과정은 마치 동물이 생명력을 얻는 것처럼 보인다.

"시베리아 호랑이를 구해 주세요."

1단계 　　　　　　　　　　2단계 　　　　　　　　　　3단계

아이들의 성장

- 꿈꾸듯 기차가 달리는 장면이 인상적이었다. 그림이 정말 멋지다. (김연희, 3학년)
- 내가 그림책 속 주인공이 된다면 이 세상 모든 멸종 위기 동물들을 다 태워 줘야지. (우진아, 5학년)
- 동물들 인성 보소. 들어갈 때는 쩔쩔매다가 기차에 타서는 입장 바꾸는 것 봐. 역시 화장실 들어갈 때랑 나올 때랑 다르군. (이주원, 6학년)

| 깨알 정보 | 책에 욱일기가 등장한다고?

이 그림책은 작가가 일본의 철도 기업인 '서일본여객철도주식회사'로부터 '국제 꽃과 초록의 박람회(Expo'90)'를 위한 이야기를 써 달라는 요청을 받고 만들었다. 그림책에는 붉은 햇살이 방사형으로 뻗어 나가는 장면이 있는데, 이와 관련하여 국내에서는 작가가 전범국 깃발인 욱일기를 묘사한 게 아니냐는 의혹이 제기되기도 했다. 출판사와 일부 전문가들은 작가의 성향과 행적, 환경과 생명을 다룬 이 책의 주제를 근거로 들어 이를 반박했다.

I'm the Biggest Thing in the Ocean
내가 세상에서 제일 커!

Kevin Sherry

#6/8_세계해양의날 #자부심 #바다생물 #비교급

추천 학년 1 2 3 4 5 6 | Lexile AD200L

자신이 바다에서 가장 크다고 생각하는 주인공 대왕오징어는 만나는 바다 생물마다 크기를 비교하며 우쭐거린다. 그러다 생각지도 못한 존재를 만나게 되는데, 과연 대왕오징어는 끝까지 본인의 자부심을 지킬 수 있을까? 자기애 넘치는 대왕오징어의 이야기를 반전을 담아 유머러스하게 풀어낸 그림책으로, 바다 생물의 이름과 비교급 표현도 익힐 수 있다.

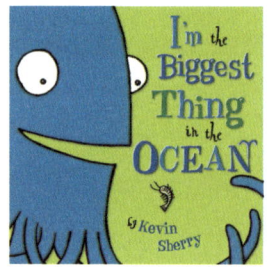

✓ 어휘 체크

- **giant** 거대한
- **squid** 오징어
- **shrimp** 새우
- **clam** 조개
- **crab** 게
- **jellyfish** 해파리
- **turtle** 거북이
- **octopus** 문어
- **shark** 상어
- **plankton** 플랑크톤

Before Reading

- **What do you think is the biggest thing in the ocean?** (바다에서 가장 큰 것은 무엇인가요?)

앞표지에 보이는 바다 생물은 무엇인지 함께 살펴보고, 제목을 큰 소리로 천천히 읽어 보자. 'I'm the biggest thing in the ocean.'은 누가 하는 말일까? 또 어떤 감정이 담긴 목소리로 말할까? 바다에서 가장 큰 생물이 무엇일지 아이들과 이야기 나누며 책 읽기를 시작한다.

While Reading

비교급, 최상급 표현과 바다 생물 이름 익히기

그림책 속에는 big의 비교급, 최상급 표현이 반복해서 나온다. ~er than으로 비교의 표현을, ~est로 최상급 표현을 할 수 있음을 확인하자. 그림책을 읽으면서 반복적으로 나오는 표현인 'I'm bigger than'은 아이들이 직접 읽어 보게 해도 좋다. small, fast, tall 등 아이들 수준에 적합한 단어를 제시하고, 아이들이 직접 비교급, 최상급 표현을 응용해서 만드는 활동으로 확장해 보자. 이와 더불어 squid, shrimp, clam, jellyfish 등 그림책 속 바다 생물의 영어 이름도 확인해 보자.

느낌 살려 실감 나게 읽기

대왕오징어는 바닷속에서 만나는 바다 생물 앞에서 자신이 가장 크다고 우쭐거린다. 대왕오징어의 우쭐대는 마음이 잘 드러나도록 자부심에 가득 찬 목소리로 느낌을 살려 실감 나게 읽자. 대왕오징어의 목소리 크기는 그림책 속 글자 크기로도 짐작할 수 있다. shrimp, clam 등의 앞에서는 크고 우렁찬 목소리로, shark가 나타났을 때는 작고 들릴 듯

말 듯한 목소리로, 향유고래를 만나기 직전 대왕오징어의 자부심이 최고조에 이른 순간에는 가장 큰 목소리로 읽어 보자. 곧 향유고래의 배 속으로 들어가게 될, 한 치 앞 운명을 모르는 대왕오징어의 어리석지만 해맑고 당당한 모습을 느낄 수 있다.

대왕오징어의 운명 예측하기

> - **What will happen to the giant squid on the next page?** (다음 장면에서 대왕오징어에게 어떤 일이 생길까요?)

향유고래를 만나기 직전 대왕오징어의 우쭐함이 극에 달한 장면에서 앞으로 대왕오징어가 어떻게 될 것 같은지 잠시 이야기 나누어 보자. 결국 자신이 비교하던 대상들과 같이 향유고래 배 속으로 들어간 대왕오징어는 무슨 생각을 할지, 그런 대왕오징어를 보며 다른 바다 생물들은 또 어떤 생각을 할지 예상해 보자.

의기양양하던 대왕오징어가 향유고래를 만나 순식간에 잡아먹히는 장면은 이 그림책의 하이라이트이다. 향유고래 배 속에서조차 자신이 제일 크다며 "I'm the biggest thing in this whale."이라고 외치는 장면에서는, 마치 고래 배 속에서 소리가 들리는 것처럼 하기 위해 입을 손으로 가리고 큰 소리로 읽어 울리듯 표현해 보자.

뒤 면지와 뒤표지에 담긴 유머 놓치지 않기

뒤 면지와 뒤표지에는 깨알 같은 작가의 유머가 담겨 있다. 뒤 면지에는 대왕오징어를 보고 배웠다는 듯 작은 물고기가 플랑크톤을 보며 "I'm bigger than this plankton."이라고 말한다. 뒤표지에서는 'I'm bigger than this page. I'm bigger than this book.' 또는 'I'm bigger than this bar code.'라는 문장이 있는데, 그림책 판형에 따라 달라 찾아보는 재미가 있다.

After Reading

대왕오징어 협동 작품 만들기

친구들과 협동하여 대왕오징어를 만들어 보자. 색종이, 한지 등 재료를 달리하여 대왕오징어를 꾸밀 수도 있고, 물감, 색연필, 사인펜 등으로 다양하게 채색할 수도 있다. 대왕오징어를 만드는 작업이 힘들게 느껴질 수 있지만, 그 과정에서 협동의 의미를 깨달을 수 있고 작품을 완성하고 난 뒤 뿌듯함도 느낄 수 있다.

비교급 가위바위보 게임

먼저 비교급 표현을 활용하여 바다 생물들의 크기를 문장으로 말해 본다. 그런 다음 'Jellyfish is bigger than shrimp.'와 같이 바다 생물의 크기를 비교한 뒤, '비교급 가위바위보' 게임을 한다.

〈게임 방법〉

shrimp 〈 jellyfish 〈 squid 〈 whale

1. 처음에는 아이들 모두 가장 작은 동물인 shrimp가 되어, 쪼그려 앉은 상태에서 shrimp 흉내를 내면서 다닌다.

2. 친구를 만나 가위바위보를 하고, 이긴 사람은 "I'm bigger than you."라고 말하며 jellyfish가 된다. jellyfish는 허리를 숙인 상태로 jellyfish 흉내를 낸다.
3. squid는 허리를 편 상태에서 squid 흉내를 내면서 돌아다닌다.
4. 가위바위보에서 진 사람은 더 작은 동물이 되고, 이긴 사람은 더 큰 동물이 된다.
5. 서로 다른 친구와 가위바위보를 해 가장 큰 동물인 whale이 되면 "I'm the biggest thing in the ocean!"이라고 외치고, 칠판에 이름을 쓴 뒤 교실 앞에 앉는다.

아이들의 성장

- 대왕오징어의 당당함은 어디에서 나오는 것일까? 나도 대왕오징어처럼 자신감을 가져야겠어. (김규찬, 4학년)
- 그렇게 잘난 척하면 친구들이 싫어한다고 말해 주고 싶어. 모든 잘난 사람들이 그렇게 뽐내는 건 아니니까. (김지민, 5학년)
- '우물 안 개구리'라는 말이 생각났어. 자부심을 갖는 것도 좋지만, 겸손할 줄도 알아야 할 것 같아. (김효은, 6학년)

| 깨알 정보 | 대왕오징어와 향유고래가 싸우면 누가 이길까?

평균 크기가 10여 미터에 달하는 대왕오징어와 향유고래의 만남은 실제 바다에서 흔히 일어난다고 한다. 대왕오징어와 향유고래가 싸우면 누가 이길까? 향유고래에게 일방적으로 잡아먹힐 것 같은 대왕오징어이지만, 대왕오징어도 쉽게 당하지만은 않는다. 향유고래는 수심 1킬로미터 이상 심해까지 잠수해 대왕오징어를 사냥하는데, 이때 대왕오징어도 자신을 지키기 위해 촉수로 향유고래를 휘감으며 생존을 위한 사투를 벌인다. 그 과정에서 향유고래의 몸에 대왕오징어의 빨판 자국이 남기도 하며, 호주의 한 해변에서는 대왕오징어의 빨판 공격에 목숨을 잃은 향유고래가 발견된 적도 있다.

The Water Princess
물의 공주

Susan Verde, Peter H. Reynolds

#6/17_세계사막화방지의날 #물의날 #물부족 #아프리카

추천 학년 1 2 3 4 5 6   AR 2.2   Lexile 480L

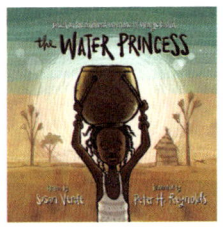

주인공 기기(Gie Gie)는 매일 어두컴컴한 이른 아침에 일어나 엄마와 함께 물을 길어 오기 위해 집을 나선다. 반나절 걸려 겨우 물을 긷고 집으로 돌아오지만, 그 물은 더러워서 바로 마실 수도 없다. 기기는 내일도 같은 여정을 떠나겠지만, 언젠가는 시원하고 맑은 물이 자신의 왕국에 흐르기를 꿈꾼다. 부족함 없이 물을 사용하는 우리 아이들은 이 책을 통해 물 부족의 심각성에 관해 생각해 볼 수 있다.

✅ 어휘 체크

- **tame** 길들이다
- **sway** 흔들리다, 흔들다
- **demand** 강력히 묻다, 따지다
- **well** 우물
- **too ~ to** 너무 ~해서 ~할 수 없다
- **pot** 항아리, 단지, 냄비
- **braid** 땋아 늘인 머리, 땋다, 묶다
- **grab** 붙잡다
- **twirl** 빙글빙글 돌다, 돌리다
- **maintenant** (프랑스어) 이제
- **cramp** 쥐가 나다
- **share in** ~을 서로 나누다
- **last** 계속되다, 오래가다
- **gulp down** 벌컥벌컥 마시다

Before Reading

- Where is she going with this pot? (주인공은 물동이를 이고 어디로 가는 걸까요?)
- What is the overall color of the painting? (그림의 전반적인 색조는 무엇인가요?)

표지에는 물동이를 이고 가는 주인공과 집과 나무, 이글거리는 태양이 그려져 있다. 아이들은 전체적인 흙빛의 색감과 배경을 통해 소녀가 사는 지역과 기후를 짐작할 수 있다.

또한 이 그림책은 주인공의 하루가 시간과 장소의 흐름에 따라 전개되므로, '그림 산책'을 활용해 전체 내용을 한번 훑어보며 책 읽기의 몰입도를 높여 보자.

그림 산책(Picture Walk)은 책을 본격적으로 읽기에 앞서 책의 첫 장부터 마지막 장까지 천천히 넘기면서 그림을 훑어보는 것을 말한다. 이런 읽기 방법은 배경지식을 활성화하고 이야기의 내용을 파악하여 독자의 흥미를 높이는 데 도움을 준다.

While Reading

물을 길으러 가는 여정 파악하고, 물의 소중함 생각해 보기

- Can you guess what time it is? (지금은 몇 시쯤 되었을까요?)
- How far is the well from their house? (집에서 우물까지의 거리는 얼마나 될까요?)
- What will they do with this water? (기기와 엄마는 길어 온 물로 무엇을 할까요?)

태양의 위치, 엄마와 기기의 그림자를 통해 물을 길으러 출발한 시각, 목적지에 도착한

시각 그리고 집으로 돌아온 시각 등을 추측해 보자. 그리고 집에서 우물까지의 거리도 짐작해 볼 수 있다.

물을 얻기까지의 고단한 과정은 물의 소중함을 더욱 크게 느끼게 한다. 힘들게 길어 온 물은 요리와 빨래 등 가족의 기본적인 생활에 먼저 사용하고 나서야 기기가 한 모금 마실 수 있다. 물을 더 먹고 싶지만 그럴 수 없는 기기의 마음과, 밤늦게 마지막 물 한 모금을 기기에게 전하는 엄마의 마음도 짐작해 보자.

이야기의 실제 배경 알아보기

아이들과 함께 세계 지도를 펼쳐 놓고 아프리카 대륙과 사하라 사막의 위치, 이 이야기의 배경 국가인 부르키나파소의 위치를 확인해 보자. 주인공이 놓인 환경과 상황을 구체적으로 짐작해 볼 수 있어 이야기가 더욱 생생하게 느껴질 것이다.

이 그림책은 매일 물을 긷기 위해 수 킬로미터를 걸어야 했던 아프리카 출신 슈퍼 모델 '조지 바디엘(Georgie Badiel)'의 어린 시절 실제 이야기를 바탕으로 만들어졌다는 사실도 알려 주자.

After Reading

물 1리터로 할 수 있는 일 찾기

가정에서 물 1리터로 할 수 있는 여러 가지 일을 생각해 보고, 통에 물을 담아 실천해 보자. 활동하면서 찍은 사진을 온라인 게시판에 올리고, 체험하면서 느낀 점도 글로 써 본다. 이 경험을 통해 아이들은 생활하는 데 얼마나 많은 물이 필요한지, 지금까지 얼마나 물을 낭비했는지 깨닫고 물 사용 습관을 개선하기 위해 노력할 것이다.

물 긷기 간접 체험

그림책 마지막 장에는 실제 아프리카 어린이들이 물을 긷는 사진이 실려 있다. 주인공이 나르던 물의 무게는 약 5킬로그램이고, 약 6.4킬로미터를 걸어가서 물을 길었다고 한다. 500밀리리터 정도의 물병 10개에 물을 채워 배낭에 넣고 머리에 올린 뒤, 교실이나 운동장을 한 바퀴 도는 간접 체험을 통해 주인공 기기의 마음과 물의 소중함을 느껴 보자. 두 팀으로 나누면 인원과 거리가 적당하며, 특히 새로운 물병을 사기보다 집에 있는 것을 활용하거나 아이들이 본인의 물통을 사용하도록 하여 또 다른 소비를 늘리지 않도록 한다.

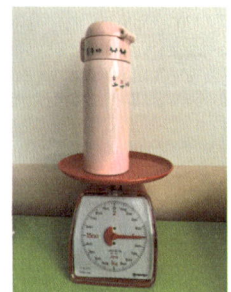  

팀별로 가방에 5킬로그램 정도의 물통 담기   운동장 10바퀴를 릴레이로 걷기

물이 없을 때의 불편함 생각해 보기

오늘부터 일주일 동안 물이 안 나온다고 가정해 본다. 그러면 어떤 불편함이 있을지 생각해 보고, 예상되는 불편함을 붙임쪽지에 쓴 후 게시판에 붙이고 이야기 나눈다. 이 경험을 통해 아이들은 물 부족 국가의 사람들이 얼마나 어렵게 살고 있을지 생각해 보며 물도 소중한 자원임을 알고 물을 아껴 쓰기 위해 노력할 것이다.

아이들의 성장

- 물통이 든 가방을 메고 운동장 한 바퀴 걷는 것도 너무 힘들었어요. 그런 다음 물을 마시니 정말 꿀맛. 정말 물을 아껴 써야겠어요. (홍지유, 1학년)
- 공부가 힘들다고 생각했는데, 물을 길어 오는 일보다 학교 가서 공부하는 게 훨씬 쉽다는 것을 알게 되었다. (조민혁, 4학년)
- 물이 부족하다고 느낀 적이 없어서 조금 부끄럽고 미안한 생각이 들었다. 앞으로는 물을 아껴 쓰도록 노력해야겠다. (정수아, 6학년)

| 깨알 정보 | 하마탄(Harmattan)

사하라 사막에서 서아프리카의 기니 연안 일대로 불어오는 건조한 모래바람을 말한다. 건기인 11월에서 이듬해 3월까지 주로 발생하는데, 하마탄이 통과하는 지역은 사막과 같은 기상 조건이 형성된다. 이로 인해 화재 위험이 커지고, 농작물에 심각한 피해가 발생한다. 영유아와 어린이의 건강에도 부정적인 영향을 미친다. 지구 온난화 현상으로 인해 하마탄은 점점 넓은 지역으로 확대되고, 기간도 길어지고 있다.

14

The Day War Came
모든 것이 사라진 그날

Nicola Davies, Rebecca Cobb

#6/20_세계난민의날 #전쟁 #학교 #의자

추천 학년 1 2 3 4 5 6 | AR 3.0

평화로운 일상을 보내던 한 소녀는 마을을 덮친 폭격 때문에 가족을 잃고, 다리를 다친 채 피난을 떠나는 과정에서 시련과 고난을 겪는다. 전쟁 난민의 삶을 소녀의 시선으로 풀어 가는 이야기를 통해 전쟁의 처참함을 간접적으로 경험할 수 있다. 또 소녀를 돕는 아이들의 따뜻한 손길을 통해 인류애와 평화로운 세상에 대한 희망을 느끼게 된다.

✅ 어휘 체크

- sill (차량 문 아랫부분의) 문턱
- spatter 후두두 떨어지다
- hail 우박
- rubble 잔해
- blacken 검어지다
- ragged 누더기가 된
- rattle 달가닥거리다
- take possession of (공간을) 차지하다
- drive out ~을 몰아내다
- turn away 외면하다
- turn toward ~로 향하다
- turn around 방향을 바꾸다

작가 이야기

니콜라 데이비스(1958~)는 영국의 동물학자이자 작가이다. 2016년 봄, 니콜라 데이비스는 시리아 내전을 피해 영국으로 온 난민 아이들을 의자가 없다는 이유로 학교에서 받아 주지 않았다는 이야기를 들었다. 이를 소재로 작가는 신문에 시를 발표했고, 이에 영향을 받은 수많은 사람들이 학교에 갈 수 없는 난민 어린이들을 지지하기 위해 웹사이트에 빈 의자 사진을 올리기 시작했다. 이 실화를 니콜라 데이비스와 삽화가 레베카 코브가 협업하여 그림책으로 발간하였다.(뒤 면지 참고)

Before Reading

- Why is the girl covering her ears and running? (소녀는 왜 귀를 막고 달려갈까요?)
- Why is there a chair drawn? (왜 의자가 그려져 있을까요?)

표지에는 색연필이 바닥에 나뒹굴고, 아이들이 그린 그림들이 휘날리며, 빈 의자 한 개가 놓여 있다. 왜 소녀가 귀를 막고 달려가고 있는지 생각해 보자. 또 제목을 보고 어떤 느낌이 드는지도 이야기해 보자.

앞 면지에 그려진 제각각 모양의 의자도 살펴보며, 왜 의자가 그려져 있을지 생각해 본다. 속표지의 까만색 연기로 가득 찬 장면을 보여 주고, 어떤 일이 벌어졌을지 예상해 보자.

While Reading

전쟁으로 인한 소녀의 마음 짐작해 보기

- How was the girl influenced by the war? (전쟁은 소녀에게 어떤 영향을 주었나요?)
- How do you think the girl felt? (소녀는 어떤 기분이었을까요?)

평범한 일상을 보내던 소녀가 전쟁으로 인해 입은 피해를 살펴보고, 삶에 어떤 변화를 맞이하게 되었을지 이야기해 보자. 학교, 안락한 집과 사랑하는 가족을 잃은 소녀의 기분을 생각해 본다. 시커먼 연기가 자욱하고 폐허로 변해 버린 장소에 홀로 서 있는 소녀는 어떤 감정들을 느꼈을까? 교실에서 함께 공부하고 싶었으나 거절 당해서 움막에 홀로 웅크리고 있을 때의 감정도 생각해 보며 소녀의 입장에 공감해 보자.

소녀의 피난 여정 살펴보기

- How did the girl run away from the war? (소녀는 어떻게 탈출했을까요?)
- Whose red shoes are they? (빨간 신발은 누구의 것일까요?)

소녀는 전쟁 통을 벗어나기 위해 기나긴 길을 떠나야 했다. 길고 힘든 피난 과정을 표현하기 위해 그림책 양면을 가로로 길게 세 부분으로 나누어 무거운 느낌을 표현한 기법에 주목하며 탈출 과정을 살펴보자.

소녀가 해변에 도착했을 때 주인 없는 빨간색 신발이 있다. 신발 주인은 어떻게 됐을지 생각해 보자. 이때 지중해를 건너 유럽으로 향하는 보트 난민의 모습을 담은 영상이나 사진을 보여 주면, 신발 주인의 여정을 짐작하는 데 도움이 된다.

의자의 의미 생각해 보기

움막을 방문한 소년이 난민 소녀에게 의자를 선물하고, 이후 다른 어린이들이 가져온 의자가 나열된 장면은 감동적이다. 이때 소녀의 달라진 표정을 살피며 나눔의 손길이 소녀에게 어떤 영향을 주었는지 생각해 보자.

앞 면지로 다시 돌아가 본다. 앞 면지에는 빈 의자들이 있고, 뒤 면지에는 밝은 표정의 어린이들이 모두 의자에 앉아 있다. 앞 면지와 뒤 면지를 다르게 표현한 이유가 무엇일지, 어떤 의미를 갖는지 이야기 나누어 보자.

After Reading

난민 의자 캠페인 참여하기

작가가 난민 소녀에 대한 시를 신문에 기고한 뒤 많은 사람들이 의자 사진을 올리며 지지를 표시했듯이, 난민 어린이를 위한 의자를 그리고 꾸며 보자. 입체 전개도에 나만의 의자 디자인을 꾸미고 난민 어린이를 돕기 위한 캠페인 구호도 같이 적어 본다.

만든 의자를 SNS 등에 올리거나 포스터로 만들어 학교에 게시하여 난민 돕기를 지지한다는 의사를 표현하거나, 난민 돕기 캠페인에 참여해 볼 수 있다.

아동 인권을 위한 국제기구나 단체들의 노력 조사하기

전 세계에 전쟁, 빈곤, 재난 등으로 인해 교육을 받지 못하는 아동에 대해 알아보고, 이를 지원하기 위한 여러 국제기구나 단체들의 노력을 조사해 본다.

- 유엔난민기구(UNHCR): 난민을 보호하고 그들의 인권이 보장되는 국제적 환경을 조성하기 위해 창립된 국제기구. 긴급 식량, 물, 피난처, 의료품 등 물질적 지원뿐 아니라 법적 구호도 제공한다.
- 유엔아동권리협약: 아동의 권리에 관한 협약으로, 18세 미만 아동 청소년의 인권 보장을 위한 국제 규범. 예를 들어 협약 제28조는 아동의 교육받을 권리를 명시하고 있다.

아이들의 성장

- 우리나라에서도 전쟁이 날까 봐 너무 걱정되고 슬퍼. (이주영, 1학년)
- 전쟁으로 인해 가족을 잃는다면 나는 혼자 살 수 없을 것 같아. (채송화, 3학년)
- 전쟁 때문에 마음이 아팠는데 소년이 의자를 가져왔을 때는 마음이 놓였다. (이효린, 6학년)
- 남자아이가 의자를 줘서 주인공이 공부할 수 있게 되는 게 감동적이었다. 나라면 '내가 도와줄 필요가 있을까?'라고 생각했을 텐데, 이 책을 읽고 나니 마음을 넓혀야겠다는 생각이 든다. (김진서, 6학년)

15

Flotsam
시간 상자

David Wiesner

#7월_여름 #바다표류물 #상상 #칼데콧메달

추천 학년 1 2 3 4 5 6

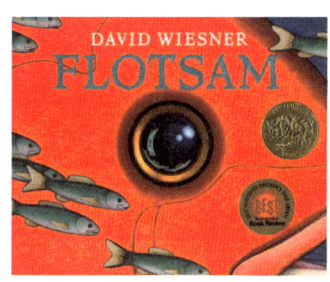

이 그림책은 글자 없이 오로지 그림만으로 풍성한 이야기를 들려준다. 소년은 우연히 바닷가에 떠내려 온 수중 카메라를 줍게 되고, 카메라 속에 놀라운 비밀이 있다는 것을 알게 되면서 이야기는 시작된다. 이 과정을 작가는 생생하고 섬세한 그림으로 묘사하여 상상력을 자극한다. 글 없는 그림책을 읽으며, 자신만의 방식으로 이야기를 해석하고 새로운 이야기로 창조하는 매력을 느낄 수 있다.

Before Reading

- What's the meaning of flotsam? (flotsam은 무슨 뜻일까?)
- What is the red fish looking at? (물고기가 보고 있는 것은 무엇일까요?)

표지를 보면 커다란 물고기의 눈이 마치 카메라 렌즈처럼 반짝인다. 물고기가 보고 있는 것은 무엇일까? 바닷속에는 어떤 것들이 있을지 생각을 나눠 보고, 제목인 flotsam의 뜻을 물어보자. 속표지를 보며 flotsam에 대한 힌트를 준다. 속표지에 그려진 잡동사니 물건을 보여 주고, 이렇게 해변에 밀려온 잡동사니나 쓰레기 같은 것들 즉, 표류물이 flotsam이라고 알려 준다.

While Reading

사진 인화 시간 예상해 보고 소년의 기분 살피기

- **How long will it take to get the photos?** (사진을 찾는 데 얼마나 걸릴까요?)
- **How does the boy feel?** (소년의 기분은 어떨까요?)

소년은 표류한 수중 카메라에서 찾은 필름을 인화하기 위해 사진관 앞에서 기다린다. 사진이 인화되는 데 얼마의 시간이 걸릴지 예상해 보자. 'ONE-HOUR PHOTO'라는 간판을 통해 인화에 1시간이 걸리며, 그림 속 사진관의 벽시계가 1시 46분을 가리키고 있으니, 어림잡아 2시 46분 정도에는 사진이 나올 것이다.

사진을 기다리는 소년의 모습을 묘사한 그림을 짚으며 소년의 기분을 물어보자. 무엇이 나올지 기대가 되지만 기다리는 것은 지루해 보인다. 이처럼 기다려 본 경험이 있는지, 기다릴 때 어떻게 행동하는지 소년과 비교해서 말해 보자. 또 사진을 찾고서 뛰어가는 소년의 기분은 어떨지, 사진을 보면서 동공이 커진 소년은 어떤 기분일지 이야기해 본다.

인화된 사진 살펴보기

- **What did the boy find out through a microscope?** (아이가 현미경을 통해 알게 된 것은 무엇이었을까요?)

인화된 사진 속에는 상상 속에서 나올 법한 놀라운 바닷속 장면이 펼쳐진다. 아이들은 "우리가 가 보지 못한 바닷속이 실제로는 이런 거 아닐까요?"라는 반응을 보이며 재미있어한다.

사진을 들고 있는 소녀를 놓치지 말자. 이 사진에는 놀라운 점이 있는데 사진 속의 사진, 사진 속의 사진이 아주 먼 과거로 이어진다. 어떻게 이런 사진이 찍혔을지 상상하여 이야기해 보자.

마지막 소녀가 카메라를 주운 뒤 이어질 이야기 상상해 보기

- **Why did he throw the camera?** (소년은 왜 카메라를 던졌을까요?)
- **What will happen next?** (다음에는 무슨 일이 벌어질까요?)

소년은 사진을 현미경으로 살펴보다가 카메라가 긴 시간 동안 바닷속을 떠다녔음을 알게 된다. 그 후 소년은 자신의 사진을 찍고 카메라를 다시 바다로 던져 버린다. 소년이 왜 카메라를 던졌을지 이야기 나누어 보자.

마지막 장면에서 한 소녀가 파도에 밀려온 카메라를 줍는다. 소녀가 카메라로 무엇을 할지 예측해 보자. 또 수중 카메라의 여정을 따라 카메라에 찍혔을 사진에 관해서도 상상해 보자. 아이들의 기발한 상상력으로 우리 학급만의 『FLOTSAM』 2탄을 만들 수도 있다.

After Reading

『FLOTSAM』 주인공이 되어 사진 찍기

그림책과 우리 학급을 연결해 보자. 우리 반 아이들이 표류물인 수중 카메라를 우연히 줍는다고 가정하고, 소년처럼 친구 사진을 들고 사진을 찍는다. 사진 인화 후 친구의 모습을 맞히는 퀴즈 활동도 한다. 현미경이나 실물 화상기로 사진을 확대해 보면서 손에 든 사진 속 친구가 누구인지 알아맞혀 보자.

수중 카메라로 찍은 상상의 바닷속 이야기

내가 직접 만든 수중 카메라를 바닷속에 던진다면 어떤 사진이 찍힐지 상상해서 그려 본다. 먼저 수중 카메라를 꾸며 보고, 필름 속에 상상화를 그린다. 이때 필름을 덧붙여서 상상화를 길게 이어 그릴 수도 있다.

이어질 이야기 말해 보기

소녀가 카메라를 주운 뒤 벌어질 일을 상상해서 이야기를 꾸민다. 책의 마지막 장면에 등장한 인물과 배경이 자연스럽게 다음 이야기와 이어지도록 하는 것에 주의하며, 창의적이고 다양한 상상을 허용해 준다.

〈학생 예시 1〉
카메라를 받은 소녀는 사진관에 가서 필름을 인화해 볼 것 같다. 마음이 착했던 소녀는 마지막으로 사진을 찍은 사람이 카메라 주인일 줄 알고 소년을 찾으러 다녔다. 하지만 아니었다는 것을 깨닫고 세상에서 가장 행복한 표정으로 사진을 들고 찍는다. 그 후 바다로 카메라를 날렸는데, 다음에는 귀여운 강아지가 받아 더 재미있는 이야기가 이어질 것 같다.

〈학생 예시 2〉
이 소녀는 카메라를 보고 놀라서 어리둥절하다. 그러다 사진을 보고 자신도 다른 아이들처럼 사진을 찍을까 고민하다가 사진을 한 장 찍는다. 아빠에게 말해 1800~1900년대 사진을 포함해서 10억에 팔고, 그것을 사들인 좋은 주인은 그 사진을 박물관에 기부하였다.

아이들의 성장

- 아! 옛날 사진이랑 지금 사진이랑 모두 들어 있어서 한글 책 제목이 시간 상자구나! (윤수미, 1학년)
- 잘 보이지도 않는 사진을 알아보려고 돋보기와 현미경까지 동원해서 Flotsam의 비밀을 알아낸 주인공이 대단하다. (김형수, 3학년)
- 보통의 책은 그림과 글씨가 있는데, 그림만 있는 이 책은 특별하다. 왜냐하면 내 생각대로 책을 보며 나만의 상상으로 해석을 할 수 있기 때문이다. (이우리, 6학년)

16

Hot Dog
핫도그

Doug Salati

#7월_여름 #휴식 #반려동물 #칼데콧메달

추천 학년 1 2 3 4 5 6

푹푹 찌는 여름날, 시끄럽고 복잡한 도시에서 주인을 따라 이리저리 끌려다니며 괴로워하는 강아지 한 마리가 있다. 더 이상 버틸 수 없던 강아지는 결국 횡단보도 한복판에서 주저앉아 버린다. 주인은 그제야 강아지의 마음을 알아채고, 택시를 잡아탄다. 그들은 과연 어디를 향해 가는 것일까? 더위를 피해 시원한 하루를 보낼 수 있을까? 잠시 일상을 내려놓고 어디론가 떠나 여유를 느끼는 주인과 강아지를 보며 한여름 더위를 잊게 해 주는 그림책이다.

✓ 어휘 체크

- **sidewalk** 인도
- **crumble** 부스러기
- **screech** 날카로운 소리
- **sniff** 코를 킁킁거리다
- **whiff** ~의 은은한 향기
- **shimmer** 희미하게 반짝이다
- **rumble** 덜커덩거리며 나아가다
- **hum** 윙윙거리다
- **scent** 냄새, 향기
- **leap** 도약하다

Before Reading

- Why did the writer title the book 'Hot Dog'? (작가는 왜 제목을 '핫 도그'라고 했을까요?)
- What kind of dog is it? (강아지는 무슨 종일까요?)

제목이 왜 'Hot Dog' 일지 아이들에게 질문을 던져 보자. "더운 강아지라서요.", "핫도그처럼 생긴 강아지라서요." 등 다양한 답변이 나온다. 이때 이야기를 나누며 그림 속 강아지의 품종이 닥스훈트라는 것을 알려 주자.

While Reading

강아지가 화난 이유 생각하기

- How does the dog feel? (강아지의 기분은 어떨까요?)

집 밖에서 나타나는 붉은 색감은 이날의 뜨거운 날씨를 잘 보여 주고 있다. 이때 아이들에게 강아지의 기분이 어떨지, 왜 그렇게 생각하는지 물어보자. 강아지는 체온이 사람보다 높고 몸이 바닥과 가까워 열기를 많이 느끼므로 더위에 더 취약하다. 게다가 시끄러운 소음과 사람들로 붐비는 도심의 외출은 강아지를 화나게 만드는 요소들로 가득하다. 계속해서 주인에게 불편하다는 신호를 보내는 강아지의 행동을 함께 살펴보자.

"That's it!" 다음에 무슨 일이 일어날지 추측하기

- What will the dog do next? (강아지가 다음에 무엇을 할까요?)

"That's it!"(그만해!) 부분은 쨍한 태양과 온통 붉은 도시 속에서 눈을 치켜뜬 스트레스 받은 강아지의 상태를 표현하고 있다. 이 부분을 읽을 때는 짜증과 화가 드러나게 강한 목소리로 읽는다. 강아지가 다음 장면에서 어떻게 할지 아이들에게 질문하자. "사람을 물 것 같아요.", "끈을 물어뜯어요.", "안 간다고 고집부려요." 등의 대답이 나온다. 이와 연결해, 사람들은 덥고 짜증 날 때 어떻게 행동하는지도 이야기해 볼 수 있다.

강아지가 말할 수 있다면 뭐라고 할지 예상해 보기

도심을 떠나 해변에 도착한 뒤 모래 위를 달리는 발자국을 보면 강아지가 얼마나 신이 났는지 알 수 있다. 바닷가에서의 한때를 표현한 장면들에는 어떤 대사나 설명도 나오지 않는다. 강아지의 동작과 표정으로만 오롯이 바다를 즐기고 있음을 알 수 있는데, 여기에 대사를 붙여 본다면 강아지가 뭐라고 말하고 있을지 아이들과 함께 이야기 나눌 수 있다. 책을 읽는 중에 대사를 바로 말해 봐도 되고 책을 읽은 뒤 말풍선을 만들어 보는 것도 강아지의 마음을 느껴 보기에 좋은 활동이다.

바닷가에서 가져온 돌의 의미 나누기

강아지와 주인은 바닷가에서 가지고 놀던 돌들을 주워 집으로 가져온다. 이 돌은 그들에게 어떤 의미일까? 우리가 여행지에서 가져온 기념품으로 추억을 떠올리듯 그들에게 그 돌도 비슷한 의미일 것이다. 자연스럽게 다시 책 표지로 되돌아가 강아지가 입에 물고 있는 것이 무엇인지 확인해 보자.

After Reading

더위를 피하는 방법 그리기

더위를 피하는 방법을 생각하여 그려 보고 친구들과 경험을 나누어 보자.

내가 떠나고 싶은 바닷가 꾸미기

여름 해변을 만들고 그 위에 OHP 필름을 붙인다. 필름 위에 여름 하면 떠오르는 그림을 네임펜으로 그려 시원한 교실 환경을 꾸민다.

아이들의 성장

- 강아지가 불쌍했는데, 주인이 그 마음을 알아줘서 다행이야. 바닷가에서 노는 모습을 보니 기분이 좋았다. (홍서진, 2학년)
- 난 뜨거운 해수욕장보다는 마트나 영화관에 가는 게 더 좋아. 더위를 피할 수 있는 재미있는 장소가 더 많아졌으면 좋겠어. (박은솔, 3학년)
- 여름에 맨발로 산책하는 강아지들이 뜨거울 것 같아. 얘도 신발을 신겨 줬으면 좋겠어. (한서윤, 6학년)

Negative Cat
시큰둥이 고양이

Sophie Blackall

#8/8_세계고양이의날 #반려동물 #책임 #동물에게책읽어주기

추천 학년 1 2 3 4 5 6   AR 2.2

고양이를 키우고 싶어 1년 넘게 부모님께 조른 주인공은 가족들이 제시한 약속을 잘 지킨다는 조건으로 고양이 맥스(Max)를 입양한다. 하지만 기대했던 것과는 달리 맥스는 매사에 시큰둥하기만 하다. 그뿐만 아니라 가족들과 갈등을 겪어 다시 동물 보호소로 돌아갈 위기에 처한 맥스. 주인공은 어떻게 이 위기를 해결해 나갈 수 있을까? 반려동물을 키우기 위해 가져야 할 마음가짐과 책임감에 대해 생각해 보고, 인간과 동물이 상호 보완적인 관계에 있음을 깨닫게 해 주는 그림책이다.

✓ 어휘 체크

- **negative** 부정적인
- **give in** 항복하다
- **rescue** 구조
- **shelter** 주거지, 피신
- **friskibit** 고양이 과자(상품)
- **ticklish** 간지럼을 잘 타는
- **fetch** 가지고 오다
- **vestibule** 현관, 연결 통로

Before Reading

- **Why is the cat looking at the wall?** (왜 고양이는 벽을 보고 있을까요?)
- **What is the Korean title?** (한글 번역서 제목은 무엇일까요?)

고양이의 뒷모습 그림을 보고 왜 고양이가 벽을 보고 있을지 상상해 본 뒤, 앞으로 어떤 내용이 펼쳐질지 이야기 나누어 본다.

한글 번역서 제목이 무엇일지 물어보면 대부분의 아이들은 '부정적인 고양이'라고 대답한다. 내가 번역가라면 제목을 어떻게 지을지 그림책을 다 읽은 다음 이야기 나누어 보기로 하고 책 읽기를 시작한다.

While Reading

북 버디스(Book Buddies) 프로그램의 효과 알아보기

- **Why did Max approach the boy?** (왜 맥스는 주인공에게 다가갔을까요?)
- **What would be good if we read a book to a cat?** (고양이에게 책을 읽어 주면 어떤 점이 좋을까요?)

책 읽기에 어려움을 느끼는 아이는 동물이 자신의 책 읽는 모습을 판단하거나 비웃지 않고 가만히 들어 주기 때문에 동물에게 책을 읽어 주며 자신감을 얻는다고 한다. 아이는 동물에게 책을 읽어 주며 책 읽기를 연습하고, 동물은 자신을 돌봐 주는 아이의 모습에 심리적 안정감을 느낀다고 한다. 매사에 시큰둥했던 맥스가 책을 읽고 있는 주인공에게 다가가는 장면을 보면 이해가 간다.

실제 고양이 반려인인 작가는 이 책의 앞부분을 써 놓고 10년 동안 이야기를 완성하지 못했다고 한다. 그러던 어느 날 우연히 '북 버디스(Book Buddies: 미국에서 아이들이 학교 근처 동물 보호소에 가서 동물들에게 책을 읽어 주는 프로그램)'에 관한 기사를 보고 자녀와 함께 프로그램에 참여하였고, 그 경험이 너무 좋아 바로 책의 뒷부분을 완성했다고 한다. 이와 관련하여 독일의 유기 동물 보호소 티어하임(Tierheim)을 방문한 아이들이 고양이에게 책을 읽어 주는 실화를 소재로 한 그림책 『수요일을 싫어하는 고양이』를 함께 읽어도 좋다.

책에 등장하는 고양이 그림책 『Millons of cats』 찾기

- **Did you find another picture book in the book?** (책에서 다른 그림책을 찾았나요?)
- **In what scene did you find it?** (어떤 장면에서 책이 등장했을까요?)

책 속에 또 다른 그림책이 나온다. 책을 읽으며 찾을 수 있었는지, 어떤 장면에서 나왔는지 질문해 보자. 고양이와 헤어지지 않으려고 방을 정리하는 장면에서 소년의 손에 『Millions of cats』라는 책이 들려 있는데, 이 책은 미국 그림책 역사에서 중요한 역할을 한 책이므로 함께 읽어 보면 좋다.

고양이를 사 달라고 조르는 아이들과 부모님 매칭시키기

- **Who are the children's parents?** (아이들의 부모님은 누구일까요?)

마지막에는 동물 보호소에서 책을 읽어 주던 아이들 모두가 고양이를 갖고 싶다고 조르는 장면이 나온다. 작가는 왼쪽에 있는 아이들과 오른쪽에 보이는 부모님들을 짝을 지어 그림을 완성했다고 한다. 각각 아이들의 부모님이 누구인지 닮은 모습을 찾아보며 매칭시켜 보는 것도 재미있다.

After Reading

내가 반려동물이라면?

시큰둥이 고양이가 시큰둥한 데는 분명 이유가 있었을 것이다. 자꾸 안으려고 하는 주인이 부담스러웠을 수도 있고, 갑자기 낯선 곳으로 와 적응이 어려웠을지도 모른다. 책을 읽고 내가 반려동물이라면 어떨지 상상해 보고 동물의 입장이 되어 인간 세상을 바라보며 이야기를 쓰는 활동을 할 수 있다.

  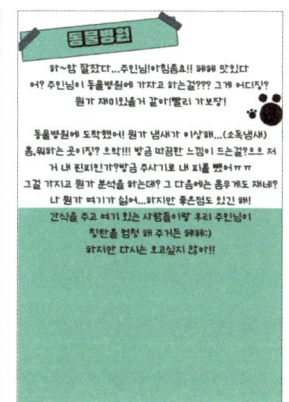

함께하고 싶은 반려동물과 키우는 방법 알아보기

내가 기르고 싶은 반려동물을 생각해 보고 동물을 키우기 위해 준비해야 할 사항을 조사해 본다. 조사한 내용을 친구들에게 발표하며 반려동물에 대한 책임감을 생각해 보자.

〈반려동물 양육법 조사 예시〉
- 키우는 법, 주의할 점, 키울 때 마음가짐, 그 동물의 특징 등

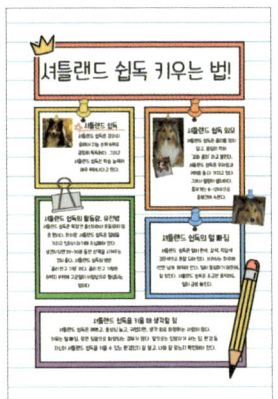 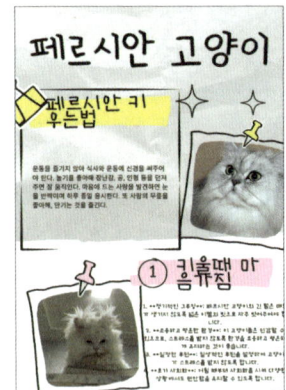 

아이들의 성장

- 실제로 고양이들한테 책을 읽어 준다는 게 있다고 해서 신기했다. 맥스가 보호소로 안 간 게 참 다행이었다. 나도 고양이 보호소에 가서 책을 읽어 주고 싶다는 생각이 들었다. (설송현, 3학년)

- 고양이들에게 책을 읽어 주는 문화가 있다는 것이 신기했는데, 실제로 고양이들이 이야기를 듣고 좋아하는 것이 더 신기했어. 고양이들이 이야기를 알아듣는 걸까? (최시현, 4학년)

- 미국에 정말 고양이와 강아지에게 책을 읽어 주는 프로그램이 있다는 게 신기했다. 고양이들이 다 너무 귀엽다. 책을 읽어 줘서 정말 고양이와 강아지가 좋아하고 안정감을 가진다는 게 새로웠다. 그리고 부정적이었던 고양이가 책을 읽어서 긍정적으로 된 것 같아서 놀라웠다. (김지유, 5학년)

The Paper Bag Princess
종이 봉지 공주

Robert Munsch, Michael Martchenko

#9월_성평등주간 #성고정관념 #자아존중감 #지혜

추천 학년 1 2 3 4 5 6 | AR 3.8 Lexile AD550L

엘리자베스(Elizabeth) 공주는 로널드(Ronald) 왕자와 결혼을 약속한 사이다. 어느 날, 무시무시한 용이 나타나 성을 공격하고 엘리자베스의 옷을 모두 태워 버린 후 왕자를 납치해 간다. 과연 엘리자베스는 이 난관을 어떻게 해결해 나갈까? 공주와 왕자 이야기의 전형적인 서사에서 벗어나 자신의 운명을 스스로 개척하는 엘리자베스의 모습을 통해 성고정 관념을 과감히 깨뜨리는 그림책이다.

✅ 어휘 체크

- **fiery** 불타는 듯한, 불의
- **carry off** 누군가를 빼앗아 가다, 납치하다
- **trail** 자국, 자취, 흔적
- **knocker** 문 두드리는 쇠고리
- **get caught** 잡히다, 포착되다
- **fierce** 사나운, 험악한
- **magnificent** 참으로 아름다운
- **ash** 재, 잿더미
- **tangled** 헝클어진, 복잡한, 뒤얽힌
- **bum** 쓸모없는 사람, 게으름뱅이, 건달

Before Reading

- **What princesses do you know?** (여러분이 알고 있는 공주에는 누가 있나요?)
- **What are the differences between the princess on the book cover and the princess from other books?** (책 표지의 공주와 다른 책의 공주의 차이점은 무엇일까요?)

아이들은 책이나 영상을 통해 백설공주, 인어공주, 라푼젤 등 여러 공주들을 알고 있다. 표지 속 여자아이가 그림책의 주인공인 Paper Bag Princess라는 것을 알려 주고, 우리가 알고 있는 여느 공주들과의 차이점을 살펴본다. 헝클어진 머리, 종이 가방으로 만든 옷, 맨발 등의 외적인 모습과 기존 공주들의 이미지를 찾아 보여 주며 비교해 보자. 그리고 "공주라면 어떤 모습이어야 할까?"라는 질문을 던지며 첫 장을 넘긴다.

While Reading

내가 엘리자베스라면 어떻게 행동할지 생각해 보기

- **If you were a princess, what would you do? How would you save a prince?**
 (만약 여러분이 공주라면 어떻게 했을까요? 어떻게 왕자를 구할 수 있을까요?)

우리가 흔히 알고 있는 이야기와는 달리 이 책에서는 '공주'가 아닌 '왕자'가 납치된다. 그런 데다 용이 공주의 옷을 홀라당 태워 버려 난감한 상황이다. 아이들은 예상치 못한 전개에 흥미로워하며 뒤 내용을 궁금해한다. 내가 만약 엘리자베스라면 어떻게 할지, 왕자를 어떤 방법으로 구출할 수 있을지 예상해 보자.

이야기의 다음 장면 상상하기

- **What will happen on the next page?** (다음 장에서 어떤 일이 벌어질까요?)

엘리자베스가 용을 깊은 잠에 빠뜨리는 장면에서 독자들은 엘리자베스의 승리를 확신하며 이야기가 마무리되고 있음을 느낀다. 납치되었던 로널드도 동굴 창문에서 손을 흔들고 있으므로, 다음 장에서 둘의 재회가 이루어지고 '왕자와 공주는 행복하게 살았답니다.'로 끝날 것이라고 보통 생각한다. 과연 이야기가 어떻게 흘러갈지 의견을 나눈 뒤 페이지를 넘기면, 아이들은 이어지는 반전에 놀랄 것이다.

등장인물의 대사 실감 나게 읽기

용을 찾아간 엘리자베스는 재치 있는 아이디어로 용을 지치게 만들고 결국 잠들게 한다. 처음 용의 대사는 자신의 능력을 뽐내는 의기양양한 목소리로 읽다가 시간이 지날수록 지친 목소리로 읽어 준다. 반면에 엘리자베스는 천진난만하고 뻔뻔한 목소리로 읽어 준다.

로널드와 엘리자베스가 다시 마주하는 장면에서도 둘의 성격을 반영하여 실감 나게 읽어 보자. 왕자는 불쾌한 표정과 투덜대는 목소리로, 엘리자베스는 어이없다는 표정과 똑 부러지는 목소리로 감정을 드러내어 대사를 읽어 준다. 특히 마지막에 "But you are a bum."(넌 한심한 놈/멍청이/쓰레기야.) 부분은 천천히 큰 목소리로 단호하게 읽는다.

성 고정 관념에 대해 생각해 보기

- **What does the prince think princess looks like?** (왕자가 생각하는 공주의 모습은 무엇일까요?)

힘든 모험 끝에 로널드를 구하지만, 엘리자베스는 고맙다는 말 대신 "You are a mess!"라는 편잔을 듣는다. 이어서 왕자는 "Come back when you are dressed like a real princess."라고 말한다. 왕자가 생각하는 공주는 어떤 모습이었을지 의견을 나누어 보고, 아이들이 예쁜 드레스, 멋진 왕관, 얌전한 태도 등의 대답을 한다면 "그건 누가 정한 기준인가요?"라는 질문을 통해 성 고정 관념에 의문을 던진다.

After Reading

뒷이야기 상상하기

마지막 장면에서는 두 팔을 활짝 펴고 가벼운 발걸음으로 점프하는 엘리자베스 공주의 뒷모습이 등장한다. 왕자와 결혼하지 않기로 한 엘리자베스 공주가 앞으로 자신의 인생을 어떻게 살게 될지 4컷 만화 또는 글로 표현해 본다.

만약에 엘리자베스라면?

이 책의 주인공 엘리자베스는 다른 사람에게 의존하기보다는 독립적으로 자신의 문제를 해결하고 있다. 하지만 우리가 잘 알고 있는 명작 동화 속 여자 주인공들은 주로 수동적인 모습으로 문제 해결에 소극적이다. 만약에 그 여자 주인공들이 엘리자베스 같은 성격을 지녔다면 이야기는 어떻게 전개될까? 성 고정 관념에서 벗어나 상상력을 발휘하여 이야기를 바꿔 써 보자.

	명작 동화 원작 이야기	여주인공이 엘리자베스였다면? (학생 예상 답변)
신데렐라	왕자는 신데렐라의 외모에 반해, 무도회 날 유리 구두 한 짝을 떨어뜨리고 간 신데렐라를 찾아내 청혼하였어요. 신데렐라는 왕자와 결혼하여 행복하게 살았답니다.	신데렐라는 발 크기만 보고 사람을 찾는 멍청한 왕자에게 실망합니다. 유리 구두가 자기 발에 꼭 맞긴 했지만, 성으로 따라가지 않고 왕자를 뻥 차 버립니다.

백설공주	하얀 피부와 검은 머리카락을 지닌 백설공주는 자신의 아름다움을 질투하는 나쁜 여왕에게 쫓기다가, 숲에서 일곱 난장이를 만나 함께 지냅니다. 사과 장수로 변장한 왕비가 건넨 독 사과를 먹고 깊은 잠에 빠지지만, 왕자의 사랑이 담긴 키스로 깨어나게 됩니다.	백설공주는 낯선 사람이 주는 음식을 먹지 말라던 일곱 난장이의 말을 떠올리고 사과 장수가 나쁜 여왕일 수 있다고 의심합니다. 그래서 독 사과를 바로 먹지 않고 아름다움을 주는 신비의 연못에 가서 그 물과 함께 먹고 싶다고 말합니다. 사실 그 연못에는 커다란 악어가 살고 있습니다. 백설공주는 왕비를 그 연못으로 가게 해 왕비를 처치합니다.
인어공주	우연히 왕자를 보고 사랑에 빠진 인어공주는 그를 만나기 위해 마녀와 거래합니다. 아름다운 목소리를 주고 다리를 얻은 후 육지로 나오지요. 하지만 정작 왕자는 인어공주 대신 이웃 나라 공주와 결혼을 하고, 인어공주는 바다에 몸을 던져 물거품이 되어 버립니다.	인어공주는 사실을 확인하지 않고 아름다움에 반해 다른 공주와 결혼한 왕자에게 실망합니다. 그리고 목소리 대신 멋진 두 다리로 할 수 있는 일을 생각해 냅니다. 발레리나가 되기로 결심한 인어공주는 열심히 연습하고 노력한 끝에 유명한 발레리나가 됩니다. 인어공주는 목소리 대신 발레로 생각을 표현하며 행복하게 살아갑니다.

아이들의 성장

- 용에게 잡아먹힐 수도 있는데 왕자를 구하러 가는 모습이 용감하다고 생각했다. (양지율, 2학년)
- 공주가 용을 지치게 만들고 왕자를 구했지만, 왕자가 옷이나 얼굴이 이상하다고 하는 것이 너무했어. 물에 빠진 사람 구해 줬더니 보따리 내놓으라고 하는 것 같아. (최시은, 4학년)
- 왕자가 겉모습으로 판단하는 것을 보니 결혼을 했다면 금방 이혼했을 것 같아. (공은서, 5학년)
- 어려운 상황에서도 당황하지 않고 침착하게 꾀를 내어 왕자를 구하는 게 대단하다. 보통은 왕자가 공주를 구하는데, 종이 봉지 공주는 고정 관념을 벗어던졌다. 정말 멋지다! (강서연, 6학년)

19

It's a Book
그래, 책이야!

Lane Smith

#9월_독서의달 #몰입 #독서교육 #전자기기

추천 학년 1 2 3 4 5 6 | Lexile AD420L

　노트북을 능수능란하게 다루는 당나귀는 책 읽기에 푹 빠져 있는 원숭이를 보며 책에 관심을 보인다. 당나귀는 원숭이에게 노트북처럼 책으로 게임을 할 수 있는지, 문자를 보낼 수 있는지 등을 물으며 책 읽는 것을 방해하기 시작한다. 대답하기 귀찮아진 원숭이는 당나귀에게 책을 건네주는데, 당나귀는 어떤 반응을 보일까? 스마트폰, 태블릿 등의 전자 기기가 더 익숙한 아이들에게 책과 가까워질 수 있는 계기를 마련해 주는 그림책이다.

✅ 어휘 체크

- **jackass** 수탕나귀, 멍청이
- **agreement** 동의
- **unsheathe** 칼집에서 칼을 뽑다
- **cutlass** 선원들이 쓰던 검
- **petrified** 겁에 질린
- **lad** 사내아이, 청년

작가 이야기

레인 스미스(1959~)는 작가이자 일러스트레이터로, 기발하고 창의적인 작품을 많이 만들어 냈다. 1992년 『The Stinky Cheese Man: And Other Fairly Stupid Tales』, 2012년 『Grandpa Green』으로 '칼데콧아너상'을 수상하고, 2017년에는 『There Is a Tribe of Kids』로 '케이트 그리너웨이상'을 받았다.

Before Reading

- **What is the monkey doing?** (원숭이는 무엇을 하고 있나요?)
- **What is the missing alphabet in the title?** (제목에서 빠진 철자는 무엇일까요?)

책 표지를 보면서 원숭이가 앉아서 무엇을 하고 있는지 이야기해 보고, 제목에 빠진 철자를 유추해 본다. 원숭이 얼굴을 알파벳 O로 보면 'Book'이라는 단어가 완성되는 것을 알 수 있다. 속표지의 등장인물 소개란을 보며 Jackass는 '수탕나귀'를 가리키지만 '멍청이'라는 뜻도 있다고 알려 준 뒤 그림책 읽기를 시작한다.

While Reading

원숭이의 기분을 파악하고 감정 살려 읽기

- **How does the monkey feel?** (원숭이의 기분은 어떨까요?)

당나귀의 대사는 파란색으로 원숭이의 대사는 주황색으로 쓰여 있다. 대화 형식이므로 목소리를 다르게 하면서 읽어 준다. 원숭이의 말 중 "It's a book."이 반복되는데, 뒤로 갈수록 답답하다는 느낌을 담아 실감 나게 읽어 주자.

책을 읽고 있는 원숭이에게 노트북을 든 당나귀가 다가간다. 당나귀는 노트북으로 할 수 있는 것들을 책으로도 할 수 있냐며 이것저것 귀찮게 질문을 해댄다. 계속된 질문에 달라지는 원숭이의 표정을 살펴보며, 이런 상황에서 원숭이의 기분이 어떨지 함께 이야기해 본다. 또 책과 전자 기기 등의 매체별 장단점을 비교해 보고 정리할 수도 있다.

책 속의 책 『보물섬』 들여다보기

- **Which book is this scene from?** (이 책은 어느 책의 한 장면일까요?)

당나귀가 책에 대해 궁금해하자 원숭이는 읽던 책을 당나귀에게 보여 준다. 원숭이가 펼친 장면을 살펴보며 어떤 책을 읽고 있는지 추측해 보자. 이것은 『보물섬』의 한 장면인데, 책을 이미 읽어 본 아이들은 제목을 듣고 탄성을 지른다.

책을 본 당나귀는 글씨가 너무 많다며 줄임말과 그림말을 이용해 두 줄로 줄인다. 책 내용과 당나귀가 요약한 줄임말, 그림말을 비교해 보면 다음과 같다.

- Arrrrrrrr, nodded Long John Silver, we're in agreement then?
  → LJS: rrr! K? (OK의 줄임말)
- He unsheathed his broad cutlass laughing a maniacal laugh, "Ha! Ha! Ha!"
  → lol! (Laugh out loud의 줄임말)
- Jim was petrified. The end was upon him.
  → Jim: :(
- Then in the distance, a ship!
  → !
- A wide smile played across the lad's face.
  → :)

이처럼 줄임말과 그림말을 사용하면 너무 많은 내용이 생략되어 책의 재미를 반감시키고 의미를 잘 전달하지 못하는 것을 알 수 있다. 또 아이들은 우리나라뿐만 아니라 다른 나라에서도 줄임말과 그림말을 사용하는 것에 흥미를 느낀다.

책에 빠진 당나귀 모습 살펴보기

- **How many hours has the donkey been reading?** (당나귀는 몇 시간 동안 책을 읽고 있나요?)

당나귀는 책에 흥미를 보이며 원숭이의 책을 가져가 읽는다. 뒷벽에 걸린 시계를 관찰하며 당나귀가 몇 시간 동안 책을 읽었는지 알아보고, 당나귀처럼 시간이 가는 줄 모르고 책에 빠진 적이 있는지 생각해 보자. 또 이렇게 몰입해서 무언가를 해 본 경험에 관해 이야기해 보자.

원숭이가 책을 돌려 달라고 하자, 다 읽고 충전해 줄 테니 걱정하지 말라는 당나귀에게 원숭이가 "It's a book, Jackass."라고 말하는 장면이 나온다. "그건 책이야, 당나귀야."라는 의미일까? 아니면 "멍청아, 그건 책이야."라는 뜻일까? 중의적인 표현을 사용해 재미를 더하는 대사다.

After Reading

친구에게 책 추천하기

아이들 자신이 읽은 책 중 친구들이 좋아할 만한 책을 선정하여 책 표지를 그리거나 무료 디자인 앱을 사용하여 추천하는 글을 써 본다. 친구들이 추천한 책 중 마음에 드는 책을 골라 읽어 보자. 관심사가 비슷한 또래가 추천한 다양한 책을 접할 기회가 된다.

 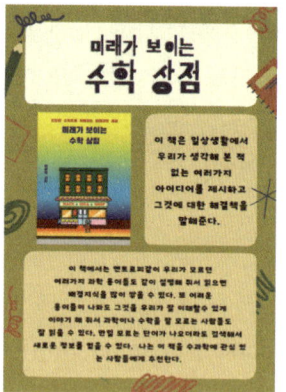  

나만의 책 만들기

국어 수업과 연계하여 주제를 정하고 나만의 책을 만들어 본다. 완성된 책은 친구들이 돌려 읽은 뒤 칭찬의 글을 써 주는 활동으로 전개한다. 친구들의 개성이 드러난 책을 즐겁게 공유하는 모습을 볼 수 있다.

아이들의 성장

- 미래에는 종이책이 없어지려나? 궁금하다. 요즘에는 휴대 전화로도 책을 읽을 수 있다는데, 나는 그래도 종이책이 더 좋다. (김민아, 4학년)
- 컴퓨터 중독 당나귀, 내 모습을 보는 것 같다. (이누리, 5학년)
- 게임에만 몰입하지 말고 책에도 몰입해 보도록 노력해야겠다. 친구 추천 책을 하나씩 읽어 봐야겠다. (정시현, 6학년)

The Incredible Book Eating Boy
와작와작 꿀꺽 책 먹는 아이

Oliver Jeffers

#9월_독서의달 #책 #책먹는아이 #독서교육

추천 학년 1 2 3 4 5 6 | AR 2.8 Lexile AD550L

주인공 헨리(Henry)는 책을 좋아하지만, 우리와는 다른 방식으로 책을 좋아한다. 어느 날 실수로 책을 먹은 헨리는 생각보다 책이 맛있다고 느끼고 매일 조금씩 양을 늘려 먹기 시작한다. 책을 먹으면 먹을수록 더 똑똑해진다는 것을 알게 된 헨리는 계속해서 책을 더 많이 먹는데…. 과연 헨리에게 무슨 일이 생길까? 흥미롭고 상상력 넘치는 이야기로, 왜 책을 '읽어야' 하는지, 또 올바른 독서란 무엇인지에 관해 생각해 볼 수 있는 그림책이다.

✅ 어휘 체크

- **atlas** 지도책
- **fierce** 맹렬한
- **goldfish** 금붕어
- **crossword** 십자말풀이
- **fussy** 까다로운
- **gulp** 꿀꺽꿀꺽 삼키다, 벌컥벌컥 마시다
- **digest** 소화하다
- **embarrassing** 난처한, 쑥스러운
- **cope** 대처하다, 대응하다
- **by accident** 우연히
- **every now and then** 때때로, 가끔

작가 이야기

올리버 제퍼스(1977~)는 회화, 일러스트레이션, 콜라주 등 다양한 부분에서 활동하며 세계적으로 인정받는 작가이다. 자신의 경험을 소재로 기발한 상상력을 발휘하여 독특한 삽화로 표현하며, 그림 속에 자신이 쓴 글씨를 삽입하는 것이 특징이다. 널리 알려진 그림책으로 『Here We Are』, 『Lost and Found』, 『How to Catch a Star』 등이 있으며, 이 책 『The Incredible Book Eating Boy』는 어렸을 때 남동생에게 똑똑해지라고 책을 먹게 한 경험을 바탕으로 썼다고 한다.

Before Reading

- **What do you think the boy is doing?** (주인공이 무엇을 하고 있나요?)

그림책 앞표지를 보며 책을 잔뜩 들고 있는 주인공이 무엇을 하고 있는지 질문을 던져 본다. 아이들 자신도 책이나 종이를 먹어 본 경험이 있는지 이야기 나누어 보자. 또한 제목을 보고 한글 제목을 붙인다면 뭐라고 할지 생각해 본 뒤, 번역서 제목과 비교해 보는 것도 재미있는 활동이 된다.

While Reading

타이포그래피(Typography) 탐색하기

- **Why does this word have a different font in this sentence?** (이 문장에서 왜 이 단어만 다른 모양을 하고 있을까?)

'타이포그래피'란 글자를 의미하는 그리스어 'typo'에 이미지 표현 기술법을 의미하는 'graphy'를 결합한 것으로, 글자를 사용한 디자인 예술을 말한다. 책을 읽다 보면 다양하고 개성 있는 글씨체가 눈에 먼저 띈다. 작가는 주인공의 심리 상태와 상황에 따라 각기 다른 글씨체를 사용하였다. 글자도 마치 그림처럼 아이들에게 생생하게 다가갈 수 있는 수단으로 활용한 것이다. 책을 읽어 줄 때 이런 특징을 잘 살려 읽어 주면 효과적이다. 더불어 왜 작가가 이런 글씨체를 썼을지 아이들과 함께 작가의 의도를 추측해 보면 책의 내용을 더욱 깊이 있게 이해할 수 있다.

나의 경험 떠올리기

- Have you ever read many books as fast as Henry? (헨리처럼 많은 책을 빠르게 읽어 본 적 있나요?)

헨리가 더 이상 책을 먹지 않고 읽게 된 계기가 있었다. 바로 너무 많은 책을 너무 빨리 먹어서 제대로 소화 시키지 못해 병이 났기 때문이다. 여기서 우리 아이들의 잘못된 독서 습관을 짚고 넘어갈 수 있다. 독서에 관해 이야기할 때, 책을 '몇 권 읽었는지'에만 관심을 두지, '어떻게 읽었는지' 또는 '깊이 있게 이해했는지' 신경 쓰지 않는 경우가 많다. 아이들과 함께 헨리처럼 책을 많이 읽는 데만 관심을 둔 적이 있는지 이야기해 보고, 책을 어떻게 읽는 것이 좋은지 그 방법에 관해서도 생각해 보자.

마지막 장면의 재미 요소 찾기

결국 헨리는 책 읽는 즐거움을 깨닫고 브로콜리를 먹으면서 책을 읽는다. 마지막 문장은 완성되지 않고 열린 문장으로 끝나는데 뒷장을 넘겨 보면 그 답을 알 수 있다. 바로 헨리가 때때로 브로콜리를 집어던지고 책을 씹어 먹기도 하는 것이다. 헨리가 한 입 베어 문 듯한 책의 뜯겨진 모서리를 보며 아이들은 재미있어한다.

After Reading

내가 먹고 싶은 책 만들기

헨리가 그랬던 것처럼 책을 먹으면 똑똑해질 수 있다고 상상해 보자. 가장 먹고 싶은 책을 선정하여 책 제목과 내용을 간단하게 만들어 본다. 추가로 각각의 책을 먹었을 때 무슨 맛이 날 것 같은지 자유롭게 상상해 보는 시간을 가져도 좋다.

나만의 글씨체 만들기

책을 보면 각 장면의 맥락과 분위기에 맞는 다양한 글씨체를 발견할 수 있다. 이처럼 그림책 장면에서 타이포그래피의 역할과 효과를 확인하고 아이들 스스로 글씨체를 만들어 본다. 책 속의 타이포그래피가 두드러진 문장을 골라 그 뜻을 살려 자신만의 글씨체로 표현해 보자.

아이들의 성장

- 나도 헨리처럼 책을 먹고 똑똑해지고 싶어. (이서율, 2학년)
- 책을 먹으면 무슨 맛일지 궁금해. (권별, 3학년)
- 이 책을 읽고 도서관에 가서 종일 책을 읽고 싶어졌어. (김린우, 4학년)
- 나도 책을 엄청나게 많이 읽는 편인데 지금 생각하니 하나도 기억나지 않아. 앞으로는 천천히 이해하면서 책을 읽어야겠어. (강우진, 6학년)

| 깨알 정보 | 미국 만화책(카툰)에는 왜 대문자만 쓸까?

미국 만화책의 시초는 신문 연재만화이다. 신문 연재만화를 만들 때 글자 높이가 균등한 대문자와 달리 소문자는 들쭉날쭉한 특징을 가지고 있어 작은 공간인 말풍선에 넣기 어려웠다고 한다. 따라서 가독성과 효율성을 위해 대문자를 사용하게 되었고, 이는 지금의 만화책까지 이어지고 있다.

21

Imagine
이매진

John Lennon, Jean Jullien

#9/21_세계평화의날 #비둘기 #존레논

추천 학년 1 2 3 4 5 6

올리브 가지를 물고 세상에 평화를 전달하는 비둘기의 이야기이다. 존 레논이 직접 작사·작곡해 노래한 세계적인 히트곡 'Imagine'의 가사를 단순하면서 동화적인 그림으로 표현했다. 평화로운 세상과 그런 세상을 만들기 위한 개인과 사회의 역할에 관해 생각해 보게 하는 따뜻한 그림책이다.

✅ 어휘 체크

- **heaven** 천국, 낙원
- **hell** 지옥, 지옥 같은 곳
- **religion** 종교
- **possession** 소유, 소유물
- **wonder if** ~여부를 궁금해하다
- **greed** 탐욕
- **brotherhood** 인류애, 형제애
- **dreamer** 몽상가

Before Reading

- **What do pigeons and olive leaves mean?** (비둘기와 올리브 잎은 무엇을 의미할까요?)

　표지에는 나뭇가지를 물고 하늘을 나는 비둘기가 있다. 비둘기가 평화의 상징이라는 사실과 비둘기가 물고 있는 나뭇가지가 올리브 나무라는 것을 알고 있다면, 자연스럽게 올리브 나무의 의미까지 추측할 수 있다. 평화에 관해 자유롭게 이야기를 나누고, 제목의 의미를 생각해 보자.

　면지에는 존 레논의 아내 오노 요코가 평화로운 세상을 만들기 위해 우리가 할 수 있는 일에 관해 이야기하고 있다. 평화로운 세상은 어떤 세상이며, 그런 세상을 만들기 위해 우리가 할 수 있는 일은 무엇인지 이야기 나누며 책 읽기를 시작해 보자.

While Reading

책 속 비둘기 모습을 확인하고 비둘기가 가져온 변화 이야기하기

- **What are the birds doing on this page?** (새들이 무엇을 하고 있나요?)
- **What has changed after the pigeon came?** (비둘기가 온 뒤로 무엇이 변화했나요?)

　그림 속 사람들과 새들은 일상에 지쳐 있거나 때론 소유하기 위해 다투기도 한다. 표지에 나타난 비둘기는 이들에게 올리브 잎과 함께 평화의 메시지를 전달하며, 갈등이 없고 인류애가 가득한 평화로운 세상을 만들기 위해 노력한다. 비둘기 한 마리로 인해 세상이 어떻게 변했는지 아이들과 함께 이야기해 보자.

작가가 생각하는 평화와 내가 생각하는 평화에 관해 이야기 나누기

> ▪ **What do you think a peaceful world looks like?** (여러분이 생각하는 평화로운 세상은 어떤 모습인가요?)

책 속에서 작가가 전달하려는 평화의 의미를 생각해 보자. 천국도 없고 지옥도 없는 세상을 상상한 이유는 무엇인지, 종교와 평화를 왜 관련 지었는지 이야기 나누어 볼 수 있다. 종교가 가져온 전쟁이나 빈부 격차 등 관련 사례를 알아보고 작가의 의도를 짐작해 볼 수 있다.

더 나아가 평화로운 세상에 관해 아이들이 의견을 이야기해 보도록 한다. 우리 주변에서 평화를 해치는 것에는 무엇이 있는지, 평화로운 세상에는 무엇이 필요한지, 평화로운 세상이란 어떤 세상일지 생각해 본다.

노래로 듣고 함께 불러 보기

이 책은 존 레논의 노래 가사로 만들었으니, 원곡을 들으며 다시 한 번 책장을 넘겨 보자. 원곡뿐 아니라 여러 아티스트의 개성을 살린 또 다른 'Imagine' 리메이크곡을 들어 보는 것도 좋다. 아이들이 선호하는 버전으로 다 함께 'Imagine'을 불러 보자.

After Reading

평화의 상징 알아보기

국제 연합(UN) 심벌 마크에는 평화의 상징인 올리브 가지가 그려져 있다. 올리브 나무는 비둘기와 함께 대표적인 평화의 상징으로 알려져 있다. 평화의 상징으로서 비둘기와 올리브 나무는 가톨릭과 유대교 문화로부터 유래한다. 구약 성경 '노아의 방주' 이야

국제 연합(UN) 심벌 마크

기에서 사방이 물에 잠기는 대홍수가 일어나자, 노아는 가족과 동물들을 방주에 태워 대홍수를 피한다. 1년 여의 시간이 흐르고 노아는 방주 밖의 상황을 알아보기 위해 비둘기를 내보낸다. 비둘기는 올리브 가지를 가지고 노아에게 돌아와, 마침내 홍수가 끝나고 세상에 평화가 왔음을 알린다.

우리나라에서 사진 찍을 때 많이 하는 손동작 V가 미국에서는 Peace(평화), Victory(승리)를 의미한다. 한편, 호주에서는 손등을 보이게 V를 하면 욕설의 의미라고 하니 주의가 필요하다.

손동작 V

1958년 4월 4일 핵무기 폐기 운동에 사용된 평화의 상징이다. 이후 핵무기 폐기 운동뿐만 아니라 미국의 인권 운동, 베트남 전쟁 반대 시위 등에 지속적으로 사용되었다.

Peace symbol

AI와 함께 '우리 반 평화 노래' 만들기

생성형 AI 작곡 프로그램을 활용해 우리 반만의 평화 노래를 만들어 보자. 하나의 작은 사회인 우리 반의 평화를 위해 협력하여 가사를 완성한 뒤 음악을 제작할 수 있다. 아이들이 쓴 가사를 작곡 프로그램에 입력하고 원하는 음악 스타일을 선택하면 AI가 노래를 자동으로 완성해 준다.

나도 피카소

피카소가 그린 1949년 '세계평화회의' 포스터는 비둘기와 월계수 잎이 세계적인 평화의 상징이 되는 데 큰 역할을 했다. 일생에 전쟁을 두 번 겪은 피카소는 자유와 평화, 희망, 사랑을 상징적으로 표현하고자 자기 작품에 비둘기와 월계수 잎을 사용했다고 한다. 피카소처럼 비둘기와 월계수 잎을 주제로 그림을 그려 앨범 표지를 만들거나, 뮤직비디오를 제작해 보자. 피카소의 작품 'Dove of Peace', 'Face of Peace' 등을 참고할 수 있다.

> 아이들의 성장

- 요즘도 전쟁하는 나라들이 있는데, 비둘기가 올리브 잎을 물어다 주어서 평화로워지면 좋겠다. (김소율, 4학년)
- 평화를 위해 내가 먼저 작은 것이라도 실천하면 좋을 것 같아. (안정원, 5학년)
- 싸움도 없고 욕심도 없어서 모두가 행복한 평화로운 세상에 살고 싶다. (최온유, 6학년)

| 깨알 정보 | 평화를 상징하는 노래 'Imagine'

'Imagine'은 1971년 처음 발표된 곡으로, 미국음반산업협회에서 선정한 '역사적으로 가장 의미 있는 365곡' 중 하나이자 존 레논의 솔로곡 가운데 가장 많이 판매된 싱글 앨범이다. 평화를 상징하는 대표적인 곡으로, 많은 사람들에게 강한 메시지를 주고 있다.

이 노래는 국제적 평화를 지키고 화합을 이루고자 하는 올림픽 정신에 부합해 올림픽 행사에 여러 번 활용되었다. 2012년 런던올림픽 폐막식과 2018 평창 동계올림픽 개막식에서 노래가 울려 퍼져 전 세계인에게 감동을 주었다. 2024 파리올림픽 비치발리볼 경기 중 선수 간 다툼이 일어났을 때 이 노래가 울려 퍼져 화제가 되기도 했다.

22

Martin's Big Words
: The life of Dr. Martin Luther King, Jr.
마틴 루터 킹

Doreen Rappaport, Bryan Collier

#10/2_세계비폭력의날 #흑인 #인권 #칼데콧아너

추천 학년 **1 2 3 4 5 6** | AR **3.4** Lexile **610L**

'WHITE ONLY' 가 쓰여 있는 가게 표지판 앞에 흑인 엄마와 아이가 서 있다. 백인 전용인 그곳에 들어갈 수 없다는 것을 알고 아이는 부당함을 느낀다. 이 그림책은 세계 시민 인권 운동가로 살아온 '마틴 루터 킹 주니어'의 어린 시절부터 마지막 순간까지의 삶을 그리고 있다. 간결하고 힘 있는 문장과 강렬하고 의미 있는 콜라주 그림으로 구성된 이 그림책은 그의 생애를 다룬 수많은 작품 중에서도 최고로 인정받아 많은 상과 아낌없는 찬사를 받았다.

✓ 어휘 체크

- **big words** 의미 있는 말, 위대한 말
- **white only** 백인 전용
- **hymn** 찬송가, 찬가
- **Bible** 성서, 성경
- **preach** 설교하다, 전도하다
- **minister** 목사, 성직자

- **blistering** 지독히 더운
- **protest** 시위, 항의, 저항
- **equal rights** 평등권
- **march** 행진하다, 행진
- **fight back** 저항하다, 반격하다
- **convince** 설득하다, 확신시키다

- **drive out** 떨쳐 버리다
- **sooner or later** 조만간
- **arrest** 체포하다, 구속하다
- **lawmaker** 입법자, 국회 의원
- **segregation** 분리, 차별, 격리
- **on strike** 파업 중

Before Reading

- **Do you know who he is?** (이분이 누구인지 알고 있나요?)
- **Can you guess the meaning of 'Big words'?** (Big words가 무슨 뜻일지 한번 이야기해 볼까요?)

마틴 루터 킹에 대해 간단하게 소개하고, 아이들이 알고 있는 사전 지식을 모아 마인드맵으로 그려 칠판에 적어 보자. 모두의 지식을 바탕으로 Big words가 어떤 의미인지 생각해 본 후 책 읽기를 시작한다.

While Reading

Big words 강조하여 아이들과 함께 읽기

- **Let's read 'Big words' all together.** (Big words를 다 같이 읽어 봅시다.)

그림책을 살펴보면 Big words들은 본문과 다른 색의 진한 글씨체로 쓰여 있고, 주요 단어 역시 따옴표로 강조되고 있다. 강인한 눈빛과 깊이 있는 목소리로 마치 연설하듯 읽어 보자. 책 속의 상황과 마틴 루터 킹의 신념을 더욱 묵직하게 느낄 수 있을 것이다. 교사가 Big words 부분을 먼저 읽은 후 아이들도 따라 읽게 해 보자. 단어 하나하나에 자신의 감정을 담아 직접 읽어 본다면 그 의미가 더 깊게 와 닿을 것이다.

동시대 인물과 사건에 관해 알아보기

이 그림책은 실제 인물에 관한 이야기로, 동시대 유명 인물들도 등장한다. 20세기의 가장 위대한 지도자 중 한 명으로 꼽히는 인도의 '마하트마 간디'의 비폭력 저항 운동은 마틴 루터 킹에게 많은 영향을 미쳤다. 또 1955년 '로자 파크스'가 버스에서 흑인 차별 대우를 받자 마틴 루터 킹은 이에 반대하며 버스 승차 거부 운동을 주도하였는데, 이는 그의 행적에 큰 획을 긋는 사건이 되었다.

책 구석구석 살피기

책 앞부분에 실린 두 작가의 글을 읽어 보자. 글 작가 도린 래퍼포트는 실제로 흑인이 억압받던 시기에 부당함을 느끼고 비폭력으로 맞서는 시위에 동참했으며, 마틴 루터 킹에게 많은 영향을 받았다고 한다. 그림 작가 브라이언 콜리어는 스테인드글라스와 마지막 네 개의 촛불 등에 담긴 의미들을 콜라주 기법으로 표현한 것에 관해 설명하고 있다.

책의 끝부분에는 마틴 루터 킹의 주요 과업이 날짜별로 정리되어 있다. 시기별로 그의 행적을 알아보고, 책을 다 읽은 뒤 아이들과 인물에 관해 더 알아보려 할 때 활용하기 좋다.

After Reading

'I Have a Dream.(나에게는 꿈이 있습니다.)' 연설 들어 보기

미국 역사상 명연설 중 하나로 인정받는 마틴 루터 킹의 'I have a dream.' 영상을 감상해 보자. 1963년 그가 워싱턴 D.C. 링컨 기념관에서 연설할 때 열광하는 수많은 군중들의 흑백 영상을 보면 당시의 사회적 분위기를 물씬 느낄 수 있다. 특히 전체 연설을 들어 보면서 책에 나온 구절을 찾아 보는 것도 내용에 집중할 수 있는 좋은 방법이다.

더불어 역사상 유명한 여러 인물들의 명연설을 찾아 보는 활동을 해 보자. 본인이 좋아하는 인물의 연설을 듣고 따라 읽거나 외워 보는 것은 매우 좋은 체험이 된다.

책갈피 만들기

마틴 루터 킹의 명언을 담은 책갈피를 만들어 보자. 두꺼운 종이를 적당한 크기 (5cm× 15cm)로 자르고 명언을 적어 꼬리표를 달아 준다. 책갈피를 사용할 때마다 명언을 읽어 보면서 뜻을 새겨 볼 수 있다.

아이들의 성장

- 마틴 루터 킹의 다른 위인전도 읽어 보았지만 그림책으로 만나니 훨씬 잘 이해가 간다. 책갈피를 볼 때마다 좋은 말들을 생각해 봐야지. (장은채, 5학년)
- 'White only'라니. 얼마나 억울했을까? 하지만 지금도 주변에 수많은 차별들이 있고 우리가 용기 내어 고쳐야 할 것 같다.(나 좀 많이 큰 듯^^) (유진, 6학년)

| 깨알 정보 | 왜 Martin Luther King 뒤에 Jr.가 붙나요?

서양 문화권에서는 조상이나 아버지의 이름을 장남에게 물려주는 경우가 많은데, 같은 이름을 구별하기 위해 주니어(Jr.)를 사용한다. '주니어'란 단어에는 '손아랫사람'이라는 의미가 포함되어 있다. 예를 들면 영화 '아이언맨'의 주인공으로 잘 알려진 배우 Robert Downey Jr., 케네디 대통령 아들 John F. Kennedy Jr., 영화 '알라딘'의 지니 역 배우 Will Smith Jr. 등이 있다.

23

The Stray Dog
떠돌이 개

Marc Simont

#10/4_세계동물의날 #반려견 #펫티켓 #칼데콧아너

추천 학년 1 2 3 4 5 6 | AR 1.7 Lexile 440L

공원으로 나들이를 간 가족은 우연히 강아지 한 마리를 만나 즐거운 시간을 보낸다. 나들이를 마치고 집으로 돌아온 후, 가족 모두는 두고 온 강아지 생각에 빠져 일주일을 보내게 된다. 그리고 돌아온 주말, 공원에서 그 강아지를 다시 만나는데 그곳에서는 어떤 일이 벌어질까? 반려동물에 대한 책임감, 유기견 입양, 펫티켓 등에 대해 생각을 나눌 수 있는, 실화를 바탕으로 한 그림책이다.

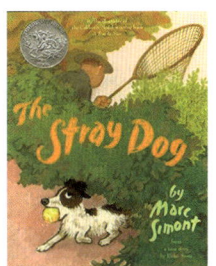

✓ 어휘 체크

- **stray** 길을 잃은
- **scruffy** 꾀죄죄한, 지저분한
- **belong to** ~에 속하다
- **appear** 나타나다
- **collar** 목걸이
- **leash** 목줄
- **warden** 관리인
- **introduce** 소개하다

Before Reading

- **Where are they?** (여기는 어디일까요?)
- **What is the man doing with the mesh net?** (남자는 그물망을 들고 무엇을 하고 있는 것일까요?)
- **What does 'stray' mean?** (stray의 뜻은 무엇일까요?)

표지 속 장소는 어디인지, 등장인물은 누구인지 먼저 살펴본다. 노란 공을 입에 물고 가는 강아지는 어디를 바라보고 있을까? 뒤편에 있는 남자는 왜 그물망을 들고 있을까? 앞 면지 속 강아지는 쓰레기 더미를 뒤져 먹을 것을 찾고 있다. 강아지는 왜 쓰레기 더미를 뒤지고 있는 것일까? 그림을 보면서 이 책의 제목인 'stray dog'의 뜻을 유추할 수 있다.

While Reading

등장인물의 심리가 그림으로 어떻게 표현되었는지 찾아보기

- **How did the family feel when they left the dog?** (강아지를 두고 떠날 때 가족들의 마음은 어땠을까요?)
- **How is the family's feelings expressed in the illustration?** (가족들의 마음이 그림 속에 어떻게 표현되었나요?)

이 그림책은 이야기의 흐름에 따른 등장인물의 심리 상태 변화가 잘 드러나 있다. 공원에서 만난 강아지를 다시 보고 싶어 하는 가족들의 마음이 그림으로 어떻게 표현되었는지 살펴보자. 다른 생각에 잠겨 발을 헛디뎌 넘어지고, 냄비에서 물이 끓어 넘치는 줄도 모르는 등 그 포인트를 살펴보면 그림책을 더 재미있게 읽을 수 있다.

드디어 다가온 주말, 다시 찾은 공원에서 식사 중이지만 누군가를 기다리는 것 같은 아빠의 시선을 놓치지 말자. 옆자리 한 편에 이미 준비되어 있는 강아지 밥그릇, 물그릇에서 강아지를 다시 만나고 싶어 하는 가족들의 마음을 엿볼 수 있다.

유기견을 구하기 위한 남매의 재치 있는 행동 확인하기

- Why do you think the dog is being chased? (강아지는 왜 쫓기고 있는 것 같나요?)
- What witty actions did the siblings do to save the dog? (강아지를 구하기 위해 남매는 어떤 재치 있는 행동을 했나요?)

유기견이 왜 쫓기고 있으며, 남매가 어떤 재치를 발휘하여 유기견을 구해 냈는지 함께 살펴보자. 공원 관리인에게 쫓기고 있는 유기견을 구하기 위해 남매가 벨트와 머리끈으로 목줄을 만드는 재치를 발휘하는 장면은 이 그림책의 하이라이트이다.

공원에서의 남매 모습 살펴보기

- What are the siblings doing in the park? How do they feel? (공원에서 남매는 무엇을 하고 있나요? 그들의 기분은 어떤 것 같나요?)

유기견을 집으로 데리고 와 윌리(Willy)라는 이름을 지어 준 남매는 윌리를 데리고 공원으로 산책을 나간다. 공원에서의 행복한 모습을 살펴보며 다시 앞으로 돌아가 그림책의 속표지와 비교해 보자. 윌리를 만나기 전, 공원에서 반려동물과 행복한 시간을 보내는 사람들을 바라보며 부러운 듯 서 있는 남매의 모습을 확인할 수 있다. 같은 장소, 다른 장면을 비교하며 읽는 재미가 있으니 놓치지 말고 살펴보자.

After Reading

나의 반려동물을 소개합니다

나의 반려동물이 어떤 특징을 가지고 있는지, 좋아하는 것과 싫어하는 것이 무엇인지 생각해 보며, 반려동물을 이해하고 존중하는 시간을 가져 보자. 반려동물이 없다면 '만약 나에게 반려동물이 있다면' 하고 상상해 보는 활동으로 대체해도 좋다.

펫티켓 안내서 만들기

반려동물이 우리 삶의 일부로 자리 잡고 있는 요즘, 반려인이라면 준수해야 하는 수칙이 무엇인지 알아보고 펫티켓 안내서를 만들어 볼 수 있다. 더불어 비반려인이 알아 두면 좋은 팁에는 어떤 것이 있는지 조사해 보는 활동을 함께 해도 좋다.

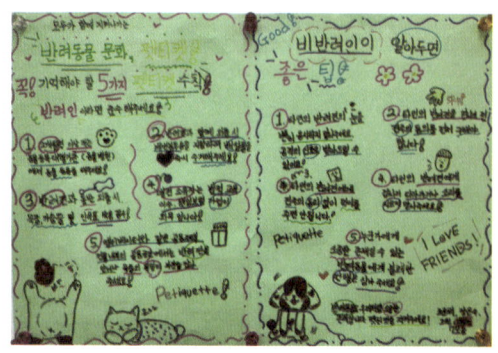

아이들의 성장

- 강아지를 구하기 위해 아이들이 머리끈과 벨트로 목줄을 만드는 장면이 재미있었어. (최하민, 3학년)
- 나무 뒤에 강아지가 숨어서 아이들을 지켜보는 장면에서 마음이 찡했어. (김민지, 4학년)
- 버려진 유기견이 있어서 너무 슬펐어. 잘 키우지 않을 거라면 처음부터 키우지 않는 게 맞는 것 같아. (한동준, 5학년)

| 깨알 정보 | 반려인 에티켓(펫티켓)

- 반려견과 외출 시, 목줄-가슴줄 및 인식표 착용하기
- 2개월령 이상의 개는 시 군 구청 또는 동물 등록 대행 기관에 동물 등록하기
- 반려견과 외출 시, 배변 봉투 챙기기
- 맹견 소유자는 법정 교육 이수하고, 책임 보험 가입하기
- 엘리베이터와 같은 공동 주택 건물 내부의 공용 공간에서는 반려견을 안거나 목줄의 목덜미 부분 잡기

출처. 농림축산식품부

It's a No-Money Day
세상의 모든 돈이 사라진 날

Kate Milner

#10/17_국제빈곤퇴치의날 #가난 #나눔 #푸드뱅크

추천 학년 1 2 3 4 5 6

집에 먹을 것이 다 떨어지고 무언가를 살 수 있는 돈이 한 푼도 남아 있지 않은 날. 아이는 돈이 없어도 할 수 있는 재미있고 행복한 것들에 대해 생각하며 상상의 나래를 펼친다. 작가는 가난해도 행복한 아이의 모습을 통해 희망적인 메시지를 전달하고, 기부의 의미와 중요성에 관해 이야기한다.

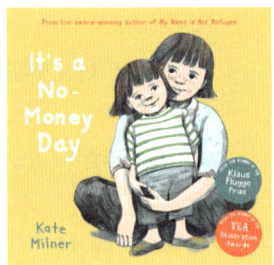

✅ 어휘 체크

- **kitten** 아기 고양이
- **telly** 텔레비전(=TV)
- **foodbank** 푸드 뱅크
- **charity shop** (기증받은 물품들을 팔아 자선기금을 모으는) 중고품 가게
- **tummy** 배(어린애들이 쓰는 말, stomach의 다른 말)
- **squash** 스쿼시(과일 주스, 설탕, 물을 혼합한 음료)

Before Reading

- **Let's guess where this place is.** (이곳이 어디인지 추측해 봅시다.)
- **What do you think a foodbank is?** (푸드 뱅크는 무엇을 하는 곳일까요?)

앞 면지와 뒤 면지를 보면 같은 장소의 그림이 등장한다. 책을 읽기 전에는 이곳이 어디일지 질문하면 마트, 도서관, 집 등 다양한 답변이 나온다. 하지만 책을 다 읽고 난 뒤 다시 물어보면 '푸드 뱅크'라고 대답한다. 푸드 뱅크가 어떤 사람들을 위한 장소인지, 무엇을 하는 장소인지 설명하고, 관련 영상을 함께 찾아봐도 좋다.

While Reading

먹을 것이 없는 아이와 엄마의 상황 속으로 들어가 보기

- **What if I woke up hungry but there is nothing to eat?** (배가 고파서 일어났는데 먹을 것이 없다면 어떨까요?)
- **Why does she say "Luckily Mum isn't hungry."?** (엄마는 왜 배가 고프지 않다고 말했을까요?)

아침에 일어났는데 배가 엄청 고프다. 하지만 집에 먹을 것이 없다. 그렇다면 어떻게 할까? 많은 아이들이 "음식을 시켜 먹어요.", "부모님께 요리를 해 달라고 부탁해요." 같은 대답을 할 것이다. 하지만 돈도 없고 음식 재료도 없다면 어떨까? 책 속 주인공들의 상황 속으로 들어가 보자. 엄마는 남은 빵 한 조각을 딸에게 주고, "Luckily Mum isn't hungry."라고 말한다. 엄마의 진짜 마음은 무엇이었을까?

어려운 사람들의 마음 공감하기

> • Have you ever seen people like them? (주인공처럼 어려움에 처한 사람들을 본 적이 있나요?)

우리 주변에도 주인공 같은 어려움을 겪는 사람들이 있다. 경제적 도움이 필요한 사람들을 본 적이 있는지 질문하고, 그 사람들이 느낄 어려움에 관해 생각해 보자. 또 영상이나 신문 기사 등의 자료를 제시하여 그들이 필요로 하는 것이 무엇일지도 고민해 보자. 그들을 위해 우리가 할 수 있는 것을 찾아보는 활동을 통해 서로 돕고 살아가는 아름다운 삶의 가치를 느껴 볼 수 있다.

After Reading

돈 없이 할 수 있는 활동 생각해 보기

주인공 아이는 돈이 없어도 할 수 있는 다양한 놀이 방법을 생각해 냈다. 돈이 없는 날 즐겁게 시간을 보낼 수 있는 나만의 방법을 생각해 보자.

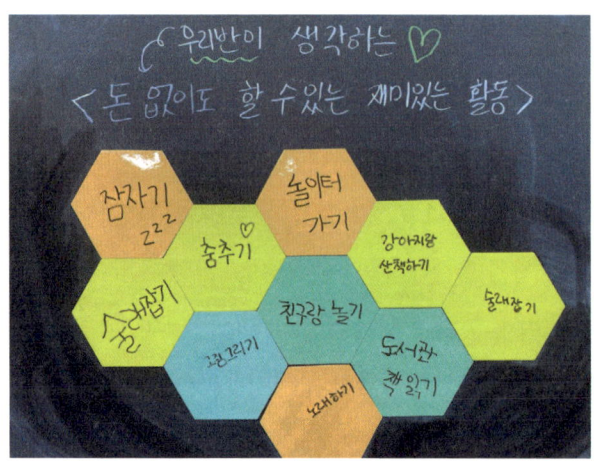

나눔 실천해 보기

학생으로서 푸드 뱅크에 기부할 수 있는 것은 무엇일지 생각해 본다. 식품 또는 생활용품 모두 기부 가능하고, 근처에 가까운 푸드 뱅크가 있다면 직접 가서 기부할 수 있다.

또는 도움이 필요한 기관을 정하고, 그들에게 필요한 물품의 목록을 만든다. 정해진 예산 내에서 물건을 구매한 뒤 그 기관에 기부한다. 우리의 도움을 간절히 필요로 하는 사람들을 위해 함께 마음을 모아 직접 나눔을 실천해 보자.

아이들의 성장

- 형편이 어려운 사람들에게 음식이랑 구급상자를 기부하고 싶다. (조은비, 3학년)
- 엄마와 딸이 'Maybe one day' 놀이를 하면서 희망을 갖는 장면이 정말 감동적이었다. (김건우, 4학년)
- 나중에 돈을 많이 벌어 기부를 많이 하는 것도 좋겠지만, 지금부터 실천할 수 있는 작은 것부터라도 찾아서 해 보는 것도 좋겠다. (서빈나, 5학년)

| 깨알 정보 | 푸드 뱅크란?

푸드 뱅크는 식품 제조 업체나 개인으로부터 식품을 제공받아 소외 계층에 지원하는 식품 지원 복지 서비스이다. 1960년대 후반 미국에서 시작되었으며, 우리나라는 1998년 IMF 경제 위기 때 노숙인과 결식아동이 급격히 증가하여 이들의 급식 문제를 해결하기 위해 서비스를 시작하였다. 현재 결식아동, 독거노인, 노숙자 등 도움이 필요한 이들을 돕고 있다.

25

Skeleton Hiccups
해골이 딸꾹딸꾹

Margery Cuyler, S.D. Schindler

#10/31_핼러윈 #딸꾹질 #인체 #해골

추천 학년 1 2 3 4 5 6 | AR 1.3 Lexile 220L

이 그림책은 딸꾹질을 멈추기 위해 고군분투하는 해골의 모습을 유머러스하게 그려 내고 있다. 해골은 결국 유령 친구의 도움으로 딸꾹질을 멈추게 되는데, 무엇이 해골의 딸꾹질을 멈추게 했을까? 해골이 보여 주는 웃긴 행동뿐 아니라 곳곳에 담겨 있는 우리나라와는 다른 문화 요소들을 찾아보는 재미도 놓치지 말자.

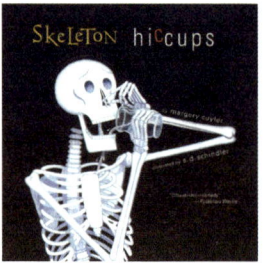

✅ 어휘 체크

- **skeleton** 해골
- **hiccups** 딸꾹질
- **polish** 닦다, 윤을 내다
- **carve** 조각하다, 깎아서 만들다
- **rake** 갈퀴로 모으다
- **hold your breath** 숨을 참다
- **eyeball** 눈알
- **upside down** (아래위가) 거꾸로
- **boo** 야유, '우우' 소리
- **scream** 비명을 지르다

Before Reading

- **Why is the skeleton holding his nose while drinking water?** (해골이 왜 코를 막고 물을 마시고 있을까요?)
- **Why is the word 'Skeleton' represented with bones?** (Skeleton 글자를 왜 뼈다귀로 나타냈을까요?)

표지를 보고 해골이 왜 코를 막고 물을 마시는지 생각해 보자. 이를 통해 hiccup이라는 단어가 무슨 뜻인지 추측해 볼 수 있다. 그 후 딸꾹질을 해 본 적 있는지, 어떻게 딸꾹질을 멈출 수 있는지 이야기해 본다.

제목의 Skeleton을 보면 글씨가 뼈 모양으로 표현되어 있다. 그림을 통해 직관적으로 그 뜻을 알 수 있도록 표현하는 '픽토그램(pictogram) 기법'을 활용한 것임을 짚어 주자.

While Reading

핼러윈과 관련된 요소 찾기

- **What does 'R.I.P' mean?** (R.I.P는 무슨 뜻일까요?)
- **Why is he carving a pumpkin?** (해골은 왜 호박을 조각하나요?)

첫 장면에서 해골의 침대 머리에 R.I.P라는 글자가 적혀 있다. 이는 'Rest In Peace(고이 잠드소서.)'의 약자로, 묘비에 쓰는 문구이다. 그 밖에도 이 책 속에는 으스스한 분위기를 내는 여러 가지 소품들이 등장한다. 해골 무덤 침대 옆의 뱀 탁자라든지, 침대 발치에 장식된 박쥐 조각, 욕조 바닥에 놓인 늑대 얼굴 털 슬리퍼 등이다. 그림책을 보며 아이들과 함께 숨은그림찾기 하듯 이색적인 소품들을 찾아본다. 또 핼러윈의 다양한 풍습들을 사진이나 동영상으로 소개해 주자.

- 잭 오 랜턴(Jack-O'-Lantern): 호박에 얼굴 모양을 조각한 뒤, 촛불 넣어 불 밝히기
- 트릭 오어 트릿(Trick-or-Treat): 분장을 하고 이웃집을 돌며 사탕 받기
- 애플 보빙(Apple Bobbing): 사과를 물에 띄운 뒤, 손을 묶고 입으로 사과 건지기

해골의 딸꾹질 소리를 실감 나게 읽어 보고, 가장 웃긴 장면 말해 보기

- Let's read 'hic, hic, hic' in a quieter and quieter voice. (점점 작게 hic, hic, hic을 읽어 봅시다.)
- What was the funniest part of the story? (이야기에서 뭐가 가장 웃기나요?)

이 책에는 hic, hic, hic이라는 단어가 반복된다. 장면에 따라 글자가 크면 보통 목소리보다 크게, 글자가 점점 작아지는 부분은 점점 작게 읽어 보자.

해골이 딸꾹질 때문에 우스꽝스러운 일들을 겪게 되는데, 아이들에게 어떤 장면이 가장 재미있었는지 물어보자. 이를 닦을 때 턱이 빠지거나, 샤워 후 뼈 광택제를 바르는데 팔이 빠지는 등 우리에게는 낯선 상황들이 웃음을 준다. 해골을 무서워했던 아이들도 함께 웃으며, 안타까운 상황에 처한 해골을 응원하게 된다.

딸꾹질을 멈추기 위한 여러 가지 방법 생각해 보기

- How do you stop hiccups? (딸꾹질을 멈추는 방법은 무엇일까요?)

해골은 딸꾹질을 멈추기 위해 여러 가지 방법을 시도해 보지만 효과가 없다. 결국 유령 친구의 도움을 받는데, 딸꾹질이 멈췄을까? 이것저것 시도해 보던 유령 친구가 무언가를

찾는 장면에서, 과연 어떤 방법으로 해골의 딸꾹질을 멈추게 할지 생각해 보자. 모둠별로 아이디어를 써 보고 책의 내용과 비교해 보아도 재미있다.

After Reading

딸꾹질의 원인과 해결 방법 카드 뉴스 만들기

딸꾹질이 일어나는 원인과 해결 방법을 카드 뉴스로 만들 수 있다. 아이들끼리 서로 효과적인 방법이라고 생각하는 것들이 무엇인지 뽑고, 실제로 딸꾹질이 났을 때 실천해 본다. 더 나아가 하품, 기침, 방귀같이 일상적으로 겪는 신체 현상의 원인과 해결 방법도 함께 조사해서 결과를 공유한다.

핼러윈 소품 만들어 장식하기

10월 31일 핼러윈 즈음에 이 책을 읽어 주고, 잭 오 랜턴을 만들어 교실을 꾸며 볼 수 있다. 잭 오 랜턴과 함께 박쥐, 유령, 거미줄 등 으스스한 분위기의 장식도 해 보며 문화 체험을 해 보자.

> **아이들의 성장**

- 물을 먹었는데 눈으로 나오는 게 참 재미있었어. 해골이 딸꾹질을 멈추지 못해 정말 답답했을 것 같아서 불쌍해. (김내우, 2학년)
- 해골이 거울로 자기 모습을 보고 놀라는 표정이 웃겼어. 핼러윈 행사 때 보는 해골이 무섭게만 느껴졌는데, 이 책을 보고 나니 기대돼. (김민지, 4학년)
- 나는 딸꾹질이 날 때 물 마시고 숨 참으면 멈추던데, 다른 방법도 참 많구나. (윤시내, 5학년)

| 깨알 정보 | 딸꾹질의 원인

딸꾹질은 횡격막, 성대, 호흡의 불균형 때문에 나타나는 현상이다. 숨을 들이쉴 때 열려 있어야 할 성대가 갑자기 닫히면서 공기가 빠르게 들어갔을 때, 심리적으로 긴장했을 때, 갑자기 추워졌을 때 '딸꾹' 하는 소리가 나온다.

No Kimchi for Me!

Aram Kim

#11/22_김치의날 #한국문화 #가족 #비오는날

추천 학년 1 2 3 4 5 6 | AR 1.3 Lexile AD310L

이 그림책은 김치가 냄새나고 매워서 못 먹는 유미(Yoomi)의 김치 먹기 도전기를 그려 냈다. 오빠들의 놀림거리가 되고 싶지 않은 유미는 김치를 먹어 보려 다양한 시도를 하지만 쉽지 않다. 과연 유미는 김치 먹기에 성공할 수 있을까? 김치를 싫어하고 먹기 힘들어하는 아이들이 주인공의 심정에 공감하며 재미있게 읽을 수 있는 그림책이다.

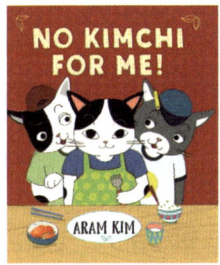

✓ 어휘 체크

- **dried seaweed** 김
- **anchovy** 멸치
- **season** 양념하다, 간하다
- **seasoned bean sprout** 콩나물 무침
- **stinky** 악취가 나는, 역겨운
- **tease** 놀리다, 괴롭히다
- **prove** 증명하다
- **chop** (음식을) 토막으로 썰다, 다지다
- **sizzle** 지글지글하는 소리를 내다
- **gulp** 꿀꺽꿀꺽 삼키다, 벌컥벌컥 마시다

작가 이야기

아람 킴(1982~)은 미국에서 태어나 한국에서 자랐고, 현재는 미국에서 살고 있다. 덕분에 작가의 책에는 한국 문화와 정서가 자연스럽게 녹아 있다. 작가는 어린 시절에 김치가 매워서 먹기 싫었던 경험을 바탕으로 이 책을 썼다고 한다. 또한 비 오는 날이면 맛있는 전을 먹는 한국의 관습도 함께 소개하고 싶었다고 한다.

Before Reading

- **What food do you dislike?** (어떤 음식을 싫어하나요?)

내가 싫어하는 음식에 관해 이야기를 나누어 보고, 'No Tofu/Mushroom for Me!' 와 같이 내가 싫어하는 음식으로 제목을 바꾸어 발표한다.

앞 면지에는 무, 파, 오이 등의 김치 재료가 나오고, 뒤 면지에는 그 재료로 만든 다양한 김치를 소개하고 있다. 하나씩 짚어 가며 아이들이 먹어 보았거나 좋아하는 김치는 무엇인지 이야기해 본 뒤, 그림책 읽기를 시작하자.

While Reading

자신의 경험과 비교하면서 읽기

- **What do you usually do on a rainy day?** (비 오는 날에는 대개 무엇을 하나요?)

비가 내리는 장면을 보며 비 오는 날에는 주로 무엇을 먹는지, 집에서 무슨 놀이를 하는지 떠올려 보자. 전을 부쳐 먹는다는 아이도 있고, 휴대폰 게임이나 보드게임을 한다고 말하기도 한다. 그림책 속 주인공들은 무슨 일을 할지 예상해 본다.

점심을 먹는 장면에서 오빠가 유미 쪽으로 김치를 쓱 밀면서 김치를 못 먹는 유미를 놀린다. 이에 유미는 김치를 먹어 보려고 시도하지만 역시 쉽지 않다. 아이들에게 이와 비슷한 경험이 있는지 묻고, 그때 기분이 어땠는지 공유해 본다.

남매의 특징을 살리기 위해 유미의 말은 소심하게, 오빠들의 말은 장난기 어린 느낌을 넣어 읽어 주면 좋다.

요리 동작을 흉내 내며 따라 읽기

할머니가 유미를 위해 김치전을 만드는 장면에 나오는 단어들은 아래 보기와 같이 동작과 함께 읽어 주고, 아이들도 따라 하며 주요 단어들을 말해 본다. 여러 번 크게 동작과 함께 따라 말하다 보면 낯선 단어들도 쉽게 익힐 수 있다.

chop	한 손은 받치고 다른 한 손으로는 음식을 잘게 토막 써는 동작하기
pour	두 손으로 봉지에 든 밀가루를 볼에 붓는 동작하기
stir	한 손으로는 반죽 그릇을 잡고 다른 손으로는 반죽을 휘젓는 동작하기

After Reading

외국인 친구에게 한국 음식 소개하기

내가 가장 좋아하는 한국 음식을 외국인 친구에게 소개해 보자. 먼저 자신이 가장 좋아하는 음식을 선정하고, 재료와 만드는 방법을 조사한다. 그 음식을 집에서 부모님과 함께 직접 만들어 보면 더 좋다. 온라인 게시판에 음식 사진, 재료와 만드는 방법을 영어로 올리고, 다른 친구들이 올린 한국 음식 소개 글을 읽고 댓글로 서로의 생각을 공유한다. 이 활동은 아이들이 우리 음식을 이해하는 기회가 되며, 한국 음식에 대한 자부심을 느끼고 더불어 영어 표현을 익히는 효과도 있다.

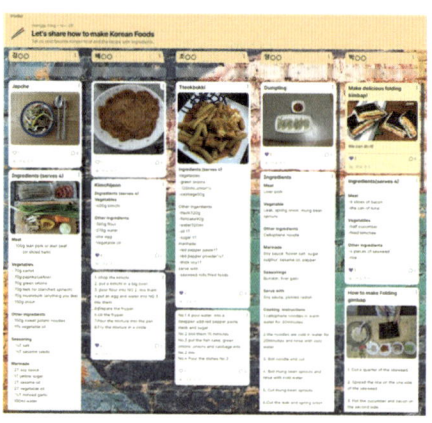

김치를 활용한 새로운 음식 아이디어 내기

김치는 전 세계에 한국의 대표 음식으로 자리 잡았으며, 김치를 활용한 다양한 요리도 인기가 높다. 김치를 활용한 나만의 새로운 음식을 개발해 보자. '김치 팝콘', '김치 피자' 등 내가 개발한 김치를 활용한 음식의 그림, 이름, 재료를 간단히 소개한다. 이 활동을 통해 김치에 대한 아이들의 관심과 애정이 높아질 것이다.

아이들의 성장

- 김치가 맵긴 하지만, 밥 먹을 때 김치가 없으면 너무 허전한 것 같아. (박민수, 3학년)
- 나도 어릴 때는 김치가 매워서 먹기 힘들었지만, 지금은 잘 먹고 있어. 매워도 김치를 계속 먹다 보니 김치의 참맛을 알게 된 것 같아. (김영민, 4학년)
- 나도 처음에는 김치가 매워서 안 매운 김치부터 시작해서 조금 더 매운 김치로 매운 단계를 높여 가면서 먹었어. 이렇게 하면 누구든 김치가 맛있다는 것을 곧 알게 될 거야. (이송이, 5학년)

27

The Mitten
털장갑

Jan Brett

#12월_겨울 #우크라이나문화 #숲속동물 #따뜻함

추천 학년 1 2 3 4 5 6   AR 3.9   Lexile 800L

할머니를 졸라 새하얀 손모아장갑을 갖게 된 소년 니키(Nicki)는 눈밭에서 장갑 한 짝을 잃어버린다. 이를 발견한 숲속 동물들은 차례차례 따뜻한 장갑 안으로 들어가 추위를 피한다. 이야기 안에 또 다른 이야기가 들어 있는 액자식 구성이 특징이며, 고전적이고 섬세한 그림이 겨울의 정취를 느끼게 해 준다. 우크라이나 민화를 각색한 그림책으로, 우크라이나의 전통 의상과 문양 등을 살펴볼 수 있다.

✅ 어휘 체크

- mitten 손모아장갑
- knit 뜨개질하다
- mole 두더지
- crawl 기어가다
- wiggle 꿈틀꿈틀 움직이다
- hedgehog 고슴도치
- badger 오소리
- sniff 킁킁거리다
- squeeze in 비집고 들어가다
- perch 앉다, 자리 잡다
- tickle 간지럼 태우다
- sneeze 재채기하다

작가 이야기

잰 브렛(1949~)은 세계 여러 나라를 여행하며, 그 나라의 자연환경이나 옷차림, 전래 이야기를 그림책에 담아내는 유명 그림책 작가이다. 작가의 다른 책으로는 중국을 배경으로 한 『Daisy Comes Home』, 코스타리카를 배경으로 한 『The Umbrella』, 북극을 배경으로 한 『The Three Snow Bears』 등이 있다. 동물 친화적인 내용을 다양한 색감과 섬세한 그림으로 표현하는 것이 특징이다.

Before Reading

- What animals are in this picture? (무슨 동물들이 있나요?)
- Why are the animals looking at the mitten? (동물들이 왜 장갑을 보고 있을까요?)

표지에 나와 있는 동물들의 이름(mole, rabbit, hedgehog, owl, badger, fox, bear, mouse)을 미리 영어로 알아보자. 그리고 동물들이 모두 장갑을 바라보고 있는데, 그 이유는 무엇일지 추측해 보자.

While Reading

우크라이나 문화 찾아보기

책을 읽으며 우크라이나의 문화적 요소를 함께 찾아보자. 할머니와 소년이 입고 있는 우크라이나 전통 의상 '비쉬반카'에는 다양한 자수 문양이 있다. 각 장의 모서리에서도 마치 수를 놓은 듯 꼼꼼하고 섬세하게 표현되어 있는 자수 문양을 찾아볼 수 있다. 이 밖에도 집 울타리에 물병을 걸어 놓아 지나가는 나그네가 물을 마실 수 있게 한 것, 행운을 바라며 지붕 위에 황새 둥지를 둔 것 등 우크라이나 문화를 알 수 있다.

다음 장면 예상하기

> - Who's the next animal? (다음 동물은 누굴까요?)
> - What will happen on the next page? (다음 장에서 어떻게 될까요?)

각 장은 중앙에 배치된 네모난 액자와 양쪽에 배치된 장갑 액자로 구성되어 같은 시간, 다른 장소의 이야기를 표현하고 있다. 소년의 이야기와 동물들의 이야기를 각각 보여 주는데, 아이들은 이를 살펴보며 다음에 등장할 동물을 쉽게 예상할 수 있다.

마지막에 등장한 생쥐가 곰의 콧잔등에 앉아 있는 장면에서는 다음 장면이 어떻게 진행될지 예상해 보자. 또한 같은 시각, 소년은 장갑 한 짝을 잃어버렸다는 것을 뒤늦게 알아차리는데 이 부분도 놓치지 말고 짚어 주자.

동물들이 자리를 내준 이유 알아보기

> - Why did the animals put each other in the mitten? (왜 동물들이 다른 동물을 장갑에 넣어 줬을까요?)

동물들이 들어가 점점 커지는 장갑의 모습은 곧 터질 것처럼 아슬아슬하게 긴장감을 높인다. 긴장감이 높아질수록 그림을 보는 재미도 커진다. 동물들이 들어가며 좁아지는 공간 때문인지 새로 등장하는 동물을 바라보는 장갑 속 동물들의 표정은 즐거워 보이지 않는다. 그런데도 들어오겠다는 동물을 막지 않는데, 도대체 왜 그런 것일까?

보드북에서는 제시되지 않았으나, 페이퍼백에서는 본문의 내용을 통해 확인할 수 있다. 토끼의 뒷발이 위협적이어서, 고슴도치의 가시가 뽀족해서, 부엉이의 발톱이 무서워서 등의 이유로 동물들이 자리를 비켜 준 것이다. ('깨알 정보' 참고)

After Reading

장갑 속에 동물 집 만들기

털장갑을 집으로 삼은 동물 중 하나를 선택하고 집을 상상해서 장갑 속에 그린다. '이 동물은 겨울을 장갑 속에서 어떻게 보낼까?'를 주제로, 창의적으로 상상한 집을 그려 볼 수 있다.

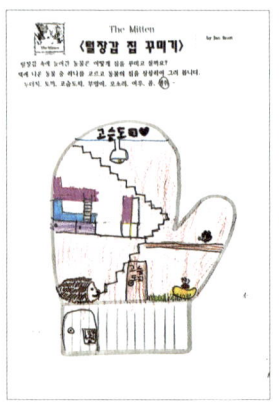
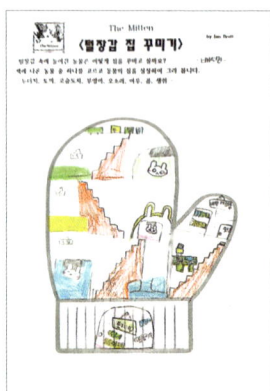

털실로 나무의 겨울옷 뜨기

겨울이 되면 나무를 보호하기 위해 털실로 짠 옷을 입혀 주기도 한다. 고학년의 경우 실과 시간을 활용해 털실로 나무 옷 뜨기 활동을 할 수 있다. 뜨개질 연습도 하고 환경 보호의 의미를 되새기는 뜻깊은 활동이 될 것이다.

아이들의 성장

- 그림도 보고 우크라이나 문화도 배우고 일석이조! (배소윤, 2학년)
- 점점 커지는 털장갑이 먹을수록 커지는 우리 아빠 배 같다. (이현섭, 3학년)
- 털장갑이 가득 찼는데도 계속 들어간 동물들을 보니 날이 정말 추웠나 보다. 니키는

여기저기 다니면서 동물들을 다 깨웠는데 자다 깨서 동물들도 화났을 것 같다. (양준우, 5학년)

| 깨알 정보 | 보드북과 페이퍼백의 차이

보드북(board book)은 유아용 책들에 주로 사용되는 판형으로, 페이퍼백(paperback)이나 하드커버(hard-cover)에 비해 책 크기가 작고 페이지 분량이 적을 수 있다. 이 때문에 문장이 짧아지고 내용도 간략하게 줄여서 표현되기도 한다.

28

Harvey Slumfenburger's
Christmas Present
크리스마스 선물

John Burningham

#12/25_크리스마스 #나눔 #도움 #모험

추천 학년 1 2 **3** **4** **5** **6**   AR **3.9**

크리스마스이브, 산타클로스는 집에 도착한 후에야 미처 나눠 주지 못한 선물 하나를 발견한다. 하필 오직 크리스마스에만 선물을 받을 수 있는 가난한 아이를 위한 것이어서 꼭 가야 하는데, 설상가상으로 썰매를 끄는 순록도 아픈 상황이다. 산타는 어쩔 수 없이 혼자 멀고도 험한 길을 떠나는데, 과연 아이에게 선물을 잘 전달할 수 있을까? 산타의 아낌없는 헌신과 선물을 주러 가는 과정에서 만나는 고마운 사람들의 모습에 가슴이 따뜻해지는 그림책이다.

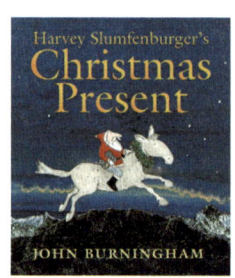

✅ 어휘 체크

- **Father Christmas** 산타클로스
- **reindeer** 순록
- **nibble** 조금씩 야금야금 먹다
- **gasp** 숨이 턱 막히다
- **sack** 자루, 부대
- **hut** 오두막, 막사
- **skid** 미끄러지다
- **halt** 멈춤
- **set off** 출발하다
- **spin** 돌다, 회전하다
- **boulder** 바위
- **tucked** 접어 넣은

Before Reading

- **What can you see in the front and back covers?** (책의 앞표지와 뒤표지에 각각 무엇이 보이나요?)
- **Where do you think Santa is going?** (산타가 어디로 가고 있는 것 같나요?)

앞표지를 보면 산타클로스가 말을 타고 어딘가 가고 있다. 보통 산타는 선물 보따리를 메고 가기 마련인데 왜 선물을 하나만 들고 있을까? 앞표지와 뒤표지를 하나의 그림으로 연결 지어 책의 내용을 추측해 볼 수 있다. 이는 자연스럽게 이야기의 시작 부분과도 연결된다.

While Reading

반복되는 표현 따라 읽기

책의 글밥이 많아 보이지만 대부분 같은 형식의 표현이 반복되기 때문에 어렵다고 느껴지지 않는다. 산타가 선물을 주러 가는 길에 만난 사람들에게 부탁하기 위해 계속 반복해서 하는 말이 있다. "Excuse me, my name is Father Christmas. I still have one present left in my sack, which is for Harvey Slumfenburger, the little boy who lives in a hut at the top of the Roly Poly Mountain, which is far, far away. And it will soon be Christmas Day." 문장 사이를 끊으면서 천천히 느낌을 살려 읽음으로써 아이들이 반복되는 표현임을 인지하게 한다. 또한, 이에 산타가 만나는 사람들이 공통적으로 답하는 말은 "I am so sorry, Father Christmas."이다. 반복되는 표현을 교사와 학생이 주고받아 읽으면서 자연스럽게 따라 읽을 수 있도록 유도한다.

이때 우리에게 친숙한 산타클로스라는 이름이 외국에서는 'Father Christmas'라고도 불리는 것을 이야기해 주자.

산타의 마음을 이해하며 여정 따라가기

- **Why didn't he give up?** (산타는 왜 포기하지 않았을까요?)

산타는 선물을 주러 가는 길에 많은 사람의 도움을 받아 다양한 교통수단을 이용하게 된다. 하지만 그 길이 순탄치만은 않다. 산타에게 어떤 일이 일어나는지 장면마다 예상해 보자. 이런 힘든 여정 속에서도 산타는 왜 포기하지 않았을까? 내가 만약 산타라면 이렇게 노력할 수 있었을지도 질문해 보자.

크리스마스의 의미 생각해 보기

- **What did the boy get from Santa as a present?** (남자아이가 받은 크리스마스 선물은 무엇이었을까요?)
- **What is more important than getting a present on Christmas?** (크리스마스 날 선물을 받는 것보다 더 중요한 것은 무엇이라고 생각하나요?)

책의 마지막 장면은 남자아이가 산타에게 받은 선물이 공개되지 않은 채 끝난다. 아이들과 함께 어떤 선물을 받았을지 이야기 나눠 보자.

크리스마스 선물보다 더 소중한 것은 무엇일까? 한 아이를 위해 포기하지 않고 먼 곳까지 찾아와 준 산타의 따뜻한 사랑이다. 선물을 받는 것도 크리스마스를 행복하게 만들어 주지만, 서로 돕고 사랑과 배려를 나누는 문화 또한 크리스마스의 진정한 의미임을 함께 되새겨 보자.

After Reading

내가 산타클로스라면?

내가 산타라면 어떤 특별한 방법으로 아이에게 선물을 전달할지 생각해 보고, 그림이나 만화 등으로 표현해 보자.

크리스마스 선물 세계 지도 만들기

크리스마스이브, 아이들에게 선물을 나눠 주러 다니는 산타클로스가 되었다고 상상해 보자. 어떤 아이들에게 어떤 선물을 나눠 주면 좋을지 이야기해 본다. 세계 지도를 펼쳐 보며 기후와 환경에 따라 다른 삶을 살아가는 사람들의 이야기를 읽고, 각 나라 아이에게 필요한 선물이 무엇일지 생각해 본다.

아이들의 성장

- 산타 할아버지는 어떻게 전 세계 아이들에게 선물을 나눠 주시는 걸까? (임하온, 3학년)
- 크리스마스 전날 선물을 나눠 주려 고생하시는 산타 할아버지께 감사한 마음이 들었어. (황서준, 4학년)
- 산타를 도와주는 많은 사람들을 보니 이 세상에 착한 사람들이 많은 것 같아서 마음이 따뜻해졌어. (박하은, 5학년)

Part 2

특별한 관계
_나, 너, 사회와의 관계

29

Chrysanthemum
난 내 이름이 참 좋아!

Kevin Henkes

#자존감 #이름 #괴롭힘 #새학기

추천 학년 1 2 3 4 5 6 | AR 3.3   Lexile 570L

초등학교에 입학한 크리샌써멈(Chrysanthemum)은 이름 때문에 놀림을 받고 괴로워하지만, 가족과 선생님의 도움으로 다시 자신의 이름에 애정을 갖게 된다. 이 그림책은 친구들 때문에 위축되었던 아이가 자존감을 되찾는 과정과, 아이의 성장을 돕는 교사와 부모의 긍정적인 역할에 관해 이야기하고 있다. 미국에서 새 학기 첫날 담임 교사들이 가장 많이 읽어 주는 책으로 꼽힌다.

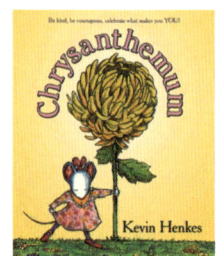

✅ 어휘 체크

- **chrysanthemum** 국화
- **appreciate** 진가를 알아보다, 감사하다
- **wilt** 풀이 죽다
- **scarcely** 간신히
- **precious** 귀중한
- **fascinate** 마음을 사로잡다
- **winsome** 매력적인
- **extremely** 극도로
- **begrudging** 떨떠름한
- **discontented** 불만스러워하는
- **jaundiced** ~을 좋지 않게 보는
- **trifle** 약간
- **scrawny** 앙상한
- **good luck charm** 행운 부적

Before Reading

- **What's the name of this flower?** (이 꽃의 이름은 무엇인가요?)

표지에 보이는 꽃은 국화이다. 영어로 chry·san·the·mum [krɪ|sænθəməm]이라고 알려 주고, 음절별로 끊어서 천천히 읽어 준다. 생쥐는 왜 꽃을 잡고 있을지도 물어보자.

앞 면지에는 작가 케빈 행크스가 독자에게 보낸 편지가 있다. 그림책이 나온 지 30년이 지난 지금까지도 많은 선생님들과 학생들에게 읽혀서 기쁘다는 내용을 살펴보며 책에 대한 기대감을 높인다.

While Reading

크리샌써멈 이름에 담긴 의미 생각해 보기

- **Why did her parents name her Chrysanthemum?** (부모님은 왜 이름을 크리샌써멈이라고 지었을까요?)

주인공의 부모님이 왜 딸 이름을 크리샌써멈이라고 지었을지, 이름에 담긴 의미가 나온 부분을 글에서 찾아보자. 이름에는 부모님의 고민과 사랑이 담겨 있다는 사실을 알고, 친구의 이름을 소중히 여기고 불러 주는 학급 문화를 만들어 보자.

주인공의 감정 변화 생각해 보기

- **How did Chrysanthemum feel when her friends teased her?** (친구들이 놀리자 크리샌써멈은 어떤 기분이 들었을까요?)

> - **What made the children stop teasing her?** (아이들은 왜 크리샌써멈 놀리기를 멈추게 되었나요?)

친구들에게 놀림받을 때 크리샌써멈의 기분이 어떨지 물어보자. 아이들 자신도 놀림을 받았던 경험과 그때의 감정을 나눠 본다.

또, 트윙클(Twinkle) 선생님이 이름을 칭찬해 주자 크리샌써멈이 어떻게 변화했는지 살펴보자. 트윙클 선생님의 이름은 Delphinium(이름) Twinkle(성)인데, Delphinium은 꽃 이름으로 '참제비고깔'을 가리킨다. 선생님과 같이 꽃 이름을 이름으로 가진 크리샌써멈은 친구들에게 부러움의 대상이 되는데, 이때 크리샌써멈의 기분도 짐작해 보자.

속상한 일을 겪을 때 위로하는 방법 찾아보기

> - **What did she do to comfort herself?** (크리샌써멈은 기분을 풀기 위해 무엇을 했나요?)
> - **What did her parents do to comfort her?** (부모님은 크리샌써멈을 위로하기 위해 무엇을 했나요?)

크리샌써멈은 놀리는 친구들 때문에 악몽도 꾸고 슬퍼하며 괴로워한다. 하지만 절망 속에만 있지 않고, 기분을 풀기 위해 좋아하는 옷을 입고 좋아하는 물건들을 담아 학교에 간다. 주머니 일곱 개가 달린 크리샌써멈의 옷을 자세히 살펴보자. 파란 리본 끈과 동물 털이 삐죽 나와 있는데, 보이지 않는 주머니에는 무엇이 들어 있을까? 크리샌써멈이 좋아하는 물건은 무엇일지 상상해 보고, 아이들도 자신에게 위안이 되는 물건들이 있는지 이야기해 보자.

또 부모님이 슬퍼하는 크리샌써멈을 위로하기 위해 어떤 노력을 했는지 찾아보며, 부모님이 자신의 마음을 이해해 주고 위로해 줘서 고마웠던 경험도 함께 나눠 보자.

After Reading

이름의 의미와 상징을 그림 문자로 나타내기

부모님께 자신의 이름의 뜻을 여쭤 보고, 이름의 뜻과 내가 좋아하는 운동이나 취미, 물건, 성격, 미래의 꿈 등을 표현하는 그림 문자 만들기를 할 수 있다. 또, 이를 활용하여 새 학기 첫날 자신을 소개하고 삼각대를 꾸며서 한 달 동안 세워 두면 친구들의 이름과 특징을 기억하는 데 도움이 된다.

학교 폭력 예방 캠페인

친구들이 싫어하는 말과 행동을 알아보고, 고맙거나 기운이 나는 말과 행동을 적어 본다. 이런 것들을 짧은 알림 문구로 만들어 꾸미고, 교실이나 복도에서 홍보한다. 이를 통해 친구들과 서로 배려하며 존중하는 학급 문화를 만들어 나갈 수 있다.

아이들의 성장

- 델피니움 선생님이 와 줘서 좋았다. 이름을 가지고 놀리는 친구들이 너무하다. 나는 그러지 말아야지. (최승준, 2학년)
- 에필로그에서 친구를 놀리던 빅토리아가 뮤지컬 대사를 잊어버렸을 때 통쾌했다. 친구를 놀리면 너도 벌을 받을 수 있으니 괴롭히지 마라. (김도윤, 4학년)
- 더 좋은 이름을 고민해서 부모님이 이름을 지어 주신 것을 이번에 처음 알게 되었다. 내 이름을 지어 주신 부모님의 사랑을 느꼈다. (김지율, 6학년)

30

Eat Your Peas
콩도 먹어야지!

Kes gray, Nick Sharratt

#편식 #음식 #유머 #가족

추천 학년 1 2 3 4 5 6   AR 3.7   Lexile NC820L

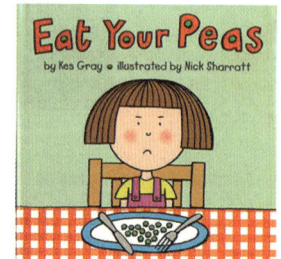

콩을 끔찍이도 먹기 싫어하는 데이지(Daisy)와 어떻게 해서든 데이지에게 콩을 먹이려는 엄마의 팽팽한 신경전이 벌어진다. 엄마는 데이지가 콩을 먹으면 푸딩을 주겠다는 제안을 시작으로 뒤로 갈수록 상상을 초월하는 조건까지 내걸게 되는데…. 과연 데이지는 엄마의 제안에 결국 넘어갈까? 편식에 대한 고정 관념을 깨고 유쾌한 반전도 담은 그림책이다. 당돌하고 귀여운 데이지의 매력에 빠져 보자.

✓ 어휘 체크

- **pea** 완두콩
- **gang up on** (somebody) 합세해서 공격하다
- **sigh** 한숨, 한숨을 쉬다
- **stay up** 깨어 있다
- **extra** 추가의
- **bottom lip** 아랫입술
- **retro laser blammers** 복고풍 레이저 발사 장치
- **wobble** 흔들리다, 떨리다
- **brussels** 방울다다기양배추, 미니 양배추

Before Reading

- **How does she feel?** (데이지의 기분이 어때 보이나요?)
- **Why does she look angry or bad?** (왜 기분이 안 좋아 보일까요?)

제목을 읽으면서 손가락으로 콩을 가리켜 'pea'라는 단어가 완두콩임을 알려 준다. 그런 다음 데이지의 표정을 살피며 왜 기분이 나빠 보이는지, 어떤 내용이 전개될지 이야기 나누어 본다.

While Reading

대화 속도를 조절하고, 표정과 동작을 담아 실감 나게 읽기

- **What would Daisy say?** (데이지가 뭐라고 말할까요?)

엄마의 대사는 뒤로 갈수록 터무니없는 조건들을 늘어놓느라 양이 계속 늘어난다. 내용이 반복되고 그림에서 내용을 잘 설명하고 있으므로, 문장이 너무 길다고 느껴지면 중간중간 핵심 단어들만 읽어도 좋다. 손가락으로 그림을 짚어 가며 단어들을 매칭시켜 읽는 것만으로도 전체 흐름을 파악할 수 있기 때문이다.

목소리는 갈수록 다급하고 호들갑스럽게 읽어서 조급한 엄마의 감정이 잘 드러나도록 한다. 문장을 틀리지 않고 빠르게 읽어 내는 것이 관건이므로 여러 번 읽는 연습이 필요하다. 귀걸이와 목걸이까지 콩 모양인 엄마의 간절한 마음을 대사와 표정으로 잘 나타내 보자. 또한 결말 즈음 'wobble' 다음에 나오는 엄마의 대사는 실제로 입술을 심하게 떨면서 천천히, 울상을 지으며 읽는다.

데이지의 대사는 단 하나의 문장으로 일관된다. 데이지가 무엇이라고 말할지 물어보면 아이들은 "I don't like peas."라고 대답한다. 점점 클로즈업되는 데이지의 얼굴을 보며 아이들이 직접 대사를 읽고, 목소리와 동작을 통해 데이지의 강한 의지를 드러내도록 해 보자.

결정적 단어 'brussels' 강조하기

brussels는 우리 문화에서 즐겨 먹는 채소가 아니어서 아이들이 모를 가능성이 높다. 하지만 반전을 주는 핵심 단어이기 때문에 꼭 전달해야 한다. 확실히 전달하기 위해 brussels가 나올 때, 손가락으로 그림을 명확하게 짚으며 읽어 주자. 이어서 한 번 더 우리말로 "엄마가 미니 양배추 먹으면, 나도 콩 먹을게요!"라고 덧붙여 말해 주면 아이들은 금방 상황을 이해할 수 있다.

After Reading

데이지의 다른 시리즈 읽어 보기

영국의 글 작가 케스 그레이와 그림 작가 닉 샤랫이 탄생시킨 매력적인 캐릭터 데이지! 재치 만점 엉뚱 발랄한 데이지의 다른 이야기가 궁금하다면 데이지 그림책 시리즈를 추천한다.

 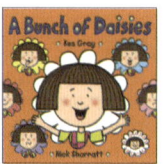  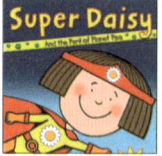

『006 and a Bit』　『A Bunch of Daisies』　『Tiger Ways』　『Super Daisy』

책 표지 만들기

아이들뿐 아니라 대부분의 사람들은 싫어하거나 먹지 못하는 음식이 있다. 편식이 좋다는 것이 아니라 누구나 싫어하는 음식이 있다는 것이 작가가 말하는 주요 메시지이다.

당당하게 본인이 싫어하는 음식을 밝히는 책 표지를 만들어 보자. 서로의 작품을 감상하며 동질감을 느끼거나 편식에 대한 스트레스를 해소할 수 있을 것이다.

My Lunch Menu

영양가 듬뿍 담긴 메뉴도 좋지만, 한 번쯤은 내가 좋아하는 음식으로만 가득 채운 급식판은 어떨까? 최근 학교 급식실에서도 아이들의 기호를 반영해 '잔반 없는 날', '희망 급식 데이' 등 여러 가지 변화를 시도하곤 한다. 아이들도 나만의 창의적인 식단을 짜며 상상만으로도 즐거운 시간을 보낼 수 있다.

아이들의 성장

- 나라면 무조건 먹는다. 데이지 엄마 돈이 좀 많은 듯. (주현성, 1학년)
- 나도 편식을 좀 하지만 저 정도는 아니다. 둘 다 고집이 대단하다. (안태민, 3학년)
- 협상은 저렇게 해야 하는 거다. (임지안, 5학년)

31

The Bad Seed
나쁜 씨앗

Jory John, Pete Oswald

#자기반성 #노력 #변화 #생활습관

추천 학년 1 2 3 4 5 6   AR 2.0

주인공 나쁜 씨앗(The bad seed)은 다른 사람들의 이야기를 듣지 않고 거짓말을 하는 등 남에게 피해를 주는 행동을 일삼는다. 처음에는 가족과 함께 행복한 시간을 보냈던 평범한 씨앗이 도대체 어떤 일을 계기로 나쁜 씨앗이 된 것일까? 외롭고 쓸쓸해진 나쁜 씨앗은 달라지기 위해 어떤 노력을 할까? 완벽하진 않아도 조금씩 발전해 나가려는 노력의 가치를 알려 주는 그림책이다.

✅ 어휘 체크

- **mumble** 수군거리다
- **punch line** (농담 등의) 핵심 구절
- **pointless** 무의미한
- **glare at** 노려보다
- **humble** 겸손한
- **unremarkable** 평범한
- **petal** 꽃잎
- **droop** 아래로 처지다
- **blur** 흐릿한
- **holler** 소리 지르다
- **bleacher** 지붕 없는 관람석
- **thud** 쿵, 퍽(무거운 것이 떨어질 때 나는 소리)
- **suit** ~에게 맞다, 편리하다.

Before Reading

- **What kind of seed is it?** (이것은 어떤 종류의 씨앗일까요?)
- **Who do you think wrote the title?** (제목을 누가 썼을까요?)
- **What are 'the bad kids' like?** (나쁜 아이들은 어떤 아이들인가요?)

표지를 보며 이것이 어떤 씨앗인지 물어보자. 이 씨앗이 해바라기 씨라는 것을 알려 주고 해바라기 씨를 먹어 본 경험을 나누면, 이야기 속 씨앗이 겪는 사건에 더욱 몰입할 수 있다.

눈에 띄는 빨간 글씨의 제목을 누가 썼을지 질문해 보자. 그림 속 씨앗이 빨간 색연필을 들고 있기 때문에, 아이들은 씨앗 자신이 '나쁜 씨앗'이라고 썼다는 사실을 추측할 수 있다. 제목이 '나쁜 씨앗'이므로 나쁜 행동에는 무엇이 있는지 이야기하며 주인공의 행동을 예상해 보자.

책의 앞 면지를 보며 어떤 씨앗들이 등장하는지 살펴보자. 도토리, 땅콩, 호박씨 등 책에 등장하는 다양한 씨앗들이 나온다. 이들 가운데 나쁜 씨앗을 찾을 수 있는데, 다른 씨앗들과는 달리 울상인 표정을 발견할 수 있다. 책을 다 읽은 다음에는 뒤 면지에서 앞 면지와 다르게 활짝 웃고 있는 나쁜 씨앗을 찾아보자.

While Reading

씨앗의 행동과 표정 자세히 관찰하기

- **What do the seeds look like?** (이 씨앗들의 표정이 어때 보이나요?)

책장을 넘기면서 씨앗들의 표정을 주의 깊게 살펴보자. 나쁜 씨앗은 항상 찡그린 표정이고, 주변 씨앗들은 주인공을 못마땅한 시선과 불쾌한 표정으로 바라본다. 모두가 나를 이런 시선으로 본다면 어떤 감정이 들지 이야기 나누어 보자.

하지만 나쁜 씨앗은 달라지기로 결심한 다음부터 미소를 짓고 주변 씨앗들도 밝은 표정으로 그를 바라본다. 나쁜 씨앗과 주변 씨앗들이 행복을 되찾을 수 있었던 이유에 관해 이야기해 보자.

느낌 살려 실감 나게 읽기

이 책에는 몇몇 단어들이 강조되는데, 'bad'를 'baaaaad'로 늘여 표현하는 부분이 여러 차례 등장한다. 'SO'와 같이 대문자로 나타내거나 *always*와 같이 이탤릭체로 표기한 단어들도 있다. 이 단어들은 길게 늘여 읽거나 강조해서 읽어 주면 내용이 더 잘 전달된다. 또한, 큰 글자로 표기된 'a giant!, AHHHHH!' 등은 글씨 크기에 따라 큰 목소리로 읽어 씨앗의 놀란 감정을 전달해 주자.

마음이나 행동 변화에 따라 목소리를 달리해서 읽으면 좋다. 나쁜 씨앗이 말하는 부분은 굵직하고 거친 목소리로, 좋은 씨앗이 되고자 노력하며 말하는 부분은 부드럽고 밝은 목소리로 읽어 줄 수 있다.

변화의 계기 상상해 보기

책에서 씨앗이 나쁘게 변한 계기를 생각해 보고, 이후에 스스로 좋은 씨앗으로 조금씩 변하기로 한 이유는 무엇일지 특별한 사건이 있었는지 살펴보자. 그리고 이와 관련지어, 아이들 자신이 앞으로 조금씩 변화시키고 싶은 점들에 관해 이야기 나누어 보자. 자신의 단점들을 변화시키면 무엇이 좋은지, 왜 변화해야 하는지 생각해 볼 수 있다.

After Reading

나만의 씨앗 캐릭터 만들기

모든 사람에게는 장점도 있고 단점도 있다. 장점과 단점 모두 나를 설명하는 여러 특징 중 하나다. 나에게는 어떤 장점이 있고 어떤 단점이 있는지 들여다보자. 그리고 이런 특징을 반영하여 나를 표현하는 하나의 씨앗 캐릭터를 만들어 보며 자기 자신을 이해하는 시간을 가져 보자.

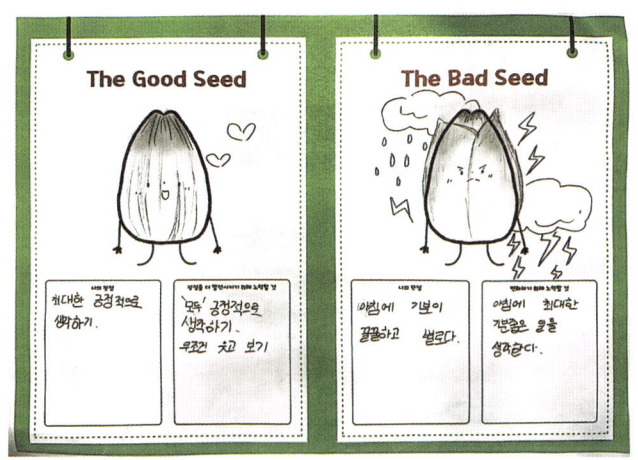

Better Seed 되기

나의 단점에 관해 생각해 보고, 어떻게 바꾸고 싶은지 떠올려 본다. 나에게 변화가 필요한 부분을 찾은 뒤, 목표를 실천하기 위해 노력할 점을 적어 보자. 자신이 세운 계획에 따라 꾸준히 실천하며 실천 내용을 메모하고, 일주일에 한 번씩 점검하며 칭찬하는 시간을 가진다. 자신의 발전을 위해 노력하는 경험을 통해 성취감을 느끼고 자존감을 높일 수 있다. 또한, 칭찬하는 시간을 통해 자신의 노력을 인정받음으로써 실천을 지속해 나가는 동기 부여가 될 수 있다.

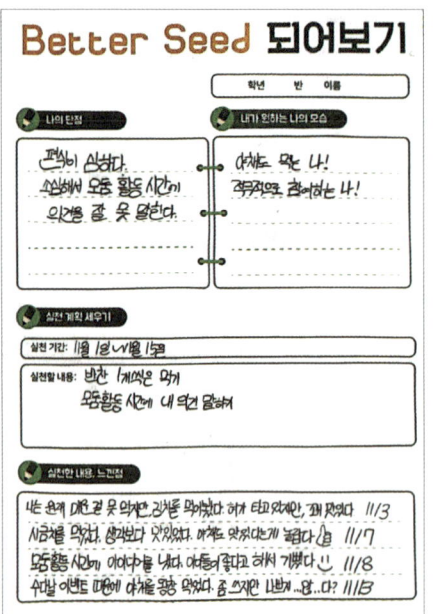

아이들의 성장

- 완벽할 수는 없지만 노력하는 것이 대단해. (이도윤, 4학년)
- 마지막에서처럼 주변에서 내가 변한 것을 인정해 주면 기분이 좋을 것 같아. (김준우, 5학년)
- 나는 나 자신을 나쁘다고 생각하지 말고 자꾸 좋은 아이라고 생각하면서 행동해야 겠어. (성하윤, 5학년)

The Crocodile Who Didn't Like Water
물을 싫어하는 아주 별난 꼬마 악어

Gemma Merino

#자아정체성 #자존감 #성장 #극복 #반전

추천 학년 1 2 3 4 5 6   AR 2.0

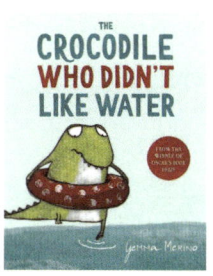

형제들과 함께 평범한 일상을 보내고 싶은 주인공 악어는 미운 오리 새끼처럼 자신만 무언가 다르다는 생각에 괴로워한다. 형제 악어들과 달리 물이 무서운 주인공에게는 어떤 비밀이 숨겨져 있을까? 외롭고 슬펐던 주인공이 정체성을 찾고 자존감을 회복하는 과정을 반전 스토리로 그린 그림책이다.

✅ 어휘 체크

- **long** 간절히 바라다
- **decision** 결정
- **rubber ring** 수영 튜브
- **although** ~일지라도
- **definitely** 확실히, 분명히
- **embarrassing** 쑥스러운
- **tickle** 간질거리다
- **breathe** 내뿜다

Before Reading

- How does he feel on the cover? (표지에서 주인공은 어떤 기분일까요?)
- Why doesn't he want to go in the water? (주인공은 왜 물에 들어가기 싫은 것일까요?)

표지 속 주인공은 어떤 모습인지, 어떤 마음일지 이야기를 나누어 보자. 악어라면 물속에서 생활하는 것이 너무나 당연한데, 왜 주인공은 물을 싫어하는지 이유를 생각해 보며 이야기를 시작해 보자.

앞 면지에는 여러 알과 함께 색깔이 다른 알 하나가 바구니에 담겨 있다. 이는 반전을 암시하므로 처음에는 강조하지 말고, 책을 모두 읽은 후 다시 돌아와 확인해 보기로 하자.

While Reading

형제들과 주인공의 차이점 찾아보기

- What is the difference between the crocodile and his brothers? (악어는 형제들과 어떤 차이점이 있나요?)
- How did the crocodile feel when he saw that he was different from his brothers? (형제들과 다른 자신을 보며 어떤 마음이었을까요?)

주인공은 형제들과는 전혀 다른 성향을 가지고 있다. 악어라면 물에서 자유로운 것이 당연한 일인데, 주인공은 그렇지 못해 너무 슬프다. 그런 주인공의 모습이 그림 속에 어떻게 표현되고 있는지 함께 확인해 보자.

불을 내뿜는 장면에서 주인공의 정체 확인하기

- **How did the crocodile fume fire out of his nose?** (악어는 어떻게 코에서 불을 내뿜었을까요?)
- **What do you think the crocodile is?** (악어의 정체는 무엇이라고 생각하나요?)

악어의 코가 근질거리다가 마침내 불을 내뿜는 장면은 이 그림책의 하이라이트이다. 어떻게 악어의 코에서 불이 나오는 것일까? 주인공이 악어가 아니었다면, 주인공의 정체는 무엇일지 아이들과 생각해 보자.

진정한 '나' 찾기

- **What is the strength of the crocodile who didn't like water?** (물을 싫어하는 악어의 강점은 무엇인가요?)

물을 싫어해서 외로웠던 주인공은 불을 내뿜어 열기구를 움직이게 하고, 날개를 펼쳐 형제들을 태워 주며 마침내 함께 어울릴 수 있었다. 나에게 맞지 않거나 내가 할 수 없는 것들을 억지로 하려고 노력하기보다는, 내가 좋아하고 잘하는 것이 무엇인지 알고 그것을 살릴 때 비로소 진정한 나 자신이 될 수 있다고 짚어 주자.

마지막 장면 꼼꼼하게 살펴보기

- **What is the title of the book the dragon is holding?** (용이 들고 있는 책의 제목은 무엇인가요?)

그림책 마지막 장면에는 후속 그림책의 중요한 단서가 제공된다. 용(또는 악어)이 이 그림책의 주인공인 '물을 싫어하는 꼬마 악어'가 신었던 것과 같은 장화를 신고 있다. 용(또는 악어)이 들고 있는 책 제목이 'The Dragon Who Didn't Like Fire'임을 놓치지 말자. 또, 꼬리로 감싸고 있는 튜브 속 알들 중 하나가 색깔이 다른 것을 발견할 수 있다. 주인공의 탄생 비밀을 담고 있는 앞 면지의 그림과 비교해 보는 재미가 있는 데다, 후속작이 어떤 내용으로 전개될지 짐작해 볼 수 있는 장면이다.

After Reading

'나는 (　　) 사람이에요.' 표현하기

내가 가진 장점·강점이 무엇인지 생각해 보고 '나는 (　　) 사람이에요.' 활동지에 표현해 보자. 특별한 재능이 아니어도 괜찮다. '나는 매일 규칙적으로 일어나는 사람이에요.', '나는 음식을 골고루 먹는 사람이에요.' 등 누구나 하나씩은 가지고 있는 장점·강점이면 된다. 그 과정에서 자존감을 높이고 스스로를 사랑하는 마음을 가질 수 있다.

좋은 습관 쇼핑몰 열기

'나는 수업 시간에 항상 바른 자세를 유지해.', '나는 해야 할 일을 미루지 않고 미리미리 해.' 등 자신이 가진 좋은 습관이 무엇인지 생각해 보자. 그중 4개를 선택해 붙임쪽지에 적고 책상 위에 붙인다. 친구들이 작성한 좋은 습관을 살펴보고, 내가 갖고 싶은 좋은 습관을 구입한다. 구입한 좋은 습관을 활동지에 붙이고, 왜 그 습관을 사고 싶었는지 이유를 적어 보자. 자신의 좋은 습관에 관해 생각해 볼 수 있고, 친구들이 그것에 관심을 갖는 과정을 통해 자존감이 향상될 것이다.

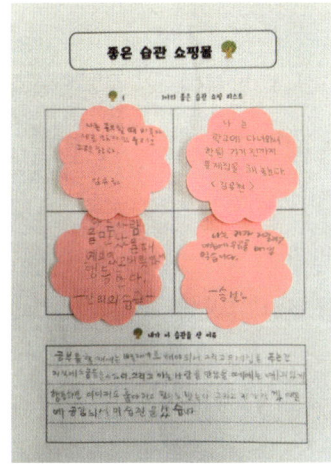 

아이들의 성장

- 튜브를 끼고도 물에 들어가기 무서워하는 악어의 모습이 너무 웃겼어. (이민정, 3학년)
- 그림책 처음과 마지막 장면에 알이 섞여 있는 것을 발견했을 때 놀랐고, 어떻게 알이 바뀌게 된 걸까 궁금했어. (정산하, 3학년)
- 수영을 못해 불쌍했던 악어가 마지막에 용이 되어 불을 내뿜고 하늘을 나는 반전이 있어서 재미있었어. (엄지윤, 4학년)

The OK Book

Amy Krouse Rosenthal, Tom Lichtenheld

#회복탄력성 #도전 #자아존중감 #실수

추천 학년 1 2 3 4 5 6

주인공은 다양한 일에 도전하는 것을 좋아한다. 잘하지는 못하지만 다양한 일을 하면서 즐거움을 느낀다. 실수해도 실패해도 "I'm OK."를 외치는 아이. 작은 것에도 만족감을 느낄 줄 알며 회복 탄력성이 높다. 자신감이 부족하거나 새로운 도전을 두려워하는 아이들에게 추천할 만한 그림책이다.

어휘 체크

- **tightrope** (서커스 곡예사가 타는) 줄
- **fielder** 외야수
- **pump** 퍼 올리다
- **sled** 썰매
- **tug of war** 줄다리기
- **flip** 뒤집다
- **lightning bug** 반딧불이
- **figure out** 알아내다

Before Reading

- **What does the title mean?** (제목은 무슨 뜻일까요?)

제목을 함께 읽으며 의미를 추측해 본다. OK 글자만 크기와 색깔이 다른 까닭도 이야기해 본다. 책 표지를 이리저리 돌려 어떻게 보이는지 살펴보자. 책 표지를 오른쪽으로 돌리면 OK 글자가 Stick Figure(막대 그림) 인물로 변신하며 아이들에게 재미를 준다.

While Reading

'I'm OK.' 뜻 생각해 보기

이야기는 주인공이 자신을 소개하면서 시작된다. 'I'm OK.'는 중의적으로 해석되는데, "내 이름은 OK야."일 수도 있고 "잘 지내니?"라는 질문에 대한 답인 "잘 지내."가 될 수도 있다.

주인공이 도전하는 일 살펴보기

- **What is he/she doing?** (주인공은 무엇을 하고 있나요?)

다양한 일에 도전하는 주인공은 잘하지 못할 때도 있지만 끊임없이 도전하는 것을 즐긴다. 문장을 가리고 그림만 보여 주며 주인공이 도전하는 일이 무엇인지 영어로 맞혀 본다. 동사에 -er를 붙이면 '~하는 사람'이라는 뜻이 된다는 것을 알려 주고, 고학년이라면 어떤 경우에 -er, -or을 붙이는지 언급해 주어도 좋다.(209쪽 참고)

주인공은 덜덜 떨면서 줄 위를 걷고, 마시멜로를 굽다가 태우고, 공을 잘 잡지 못하지만, 항상 "I'm an OK -er."(나는 ~을 괜찮게 하는 편이야.)라고 말한다. 주인공은 회복 탄력성이 높은 아이다. 자신감을 가지고 실패를 두려워하지 않고, 긍정적으로 생각하며 끊임없이 도전한다. 내가 이 상황이라면 어땠을까? 주인공처럼 도전하고 싶은 것이 무엇인지 친구들과 함께 이야기해 보자.

뒷이야기 상상하기

> - What will happen to OK kid? (주인공에게 어떤 일이 일어날까요?)
> - Imagine the following story. (뒷이야기를 상상해 보세요.)

달려가다 돌부리에 걸려 넘어져도 공중제비를 돌아 다시 일어서는 주인공. 마지막 장면에서는 'The end.'라며 이야기가 끝나는 것 같지만, 나무를 향해 달려가는 주인공 뒤에 'Or is it just the beginning?' (아니면 이제 시작인가?) 라는 문구가 쓰여 있다. 주인공은 또 어떤 도전을 하게 될지 아이들과 함께 뒷이야기를 상상해 보자.

After Reading

'도전하는 나'를 'OK Kid'로 표현하기

내가 잘하는 것과 도전하고 싶은 일을 생각해 보자. 한 가지만 써도 되고 여러 가지를 생각나는 대로 적어도 좋다. 이 중 하나를 골라 그림책 작가처럼 OK Kid로 나타내 본다. OK 두 철자로 단순하게 표현하므로 아이들도 부담 없이 활동에 참여할 수 있다. 완성한 뒤에는 친구들과 함께 도전하고 싶은 분야에 관해 이야기해 보는 활동으로 전개해도 좋다.

추가적으로, 내가 잘하는 것 또는 도전하고 싶은 내용을 몸으로 표현하고 친구들이 맞혀 보는 활동을 해도 재미있다. 몸으로 표현하는 활동은 아이들이 그림 그리기나 글쓰기보다 자신감을 갖고 즐겁게 참여한다.

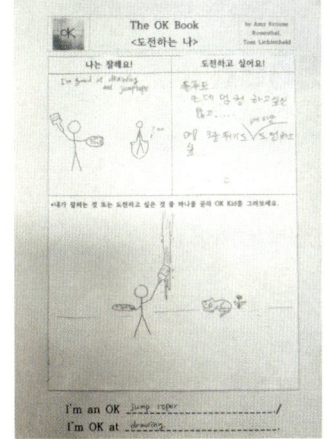

새로운 단어 만들어 보기

이 책에서는 동사나 명사에 -er를 붙여 '~하는 사람'이라는 새로운 단어를 만들어 낸다. 자신이 아는 단어에 -er을 붙여 본다. 말이 되지 않더라도 다양한 아이디어를 낼 수 있도록 허용적인 분위기를 만들어 주자.

〈예시〉 'I'm an OK smiler.', 'I'm an OK looker.' 등

아이들의 성장

- 잘하지 못해도 즐길 수 있다는 아이, 나도 마음을 바꿔야겠다. (민아름, 4학년)
- 아무것도 안 하는 것보다 일단 뭔가 해 보는 게 좋을 것 같다. (이미소, 5학년)
- 잘하지 못하는데도 만족하며 행복해하는 모습을 보니 나는 너무 완벽한 것을 추구했던 것 같다. (김다인, 6학년)
- 그림을 잘 그리지 못하는 나는 이 책에서 영감을 얻었다. 단순하게 표현해도 멋지다. 나는 달리기에 OK인 것 같다. (최성훈, 6학년)

Mean Soup
Betsy Everitt

#감정조절 #화 #상상력 #가족애

추천 학년 1 2 3 4 5 6   AR 1.7   Lexile 310L

주인공 호레이스(Horace)는 기분 나쁜 하루를 보냈다. 집에 돌아왔는데도 화가 사그라들지 않아, 수프를 만들자는 엄마의 제안도 거절한다. 하지만 엄마가 수프를 희한하고 독특한 방법으로 만들기 시작하자, 호레이스는 점점 관심을 가진다. 화가 난 아이의 감정을 재미있는 방법으로 해소시키는 과정을 그린 그림책이다.

✅ 어휘 체크

- **mean** 못된, 심술궂은
- **swerve** 방향을 바꾸다
- **screech** 끼익, 쌩 하는 소리를 내다
- **growl** 으르렁거리다
- **stool** (등받이와 팔걸이가 없는) 의자
- **bare one's teeth** 이빨을 드러내다
- **stick out** ~을 내밀다

Before Reading

- **What does the word 'mean' mean?** ('mean'이라는 단어의 뜻이 무엇일까요?)
- **Why is the title using pointed font?** (제목에 뾰족뾰족한 글씨를 사용한 이유는 무엇일까요?)
- **What are the ingredients of 'Mean Soup'?** ('Mean Soup'의 재료는 무엇일까요?)

표지를 보고 제목을 소개한 뒤, 'mean'이라는 단어의 뜻을 예측해 보도록 한다. 대다수 아이들이 '의미'라는 뜻은 알고 있지만, '못된, 나쁜'의 뜻은 알지 못하는 경우가 많으므로 이를 간단히 짚고 넘어가면 좋다.

표지의 Mean Soup 글자가 굉장히 뾰족하게 표현된 점이 특이하다. 왜 이렇게 표현했을지 작가의 의도를 추측해 보자.

제목만 보면 나쁜 감정과 수프가 언뜻 어울리지 않게 느껴진다. 그러므로 Mean Soup에 들어갈 재료에는 어떤 것이 있을지 상상해 보는 것도 재미있다. 아이들은 침이나 코딱지와 같은 더러운 재료가 들어갈 것이라고 예상하기도 한다.

While Reading

화가 난 경험 이야기 나누기

호레이스는 학교에서 있었던 일들과 집으로 돌아오는 길에 벌어진 일들로 화가 잔뜩 나게 된다. 어떤 일들이 호레이스를 화나게 했는지 짚어 보고, 아이들도 화가 났던 경험을 이야기 나누며 서로 공유해 보자. 자신의 감정을 마음속에 담아 두지 않고 표출하는 것만으로도 해소되는 느낌을 받을 수 있다.

주인공의 행동 따라 하기

- Let's copy what Horace does. (호레이스의 행동을 따라 해 봅시다.)

엄마는 수프를 만들면서 냄비를 향해 소리를 지르고 혀를 날름거린다. 교사가 엄마 역할을 맡아 다소 과장해서 이 부분을 실감 나게 표현해 보자. 호레이스의 행동은 아이들이 따라 해 보게 한다. 아이들은 있는 힘껏 소리를 지르고 혀를 스무 번 날름거리며 재미있어한다. 또한 호레이스처럼 화가 풀리는 경험을 해 보면서 책에 더 몰입할 수 있다.

After Reading

감정 수프 네 컷 만화 그리기

평소 재미있었던 일뿐만 아니라 다양한 감정과 관련된 상황을 말해 보고 네 컷 만화를 그려 본다. 이때, 아이들이 감정을 떠올리기 어려워하면 '감정 카드'를 활용할 수도 있다. '짜증 나는', '신나는', '기쁜' 등 다양한 감정 카드를 제시하고 아이는 이 가운데 카드 하나를 선택한다. 이어서 해당 감정을 수프로 만들면 어떤 과정이 필요할지 마음껏

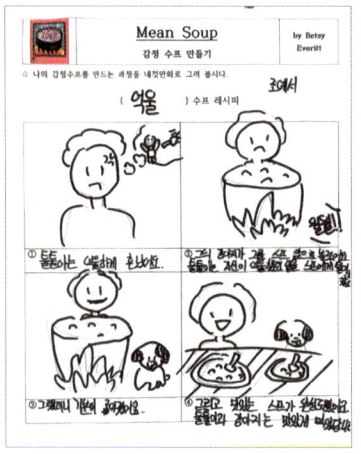
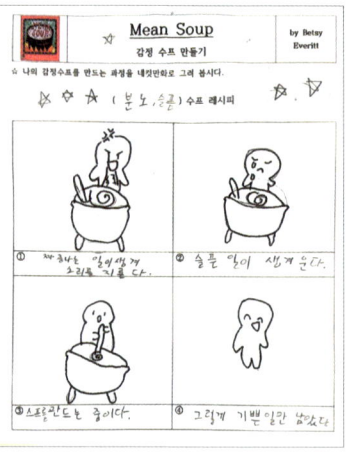

상상해 보고, 이를 그림으로 나타낼 수 있다.

나만의 감정 수프 레시피

안 좋은 감정을 해소시켜 주는 나만의 감정 수프 레시피를 개발해 보자. 감정 수프의 재료와 만드는 방법을 기발한 아이디어로 표현할 수 있다.

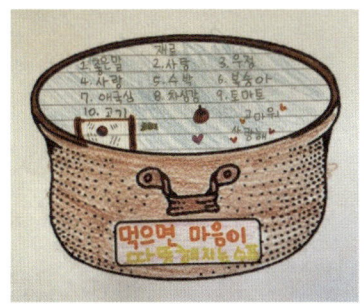 

아이들의 성장

- 저 수프는 정말 맛이 없을 것 같아. 과연 호레이스는 엄마랑 저걸 먹었을까? (김민솔, 1학년)
- 저라도 호레이스 같은 일을 겪으면 많이 짜증 날 것 같아요. (현하빈, 4학년)
- 저는 억울 수프를 만들어 보고 싶어요. 억울하게 혼나 본 기억이 있거든요. (조예서, 6학년)

The Color Monster : A Story about Emotions
컬러 몬스터 : 감정의 색깔

Anna Llenas

#감정조절 #자기관리 #색깔 #콜라주

추천 학년 1 2 3 4 5 6   AR 2.1

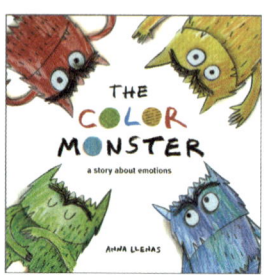

여러 감정이 뒤죽박죽 섞여 혼란스러운 상태로 잠에서 깬 컬러 몬스터(Color Monster). 이때 한 소녀가 나타나 감정이 섞여 있으면 제대로 이해할 수 없으니, 병에 나누어 담아 보라고 조언한다. 컬러 몬스터는 소녀의 도움을 받아 기쁨, 슬픔, 화 등의 감정을 정리하기 시작하는데…. 과연 컬러 몬스터의 기분은 나아질 수 있을까? 아이들이 일상생활 속에서 느끼는 다양한 감정을 이해하도록 돕는 귀여운 그림책이다.

✅ 어휘 체크

- **confused** 혼란스러운
- **be jumbled up** 마구 뒤섞인
- **separate** 분리하다
- **make sense** 이해가 되다
- **except** ~을 제외하고
- **stamp out** 불을 끄다
- **disappear** 사라지다
- **courage** 용기

Before Reading

- Let's take a look at the Color Monsters' face on the cover. (표지 속 컬러 몬스터들의 표정을 살펴봅시다.)
- Why do you think each Color Monster has that look on their faces? (컬러 몬스터가 왜 그런 표정을 짓고 있다고 생각하나요?)

그림책 표지에 있는 컬러 몬스터들이 왜 그런 표정을 짓고 있는지, 어떤 감정일 것 같은지 아이들과 이야기를 나누어 보자. 아이들은 컬러 몬스터의 화난 마음, 기쁜 마음, 편안한 마음 등을 예상한다.

앞 면지와 뒤 면지에는 형형색색의 동그라미들이 그려져 있는데, 이 부분은 아이들에게 충분히 시간을 가지고 보여 주자. 앞 면지에 뒤섞여 있던 동그라미들이 뒤 면지에서는 비슷한 색끼리 분류되어 있다는 차이를 발견할 수 있을 것이다.

While Reading

색깔의 느낌 공유하기

- How do you feel about the color yellow/blue/red/black/green? (이 색깔을 보면 어떤 느낌이 드나요?)

컬러 몬스터가 소녀의 도움을 받아 자신의 감정을 하나씩 분류하기 시작한다. 아이들에게도 각각의 색을 보면 어떤 감정이 드는지 물어보자. 책에서는 파란색을 슬픔이라고 표현했지만 아이들은 시원함, 밝음, 희망 등 다른 감정이라고 말하기도 한다. 색의 느낌은 규정된 것이 아니므로 아이들의 다양한 의견을 존중한다.

컬러 몬스터의 표정과 행동 따라 하기

- **Let's copy his expression and behavior.** (컬러 몬스터의 표정과 행동을 따라 해 봅시다.)

아이들은 감정에 따라 달라지는 컬러 몬스터의 표정과 행동을 따라 하며, 감정을 시각적으로 구별하고 몸으로 익혀 자연스럽게 표현하는 방법을 배울 수 있다. 이렇게 다양한 감정을 표현해 보면서 자신의 감정을 더 잘 이해하고 건강하게 관리, 조절하는 힘을 얻을 수 있다.

콜라주(collage) 기법으로 표현된 삽화 살펴보기

콜라주는 별개의 조각들을 붙여 모아 새로운 이미지를 만드는 미술 기법이다. 컬러 몬스터는 콜라주 기법으로 표현한 그림책으로, 책을 읽으며 그 기법만의 시각적 효과를 느낄 수 있다. 미술 교과와 연계하여 콜라주 기법을 소개하고 관련 표현 활동으로 확장해 보자.

After Reading

나만의 컬러 몬스터 만들기

자신과 타인의 감정을 이해하는 것은 사회성 발달에 매우 중요하다. 자신의 감정을 잘 이해하는 아이들이 다른 사람의 감정도 쉽게 알아차리고 배려할 수 있기 때문이다. 나는 언제, 어떤 감정을 느끼는지 글과 그림으로 표현하고, 그 감정에 색깔을 입혀 나만의 컬러 몬스터를 만들어 보자. 자신의 감정을 이해함과 동시에 친구들의 감정과 나의 감정을 비교해 볼 수 있다.

마음 사전 만들기

일상생활 속에서 느꼈던 감정을 생각해 보고, 나만의 마음 사전을 만들어 보자. 나의 감정을 구체적으로 살펴보는 경험을 통해 감정을 올바르게 다루는 방법도 함께 생각해 볼 수 있다.

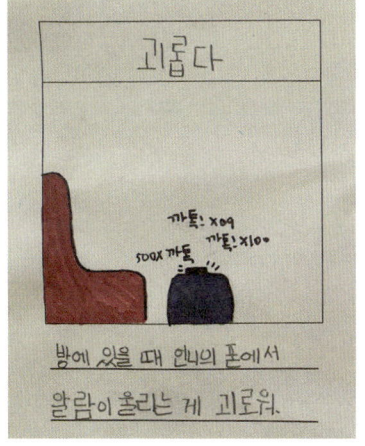

아이들의 성장

- 감정을 왜 몬스터로 표현했을까? 나라면 물방울로 표현했을 것 같아. (정민지, 2학년)
- 파란색을 슬픔으로 표현한 게 신기했어. 나는 희망을 생각했거든. (성하윤, 3학년)
- 컬러 몬스터는 하나인데 감정에 따라 색깔이 바뀌는 분신술을 해. (정지연, 4학년)

| 깨알 정보 | 색깔과 관련된 감정 표현

- I feel blue. 나 우울해.
- I'm green with envy. 나 너무 부러워.
- You are yellow-bellied. 넌 겁쟁이야.
- I see red! 나 폭발하기 직전이야!
- He is in a really black mood. 그 아이는 완전히 화나 있어.

When Sadness Comes to Call
슬픔이 찾아와도 괜찮아

Eva Eland

#슬픔 #이겨내는방법 #감정수용

추천 학년 1 2 3 4 5 6   AR 1.9

표지를 보면 한 아이가 자신 앞에 서 있는 대상을 호기심 어린 표정으로 살짝 만져 보고 있다. 아이의 몸보다 두 배는 커 보이는 이 형체는 대체 무엇일까? 이것은 눈에 보이지 않지만 아이를 압도하면서 다가오는 감정인 슬픔이다. 슬픔이라는 감정을 바라보는 자세와 슬픔에 대처하고 조절하는 힘을 기를 수 있도록 안내해 주는 그림책이다.

✓ 어휘 체크

- **sadness** 슬픔
- **unexpectedly** 예기치 못하게
- **breathe** 숨을 쉬다
- **let it out** 표출하다
- **go for a walk** 산책하다
- **through** 사이로
- **springboard** 출발점, 발판
- **discover** 발견하다

Before Reading

- **What are the two characters doing?** (두 캐릭터는 무엇을 하고 있나요?)

속표지에서 슬픔이 아이의 집 문 초인종을 누르고, 책을 읽고 있던 아이가 문 쪽을 바라보는 장면이 나온다. 이렇게 슬픔이 찾아왔을 때 어떻게 반응할지 예상해 보며 책을 읽어 보자.

While Reading

아이가 슬픔을 받아들이는 과정 살펴보기

- **What did the child do with sadness?** (아이는 슬픔과 같이 무엇을 했나요?)

슬픔이 졸졸 따라다니자 아이는 처음에 슬픔을 벽장 속에 숨기거나 피하려고 한다. 하지만 소용없다는 것을 깨닫고, 슬픔을 있는 그대로 받아들이려 노력한다. 아이는 슬픔에게 먼저 인사하고 말을 걸며 스스럼없이 대한다. 그리고 함께 그림을 그리거나 산책을 나가기도 한다. 이런 아이의 행동은 슬픔이라는 감정을 피하지 않고 받아들이는 자세가 중요하다는 사실을 깨닫게 한다.

색의 의미 파악하기

아이가 슬픔과 함께하기로 한 순간 핑크 계열의 색이 등장한다. 이를 통해 슬픔이 우리의 일상을 가득 채우기도 하지만, 그 속에 행복이 공존한다는 것을 색으로 보여 준다.

이번에는 슬픔이 떠나간 아침의 이불 색과 그 전날 잠들 때의 이불 색이 다른 것을 확인해 보자. 이불 색을 통해 새로운 날이 시작된다는 사실을 알려, 슬픔과 행복이 따로 떨어져 존재하는 것이 아님을 생각해 볼 수 있다. 뒤 면지에는 작가의 후속작인 『Where happiness begins』가 소개되는데, 이때의 제목도 행복을 나타내는 핑크 계열의 색이다.

슬픔이 나에게 찾아온다면 나는 어떻게 할지 이야기하기

- **What would you do when sadness comes to call?** (슬픔이 찾아온다면 여러분은 어떻게 할 건가요?)

이 책은 아이가 슬픔이라는 감정을 객관화시켜서 잘 조절해 가고, 마침내 그 감정을 보내 준 뒤 마음의 안정을 되찾는 이야기이다. 어떤 감정이 생겼을 때 외면하거나 휘둘리지 않고 차분히 받아들이며 평정심을 되찾기 위해 할 수 있는 다양한 방법들을 보여 주고 있다.

만약 나에게도 어느 날 슬픔이 찾아온다면 슬픔을 어떻게 대할지 이야기해 보자. 슬픔과 어떤 활동을 함께하며 친해질지 생각해 볼 수 있다. 그림책에서 아이가 슬픔과 같이 한 것들을 참고하여 자신만의 방법을 찾아보자.

After Reading

내가 슬펐을 때와 그 슬픔을 이겨 내기 위한 방법들

자신이 슬펐을 때와 그것을 이겨 내는 방법들을 그림으로 그려 본다. 아이들이 본인의 감정에 솔직해지고 이를 잘 다룰 수 있게 될 것이다.

 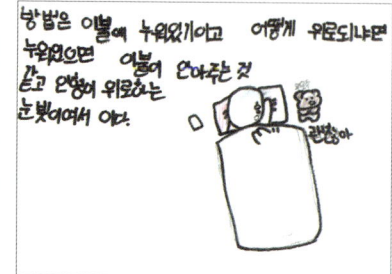

내 감정 친구 만들기

다양한 감정을 의인화해서 그림으로 표현해 보자. 슬픔뿐만 아니라 기쁨, 화남, 놀람 등의 다양한 감정을 표현하다 보면 감정을 대할 때의 내 모습을 돌아볼 수 있다.

아이들의 성장

- 단순한 색깔과 귀여운 그림이 좋았다. (이지은, 3학년)
- 슬픔이 친구인 것처럼 인사를 하는 것이 좋았다. (김서진, 3학년)
- 아이가 슬픔을 안고서 잠을 자는 모습이 평화로워 보였다. (배진우, 4학년)
- 슬픔을 형태가 있는 모습으로 표현한 것이 신기했다. (김은혜, 5학년)

Black Dog
블랙 독

Levi Pinfold

#두려움 #용기 #복선 #케이트그리너웨이

추천 학년 1 2 3 4 5 6 | AR 3.0 Lexile AD600L

어느 눈 내리는 겨울 아침, 검은색 개 한 마리가 호프 씨 가족의 집을 찾아온다. 놀란 아빠는 경찰에 신고하고, 뒤이어 잠에서 깬 다른 가족들도 놀라 숨기에 바쁘다. 하지만 막내인 스몰(Small)은 가족들의 만류에도 그것의 정체를 알아보려 용감하게 문을 나선다. 과연 스몰은 안전하게 집으로 돌아올 수 있을까? 섬세한 그림과 흥미진진한 이야기로 구성된 그림책이다.

✅ 어휘 체크

- **demand** 요구하다, 요청하다
- **gasp** 숨이 턱 막히다
- **hound** 사냥개
- **cricky** 우아!
- **guffin** 뭔가 맘에 안 드는 것
- **snuff** 코를 킁킁거리다
- **scuttle** 종종걸음을 치다
- **tum** (사람의) 배, 복부
- **trim** 날씬한
- **cat flap** 고양이가 드나드는 작은 문

작가 이야기

레비 핀폴드는 '제2의 앤서니 브라운'이라 평가받는 영국 작가로, 현재는 호주에 살고 있다. 2010년 데뷔작 『The Django』로 영국 최고의 떠오르는 삽화가상과 북트러스트 유아 도서상을 수상하고, 그림책 『Black Dog』으로 '케이트 그리너웨이상'을 받았다. 작품 속 인물과 배경을 정교하고 환상적으로 표현하는 일러스트레이터이자 아티스트이다.

Before Reading

- **Whose footprint is it?** (이것은 누구의 발자국일까요?)

앞표지의 그림이 뒤표지와 연결되어 있으므로 책 표지를 펼쳐서 함께 보여 주자. 눈 내리는 숲속에 있는 집의 고요함이 더욱 잘 느껴질 것이다. 앞표지에는 눈 내리는 숲속에 집 한 채가 덩그러니 있고 그 집 앞에 한 아이가 서 있다. 아이 앞에 있는 큰 발자국은 누구의 것일까? 속표지는 겉표지와 같아 보이지만 아이가 없고 상대적으로 작은 발자국이 나 있다. 두 그림의 차이점을 찾아보며, 앞으로 펼쳐질 내용을 짐작해 보자.

While Reading

그림책의 구성 방법 알아보기

책을 펼치면 왼쪽에는 글과 함께 액자 형식의 작은 그림들이 보이고, 오른쪽에는 큰 그림 하나가 있다. 왼쪽의 작은 그림들은 일어나는 일을 시간의 흐름에 따라 사실적으로 표현하고, 오른쪽에는 가족들의 무서워하는 모습이 페이지 가득 크게 그려져 있어, 왼쪽에서 오른쪽으로 이어지는 그림을 따라 이야기가 자연스럽게 연결된다.

글 양이 많으므로 상황에 맞게 간추려 읽기

글 양이 다소 많고 길어 아이들이 집중하기 어려울 수 있으므로 상황에 따라 주요 문장만 간추려 읽어 줄 수 있다. 사실적 묘사가 뛰어난 작품이라 그림을 자세히 살펴보는 것만으로도 이야기의 전개를 따라갈 수 있다.

사실적으로 정교하게 그린 그림 짚어 보기

등장인물의 표정들과 이야기를 둘러싼 배경 그림들을 자세히 살펴 보자. 놀란 표정의 가족들, 여기저기 소품들이 가득한 집안, 마을의 겨울 풍경 등이 매우 사실적으로 나타나 있다. 특히 거대해진 블랙 독과 스몰이 맞닥뜨리는 장면에서는 어떤 느낌이 드는지 물어 보자. 아이들은 블랙 독의 섬뜩한 노란 눈, 살아 움직이는 듯한 검정 털, 벌름거리는 콧구멍을 보며 두려움과 공포감을 드러낼 것이다.

블랙 독의 크기 변화를 살펴보며 두려움의 크기와 연결 짓기

- **What animal size did they think of the black dog?** (가족들은 블랙 독을 어떤 동물의 크기로 느꼈나요?)
- **Why did they feel the size of the black dog differently?** (가족들은 왜 블랙 독의 크기를 서로 다르게 느꼈나요?)

블랙 독의 크기를 아빠는 호랑이, 엄마는 코끼리, 딸은 티라노사우루스, 아들은 빅 제피('세서미 스트리트'의 등장인물) 만하다고 생각했다. 이렇게 가족들의 시선에 따라 블랙 독의 크기가 달라지는 이유가 무엇인지 이야기해 보자. 두려움과 공포가 커질수록 블랙 독은 더욱 크게 표현되고, 그에 맞서는 용기가 커질수록 블랙 독이 작게 표현된다.

이와 더불어 스몰이 마지막 장면에서 말하는 "There was nothing to be scared of, you know."의 의미를 생각해 보자. 두려움을 만들어 내는 것도, 극복하는 것도 결국은 자기 자신에게 달려 있다는 사실을 알 수 있다.

After Reading

빈칸 완성하기

아래와 같이 아이들에게 빈칸이 포함된 문장을 제시하고, 책을 읽은 후의 느낌을 써 보게 하자. 두려움에 대한 아이들의 생각을 엿볼 수 있다.

두려움은 _____ 다. 왜냐하면 _____ .

〈빈칸 완성하기 예시〉

- 두려움은 늪과 같다. 왜냐하면 두려움에 한 번 빠지면 나오기 어렵기 때문이다.
- 두려움은 알지 못하는 것에 대한 공포이다. 왜냐하면 그것을 알게 되면 두려움은 사라지기 때문이다.
- 두려움은 맞서야 하는 것이다. 왜냐하면 한 번 맞서지 않고 계속 피하면 앞으로 두려운 것은 자연스럽게 피하게 되기 때문이다.

두려운 감정 쓰레기통에 버리기

자신이 두려워하거나 걱정하고 있는 문제를 종이에 쓴 다음 종이를 구겨서 쓰레기통에 던져 버림으로써 감정을 비우는 활동이다. 불필요한 두려움과 걱정이라면 쓰레기를 버리듯이 구겨서 버리는 것만으로도 후련하고 시원한 감정을 느끼게 해 준다.

두려움 고민 상담소

두려운 것에 대한 걱정은 누군가에게 그것을 털어놓는 것만으로도 마음이 한결 가벼워진다. 자신이 두려워하고 있는 것에 대한 고민을 써서 친구들에게 알려 보자. 그것을 읽은 친구들은 자신만의 해결 방법을 붙임쪽지에 써서 친구의 고민거리 옆에 붙여 준다.

또래끼리 고민 상담을 주고받는 활동은 자신뿐만 아니라 다른 친구들도 같은 문제로 고민하고 있음을 발견하고 위안과 안도를 느끼게 해 주며, 친구의 상담 쪽지에서 방법을 얻어 문제를 해결할 수도 있다.

아이들의 성장

- 나도 큰 개가 두렵고 무서운데 사실은 내 생각보다 덜 무서울지도 모르겠다고 생각했다. (권희수, 4학년)
- 두렵다고 느껴지더라도 피하지 말고 도전해 봐야겠다. (김진, 5학년)
- 무엇을 시작하는 것이 두려운 친구들은 이 책을 꼭 읽어 보면 좋겠다. 무엇이든지 일단 부딪혀 보면 생각보다 두렵지 않다는 것을 알게 될 것이기 때문이다. (이수지, 6학년)

38

I Talk Like a River
나는 강물처럼 말해요

Jordan Scott, Sydney Smith

#위로 #극복 #용기 #말더듬기

추천 학년 1 2 3 4 5 6 | AR 3.1

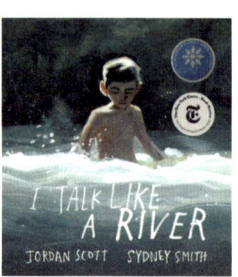

　말을 더듬는 소년의 일상을 다룬 그림책이다. 소년은 말할 때마다 다른 사람들의 시선이 두려워 힘들어한다. 어느 날 아버지는 그를 조용하고 평화로운 강가로 데려가는데, 그곳에서 소년은 무엇을 깨닫게 될까? 서정적인 그림과 따뜻한 메시지로 말을 더듬는 것에 대해 위안과 용기를 주는 그림책이다.

✅ 어휘 체크

- branch 가지
- tangle 엉키다
- mumble 중얼거리다
- stuck 막힌, 꼼짝 못 하는

- giggle 낄낄 웃다
- ticklish 간지럼을 잘 타는
- twirl 빨리 돌기
- stutter 말을 더듬다

Before Reading

- **What is he thinking?** (소년은 무슨 생각을 하고 있을까요?)
- **What is the meaning of 'I talk like a river'?** ('강물처럼 말한다.'는 무슨 뜻일까요?)

표지를 보여 주며 소년이 어떤 생각을 하고 있을지 추측해 본다. 소년의 표정이 편안해 보이는지 슬퍼 보이는지 관찰하며, 이 책이 어떤 내용일지 생각해 보는 시간을 가진다. 또한 책의 제목을 보면서 '강물처럼 말한다.'는 것은 어떤 의미일지도 함께 이야기해 보자. 이 책이 작가의 유년 시절을 바탕으로 쓰였다는 사실을 알려 주면 아이들은 더욱 책에 몰입할 수 있다.

While Reading

소년의 마음 공감하기

- **How does he feel?** (소년은 어떤 마음일까요?)
- **Have you ever experienced anything like him?**
  (소년과 같은 경험을 해 본 적이 있나요?)

책 속에서는 소년의 표정이나 주위 사람들이 흐릿하게 표현되는데, 이는 소년의 불편한 마음을 보여 준다. 친구들의 시선이 소년에게 쏠리는 장면에서 소년의 당황한 눈에 주목해 본다. 그리고 이때 친구들은 어떤 표정을 지었을지 상상해 보자.

이와 관련해, 말하고 싶은데 말이 안 나왔던 자신의 경험도 떠올려 본다. 긴장되는 새 학기 첫날이나 많은 친구들 앞에서 발표가 어려웠던 경험 등을 이야기해 보며 소년의 감정에 공감할 수 있다.

강물이 표현된 장면에 집중하며 '강물처럼 말해요.'의 의미 생각해 보기

아버지는 "The bad speech day"에 상처받은 소년을 위로하기 위해 강에 데려가 "See how that water moves? That's how you speak."라고 말한다. 소년은 강물이 bubbling(부글부글 거품이 이는), whirling(소용돌이치는), churning(파도가 이는), crashing(부딪치는) 하는 모습을 바라보며 생각에 잠긴다.

소년의 얼굴이 클로즈업되는 장면에서 책 읽기를 멈추고, 책의 접힌 부분을 좌우로 펼쳐 보여 주자. 파도의 반짝임을 표현한 그림을 몇 초간 보여 주고 나지막한 목소리로 'My dad says I talk like a river.' 문장을 읽어 준다. 강물처럼 말한다는 것이 어떤 의미인지 아이들과 함께 이야기해 보자.

내가 가장 좋아하는 장소 이야기하기

> ▪ **What is your favorite place?** (가장 좋아하는 장소는 어디인가요?)

소년이 강에서 위안을 찾았듯 아이들도 힘들 때 가장 편안하게 느끼는 곳이 있을 것이다. 그곳은 집과 같은 친숙한 공간일 수도 있고, 비밀 장소 혹은 숲이나 강 같은 나만의 공간일 수도 있다. 장소가 어디든 가만히 눈을 감고 그 장소를 떠올려 보며 감정에 집중해 보자. 예전에 겪었던 경험과 감정을 떠올린다면 소년의 마음을 더욱 이해할 수 있을 것이다.

'How I Speak' 부분 꼼꼼하게 읽기

작가는 책의 마지막 장 'How I Speak' 부분에 자신이 어릴 적 겪었던 경험과 책에 관해 하고 싶은 말을 전하고 있다. 더 큰 무언가를 향해 가는 강물의 힘겨운 과정과 자신이 더듬거리며 말하는 방식을 동일시하며 자세히 적어 놓았다. 책을 읽어 주기 전에 미리 이 내용을 확인해 본다면 책을 읽는 깊이가 달라질 것이다.

After Reading

작가의 영상 함께 보기

동영상 사이트에서 'I Talk Like a River'를 검색해 작가가 책을 읽어 주는 영상과 인터뷰하는 모습을 함께 보자. 어린 시절부터 말하는 데 어려움을 겪었던 작가는 지금도 여전히 말하는 것이 유창하지 않다. 그렇지만 자신이 말하고 싶은 메시지를 책에 담아 독자들에게 읽어 주는 모습에 감동을 느낄 수 있다.

나는 (   )처럼 (   )해요

소년이 말을 더듬는 자신의 모습을 '강물처럼 말한다.'라고 이야기한 것처럼, 아이들도 자신의 부족한 부분을 무언가에 비유해 표현해 본다. 그리고 친구들과 서로 바꾸어 읽어 보며 응원의 댓글을 단다. 이를 통해 아이들은 자신의 모습을 긍정적으로 바라보고 위로받을 수 있을 것이다.

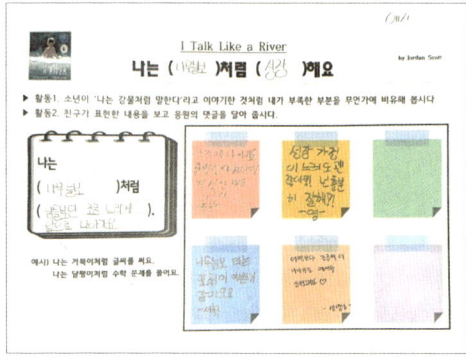 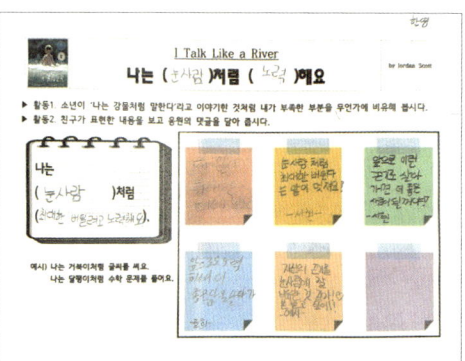

아이들의 성장

- 말을 더듬는 주인공을 위로해 주고 싶어. 너무 걱정하지 마. 괜찮아. (김현서, 3학년)
- 소년이 강물을 보고 위로받은 것처럼 나는 아빠랑 등산 가서 푸른 산을 보면 마음이

편안해져. (조민준, 5학년)

- 작가가 여전히 말을 더듬는 모습이 인상적이었어. 나였다면 책을 쓰고 인터뷰를 하지는 못했을 것 같아. 작가의 용감한 모습에 박수를 쳐 주고 싶어. (김유빈, 6학년)

The Dot
점

Peter H. Reynolds

#자아존중감 #격려 #잠재력 #미술시간

추천 학년 1 2 3 4 5 6 | AR 1.9 Lexile AD500L

그림을 완성하지 못해 심통이 난 주인공 바시티(Vashti)에게 미술 선생님은 점 하나를 그려 보라고 격려한다. 자기 작품을 소중히 여기고 인정해 주는 선생님 덕분에 주인공은 미술에 흥미를 갖게 되고 즐겁게 그림을 그리기 시작한다. 주변의 격려로 잠재력을 펼치는 이야기를 통해 아이들에게 자신감을 불어넣어 주는 그림책이다.

✓ 어휘 체크

- **lean over** 몸을 구부리다
- **felt-tipped pen** 사인펜
- **jab** 쿡 찌르기
- **swirly** 소용돌이치는
- **experiment** 실험하다
- **make a splash** 깜짝 놀라게 하다
- **gaze** 응시하다
- **squiggle** 구불구불한 선

Before Reading

> - What is she doing? (주인공은 무엇을 하고 있나요?)

주인공이 무엇을 하고 있는지 함께 이야기해 보자. 책 제목이 '점'이라는 사실을 이야기해 주고, 주인공이 그리고 있는 커다란 점을 살펴보며 앞으로 어떤 이야기가 펼쳐질지 추측해 본다.

While Reading

주인공의 마음 들여다보기

> - Can you guess why Vashti is angry? (바시티가 왜 화가 났는지 추측해 보세요.)
> - How did she feel when she saw her framed work? (액자에 걸린 자기 작품을 본 바시티는 어떤 마음이 들었을까요?)

바시티는 심통이 난 얼굴로 의자에 앉아 있다. 그림을 보며 왜 바시티가 화가 났을지 추측해 보자. "시험을 망쳤어요.", "친구랑 싸웠어요." 등 다양한 대답이 나올 것이다.

미술 시간, 그림을 그리지 못해 화가 난 주인공에게 선생님은 격려해 주며 점 하나를 찍고 사인해서 제출하라고 한다. 그 후 바시티는 자신의 그림이 멋진 액자에 넣어져 선생님 책상 뒤 벽에 걸려 있는 것을 보게 된다. 이때 바시티는 어떤 표정을 지었을지 상상하고, 그 마음은 어땠을지 이야기 나누어 보자.

격려의 힘으로 달라진 바시티 만나기

- **Why did she start painting?** (주인공은 왜 그림을 그리기 시작했을까요?)

바시티는 액자에 걸린 자신의 그림을 보고 놀라는 한편, 저것보다는 점을 더 잘 찍을 수 있다며 물감을 꺼내 든다. 선생님의 지지와 격려에 힘입어 바시티는 자신감을 얻고 다양한 작품들을 만들어 낸다. 주인공처럼 좌절했을 때 칭찬이나 격려를 받고 다시 도전할 용기를 얻은 경험이 있는지 떠올려 보자.

격려가 이끄는 긍정적인 순환

- **What would Vashti say when she saw the boy's drawing?** (소년의 그림을 본 바시티는 뭐라고 말할까요?)

그림을 잘 그리고 싶은데 선 하나도 제대로 못 그린다며 속상해하는 소년에게 바시티는 종이를 건넨다. 소년이 그린 선을 본 바시티가 뭐라고 말할지 아이들에게 물어보자. 많은 아이들이 미술 선생님이 바시티에게 한 말을 기억하고는 "Sign it."이라고 대답한다.

또 소년이 앞으로 어떤 그림을 그리게 될지 함께 상상해 보자. 미술 선생님처럼 소년을 격려하는 바시티의 모습을 통해, 긍정적인 변화를 이끄는 가장 중요한 시작점은 누군가의 격려임을 배울 수 있다.

After Reading

책 표지 따라잡기

점을 주제로 한 개인 작품을 만든 뒤 친구들과 함께 책 표지 협동화를 만들어 보자. 미술 표현에 자신이 없는 아이들은 혼자 하나의 작품을 완성하는 것보다 편안한 마음으로 참여할 수 있다. 또한 '따로 또 같이' 더 멋진 작품을 만들며 성취감을 느낄 수 있다.

울창한 숲 협동화 만들기

각자 점을 찍어 나만의 나무를 만들고, 한데 모아 울창한 숲을 만들어 보자. 그림으로 그리기 어려운 나무도 점을 찍다 보면 쉽게 표현할 수 있다는 사실을 느끼며, 작은 점이 모여 나무가 되고, 나무가 모여 숲이 되는 과정을 경험할 수 있다. 각자 만든 나무는 저마다의 개성이 드러나 있고, 그 모습이나 형태가 모두 다르다. 계절별로 봄, 여름, 가을, 겨울의 색에 맞게 변형하면 더욱 다양한 작품을 만들 수 있다.

> **아이들의 성장**

- 그림을 못 그리는 나는 이 책에서 영감을 얻었다. 역시 뭐든지 희망과 의지만 있으면 할 수 있다. (고정민, 4학년)
- 작고 사소한 것으로도 작품이 된다는 것이 멋졌다. 나도 그림 그리기가 어려웠는데 점 찍기부터 시작해야겠다. 시작이 중요하다. 뭐든지 일단 해 보자. (오민아, 5학년)
- 처음에 선생님이 점을 찍고 사인해서 내라고 한 게 현명하다. 나도 이 책 선생님처럼 누군가에게 희망을 주는 말을 하도록 해야겠다. (송강우, 6학년)

40

Me... Jane
내 친구 제인

Patrick McDonnell

#자아성장 #진로 #제인구달 #동물친화 #칼데콧아너

추천 학년 1 2 3 4 5 6 | AR 3.2   Lexile AD740L

세계적으로 유명한 동물 행동학자이자 환경 운동가인 제인 구달(Jane Goodall)의 어린 시절 모습을 살펴볼 수 있는 그림책이다. 연대기적 구성을 따르는 보통의 위인전과 다르게 주인공의 어린 시절에 초점을 두었으며, 귀여운 그림과 쉬운 어휘로 누구나 편하게 읽을 수 있게 하였다. 꿈을 이루기 위해 노력하고, 아무도 가 보지 않은 길을 용감히 선택하여 목표를 이루어 낸 주인공의 모습을 볼 수 있다.

어휘 체크

- **stuffed toy** 봉제 인형
- **cherish** 소중히 여기다
- **sneak into** ~에 몰래 들어가다
- **coop** 닭장, 우리
- **observe** 관찰하다
- **beech** 너도밤나무
- **sap** 수액
- **tuck into** 밀어 넣다

작가 이야기

패트릭 맥도넬(1956~)은 20개국 700개 이상의 신문에 게재되며 수많은 상을 받은 만화 「Mutts」의 작가이며, 환경과 동물의 복지에 관심이 많아 동물 보호 단체에서도 활동하고 있다. 2023년에는 '지구의 희망적인 미래를 위해 인류가 가져야 할 마음가짐'이라는 주제로 티베트 불교 지도자인 달라이 라마와 함께 쓴 『Heart to Heart』를 출간하였으며, 제인 구달이 책에 추천사를 썼다.

Before Reading

- **Where is the place?** (여기는 어디일까요?)
- **What are the animals?** (어떤 동물들이 있나요?)

그림을 보고 장소가 어디인지 추측해 본다. 나무가 우거지고 동물이 있는 것으로 보아 밀림 혹은 아프리카를 그림책 배경으로 예상할 수 있다. 북 커버를 벗겨 그림 속 여자아이의 실제 사진을 확인하고, 실존 인물이라는 점을 언급하자.

While Reading

좌우 그림 스타일 비교하기

- **How is this picture drawn?** (이 그림은 어떻게 표현한 것일까요?)
- **How does the left picture feel different from the right picture?** (왼쪽과 오른쪽 그림의 느낌은 어떻게 다른가요?)

책을 펼치면 왼쪽 그림은 단어의 개별 뜻을 떠올리는 데 도움을 주고, 오른쪽 그림은 장면을 떠올리는 데 도움을 준다. 그리고 좌우 그림의 표현 방법도 다르니 차이점을 비교하며 아이들과 자세히 살펴보자.

제인 구달에 관해 아는 것 이야기 나누기

- Let's share what you know about Jane Goodall. (제인 구달에 관해 알고 있는 것을 발표해 봅시다.)

제인이 침대에 누워 잠드는 장면은 다음 장에서 제인이 어른으로 성장하고 아프리카에서 침팬지와 함께 있는 사진으로 연결된다. 이 부분에서는 페이지를 천천히 넘기며 아이들이 충분히 생각할 시간을 주고, 어떤 점이 달라졌는지 함께 이야기 나누어 보자. 제인 구달 사진이 등장하는 부분이 그림책의 하이라이트이므로, 극적인 효과를 위해 'to her dream come true' 부분은 왼쪽 페이지만 먼저 보여 주며 낮은 목소리로 읽은 다음에 오른쪽 페이지를 열어 실제 사진을 보여 주면 좋다.

책에 실린 제인의 어릴 적 모습, 지금의 모습, 제인 구달이 상상하여 그린 스케치, 뒤표지 사진 등을 같이 살펴본다. 아이들에게 그녀의 삶에 관해 알고 있는 것을 발표하는 시간을 주어도 좋다.

제인 구달이 직접 그린 스케치 살펴보기

- What is this quiz about? (무엇에 관한 퀴즈일까요?)
- What animals can you find? (어떤 동물들을 찾을 수 있나요?)

악어 그림이 나오는 장면에는 실제 제인 구달이 어린 시절 친구들과 악어클럽 모임에서 만든 퀴즈와 동물 그림이 등장한다. 제인 구달이 직접 쓴 글씨와 그림을 볼 수 있다. 어떤 것을 물어보는 퀴즈인지 살펴보고, 아는 동물이 있는지도 찾아보자. 이를 통해 제인 구달이 어렸을 때 관심 분야에 몰입했던 것을 짐작할 수 있다. 제인 구달처럼 아이들도 관심 있는 것에 적극적으로 참여하고 표현해 본 경험이 있었는지 이야기 나누어 보자.

After Reading

나의 꿈 설계하기

자신이 이루고 싶은 꿈을 설정하고, 그 꿈을 이루기 어렵게 만드는 부정적인 요소들을 생각해 보자. 그리고 그것을 극복하는 방법들을 적어 보고, 앞으로 해야 할 일에 대해 구체적인 계획을 세워 보자.

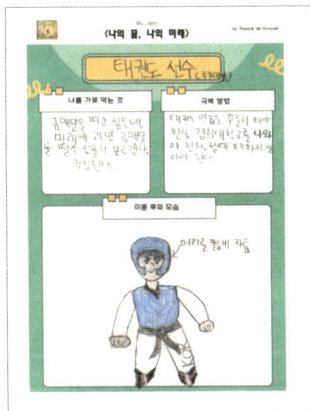

멸종 위기 동물 침팬지 알아보기

1960년 7월 14일은 제인 구달이 탄자니아에서 침팬지 연구를 시작한 날이다. 이를 기념하여 제인구달연구소, 세계자연보전연맹, 세계동물원수족관협회 등 10여 개 단체가 모여 이날을 '세계 침팬지의 날'로 정하고, 침팬지의 복지와 권리를 지키기 위해 노력하고 있다. 7월 14일에 이 그림책을 읽고, 멸종 위기 동물인 침팬지를 조사해 보자.

〈침팬지 조사 내용 예시〉
- 멸종 위기인 이유: 식용을 위한 도살, 동물 실험(유인원을 대상으로 실험을 금지한 나라는 오스트레일리아가 유일함)
- 지능: 인간 5~6세 정도, 아이큐 120인 침팬지도 있다고 알려져 있음
- 고릴라와 비교: 같은 유인원이지만 침팬지의 지능이 더 높음
- 특징: 도구 사용, 동작 모방 능력, 상호 작용 가능, 새로운 상황에 대처하고 적응하는 능력 있음

아이들의 성장

- 이 책은 위인전에 가깝다는 생각이 들었다. 제인 구달의 어릴 적 실제 삶을 기록해 놓았다. 제인 구달은 정말 끈기 있는 사람이라고 생각된다. (이채연, 4학년)
- 처음에 제인이 부모님께 쥬빌레를 받았을 때 나의 애착 인형들이 떠올랐다. 그리고 제인이 공부를 열심히 했다는 것과 호기심이 많은 게 신기했다. 나는 제인이 '제발 침팬지를 연구하고 같이 놀 수 있는 연구원이 되게 해 주세요.'라고 빌었을 것 같다. 그리고 제인이 제인 구달이었다는 것을 보고 깜짝 놀랐다. '내가 왜 제인 구달이라는 것을 예상 못 했지?' 라는 생각을 했다. 제인이 악어클럽을 만들었다는 것을 보고 정말 진심이었구나 하고 느꼈다. 선생님이 제인에 대한 영상도 보여 주셨는데 제인 구달이 참 대단하다는 생각이 들었다. (조서현, 5학년)

I Can Be Anything!
나는 무엇이든 될 수 있어!

Jerry Spinelli, Jimmy Liao

#긍정 #자기탐색 #좋아하는것 #~하는사람er

추천 학년 1 2 3 4 5 6

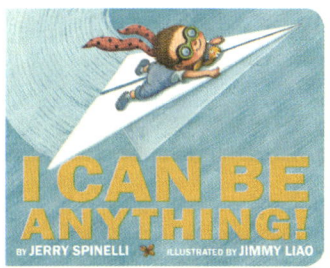

'나는 커서 무엇이 될까?' 스스로에게 질문하는 주인공. 책장을 넘길 때마다 어린아이가 생각할 수 있는 기상천외하고 엉뚱한 직업들을 만날 수 있다. 귀엽고 선명한 색감의 그림은 아이의 순수한 마음을 드러낸다. 무엇이 되고 싶은지 고민하는 아이들에게 자신이 좋아하는 것과 진로에 관해 생각해 볼 시간을 주는 그림책이다.

✅ 어휘 체크

- puddle 웅덩이
- stomp 쿵쾅거리다
- chomp ~을 깨물다
- smooth 매만지다
- soother 달래는 사람
- cross-legged 책상다리를 한
- make-believe 가장, 환상
- critter 생물

Before Reading

- **Where is he flying?** (어디로 날아가고 있을까요?)
- **What can the boy be?** (소년은 뭐가 될 수 있을까요?)

표지의 아이가 어디로 날아가고 있을지 질문한다. "아이가 종이비행기를 타고 모험을 떠나요.", "종이비행기 아래에 있는 동물을 데리고 집으로 가고 있어요." 등 다양한 추측이 나올 수 있다.

칠판에 '나는 (   )이/가 될 수 있어.'라고 쓰고 빈칸에 들어갈 말을 묻는다. 사자와 같은 동물이나 영웅, 영화 캐릭터 등 아이들의 엉뚱하고 기발한 대답을 들을 수 있다.

While Reading

생활 속에서 내가 좋아하는 것 찾기

- **How do you feel about that experience?** (그 경험에 대해 어떤 느낌이 들었나요?)

이 책의 주인공은 종이비행기 접기, 강아지 껴안기, 웅덩이 첨벙거리기와 같이 생활 속에서 하는 일들을 마치 자신의 직업인 양 말한다. 아이들에게 비슷한 경험이 있는지 질문하면 종이비행기를 접어 교실에서 날리다 혼이 났다거나 뱀을 만져 봤다는 등 자신의 경험을 이야기한다. 허용적인 분위기로 아이들의 다양한 경험을 들어 보고, 느낌을 나누어 보자. '정말 좋았다.', '재밌었다.' 등 긍정적인 느낌을 주는 경험들 속에서 자신이 좋아하는 것을 함께 찾아볼 수 있다.

미래의 꿈을 물어보면 많은 아이들이 대답을 주저하거나, 부모님이 원하는 것을 말하기도 하고, '돈 많이 벌기' 등으로 답하기도 한다. 이 책을 읽으면서 아이들에게 자신이 좋아하는 것을 알고 원하는 것을 깨닫는 자기 탐색을 통해 진로를 찾아갈 수 있다고 안내해 주기에 좋다.

직업을 나타내는 명사형 접미사 찾아보기

접미사	단어의 예	접미사	단어의 예
-er	singer, trainer, interviewer	-ian	musician, politician
-or	actor, editor, prosecutor	-ist	pianist, novelist
-ee	employee	-ive	detective
-ant	attendant, accountant	-ary	secretary, missionary

직업을 나타내는 명사형 접미사는 위의 표와 같다. 이 중 그림책에 나온 단어만 살펴본다면 -er는 주로 2음절 정도의 짧은 단어에, -or는 라틴어에서 유래되어 주로 3음절 이상의 긴 단어에 붙는다. 현대에 와서는 계통 구분이 희미해지면서 주로 -er를 붙이는 추세다.

After Reading

모둠별로 그림과 관련 있는 직업 찾기

모둠을 나눈 뒤 그림책 장면들을 보며, 어떤 직업 같은지, 그렇게 생각하는 이유는 무엇인지 이야기 나누어 본다.

고학년은 모둠별로 그림과 관련 있는 실제 직업을 떠올려 보거나 초등 진로 교육 사이트에서 검색하여 찾아볼 수 있다. 모둠에서 토의하는 동안 창의적인 생각들을 나누고 부담 없이 아이디어를 수용할 수 있어 긍정적인 피드백을 주고받을 수 있다.

좋아하는 것과 관련 있는 직업 떠올리기

내가 좋아하는 것 세 가지를 정하고 이와 관련 있는 직업명을 만들어 본다. 그중 하나를 선택해서 그림으로 표현해 보고 관련된 실제 직업이 있는지 인터넷으로 찾아본다. 진로 교육 시간, 자기 탐색 활동으로 적합하다.

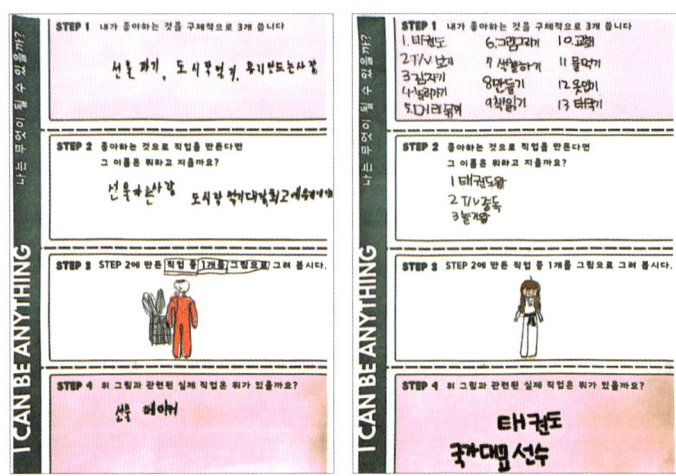

아이들의 성장

- 나도 너처럼 하고 싶은 게 많아. (이하진, 2학년)
- 좋아하는 게 많으면 꿈도 많이 찾을 수 있어. 좋아하는 걸 많이 만들자. (황하연, 4학년)
- 나는 소설을 좋아해서 웹 소설 작가가 되고 싶어. 수학은 정말 싫은데…. 그래도 해야겠지? (박예나, 5학년)

42

Imogene's Antlers
머리에 뿔이 났어요

David Small

#변화 #상상 #가족 #반전 #성교육

추천 학년 1 2 3 4 5 6 | AR 2.6   Lexile 560L

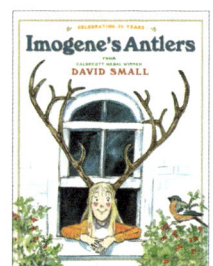

어느 날 아침, 잠에서 깨어난 이모진(Imogene)의 머리에 커다란 사슴뿔이 나 있다. 그 모습을 보고 실신하는 엄마, 재밌어하는 남동생, 놀라는 다른 가족들. 어떻게 해서든 이 난감한 사태를 해결해 보려고 주변 사람들이 나서 보지만, 뾰족한 해결책이 나오지 않는다. 파란만장한 하루를 끝내고 평화로운 얼굴로 침대에 누운 이모진에게 내일은 또 어떤 하루가 펼쳐질까?

✅ 어휘 체크

- **antler** (사슴의) 가지가 난 뿔
- **hang** 걸다, 매달다
- **faint away** 기절하다
- **poke** 쿡 찌르다
- **prod** 찌르다, 자극하다
- **chin** 턱
- **glare** 노려보다, 쏘아보다

- **encyclopedia** 백과사전
- **deck out** 장식하다, 꾸미다
- **wander** 어슬렁거리다
- **milliner** (여성용) 모자 제작자
- **Bravo!** (이탈리아어) 멋지다!
- **consult** (정보를 얻기 위해) 찾아보다
- **thud** 쿵, 툭 (하는 소리)

작가 이야기

데이비드 스몰(1945~)은 글 작가인 부인 사라 스튜어트와 함께 그림책 『The Library』와 『The Gardener』를 작업했으며, 이밖에도 여러 글 작가와 그림책을 펴내며 수많은 상을 받았다. 그의 작품은 밝고 경쾌한 색감으로 인물의 다양한 표정과 동작을 단순하고도 자연스럽게 표현하는 것이 특징이다.

Before Reading

- **This is Imogene.** (뿔을 가리키며) **What are these?** (이 아이 이름은 이모진이에요. 이것은 무엇인가요?)
- **What happened to her?** (이모진에게 무슨 일이 일어났나요?)

'이모진'이라는 이름이 흔치 않으므로 발음을 따라해 보고, 머리에 난 큰 사슴뿔이 antler라는 것을 알려 준 뒤 제목을 읽어 본다. 주인공이 어떻게 창문 밖으로 고개를 내밀었을지, 어떤 내용이 전개될지 예상해 본 다음 책 읽기에 들어간다.

While Reading

상황에 맞는 목소리와 몸짓으로 느낌 살려 읽기

그림책은 32페이지로 분량이 길지 않지만, 어휘의 난도가 높은 편이다. 중간에 다소 어려운 단어들과 프랑스어와 이탈리아어 감탄사도 등장하므로 미리 단어를 꼼꼼하게 체크하고, 어려운 단어를 표현할 때는 몸짓도 더해 아이들의 이해를 높인다.

단어	동작
poke	실제 아이들을 콕콕 찌르면서
glare	힘주어 아이들을 노려보면서
Voilà!(짜잔)	뿌듯한 표정으로 양팔을 펼치면서
Bravo!(멋지다!), Bravissimo!(세계 최고다!)	과장되게 박수를 치면서

시대적 배경을 알 수 있는 요소 찾아보기

- **How is the setting different from today?** (오늘날과 다른 점은 무엇일까요?)

이 책은 1985년에 출판되었다고는 믿기지 않는 세련된 그림체가 특징이다. 하지만 책 곳곳에는 오늘날과 다른 시대 차이가 느껴지는 요소들이 있다. 할아버지가 집 안에서 담배를 피우는 모습이나, 지금은 사용하지 않는 형태의 전화기와 전화번호부 등을 짚어 주면 아이들이 호기심을 보인다.

반전을 암시하는 숨은 단서 찾기

- **Can you find the clue in this page?** (이 페이지에서 단서를 찾을 수 있나요?)

이야기 끝 부분에는 앞으로 무슨 일이 일어날지 미리 알려 주는 단서가 숨어 있다. 마지막 장 직전, 이모진이 잠에서 깨어나는 장면을 자세히 보자. 이모진의 침대 주변이 상당히 어질러져 있어 눈에 잘 띄지 않을 수 있다. 반전의 재미를 위해 단서를 미리 알려 주지 말고 책을 다 읽은 다음에 찾아보자. 공작새 깃털이 마치 침대의 일부분인 것처럼 군데군데 숨어 있다.

'몸에 일어나는 변화'라는 공통점에서 자연스럽게 성교육으로 연결하기

어느 날 갑자기 내 몸에 어떤 변화가 일어난다면? 현실에서는 청소년기에 월경이나 몽정 같은 2차 성징을 생각해 볼 수 있다. 아이들은 이미 여러 번의 성교육을 받았음에도 막상 본인 신체에 변화가 일어났을 때는 당황스러워한다. 이모진처럼 이런 상황을 긍정적이고 자연스럽게 받아들일 수 있도록 성교육과 연결 지어 보자.

After Reading

다양한 직업 알아보기

책 속에 다양한 직업과 역할이 등장한다. 이와 관련된 단어들을 찾아 정리해 보자. 영어 단어를 익히는 데 도움이 된다.

직업	뜻	직업	뜻
doctor	의사	cook	요리사
school principal	교장 선생님	milliner	모자 제작자
kitchen maid	주방 도우미	assistant	조수

불편함을 편리함으로! 슬기로운 사슴뿔 사용법

나에게 사슴뿔이 생긴다면 어떻게 활용할 수 있을지 생각해 보고 그림으로 표현해 보자. 자기가 좋아하는 음식을 전시하거나 무언가를 거는 용도로 사용하는 등 아이들의 다양하고 기발한 아이디어를 엿볼 수 있다.

아이들의 성장

- 이모진의 방 상태는 나의 방과 다를 바가 없구나. 조금 부끄러워지네. (설준, 3학년)
- 만약 내 머리에 뿔이 나면 잘라서 한약 만들어야지~. (김수민, 5학년)
- 이런 반전이 숨어 있을 줄은 생각하지 못했다. 그래도 항상 웃는 이모진이 대견스럽다. (정예은, 6학년)

| 깨알 정보 | '뿔'을 의미하는 antler와 horn

구분	antler	horn
사진		
차이점	가지 형태로 매년 다시 남	단일한 원통형이며 영구적임
해당 동물	사슴	소, 양, 염소

It's Okay to Make Mistakes

Todd Parr

#긍정 #자기격려 #실수 #상황극복

추천 학년 1 2 3 4 5 6   AR 1.5

우리는 누구나 실수를 하며 세상을 살아간다. 그런데 실수가 오히려 좋은 기회가 될 수 있다. 이 책은 여러 가지 상황을 보여 주면서 실수에 대한 새로운 시각을 제시한다. 아이들에게 실수해도 괜찮다고 격려해 주고, 입장을 바꿔 다른 사람의 실수 역시 너그럽게 이해하도록 도와준다. 화려한 색감과 귀여운 그림체로 긍정적인 사고를 전하는 그림책이다.

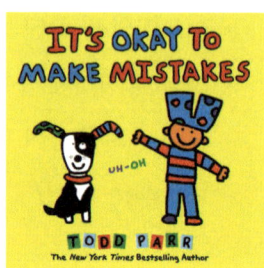

✅ 어휘 체크

- spill 흘리다, 엎지르다
- direction 방향
- discover 발견하다
- cheer on 응원하다
- get back 되돌리다
- clumsy 서투른, 덜렁거리는
- invent 발명하다
- grown-up 성인, 어른

> **Before Reading**

> - **Let's find something strange about the child and the dog.** (강아지와 아이를 보고 이상한 점을 찾아봅시다.)

표지 속 강아지는 양말을 귀에 쓰고 있고, 아이는 바지를 뒤집어쓴 채 양말을 짝짝이로 신고 있는 등 희한한 모습으로 등장한다. 왜 이런 복장을 하고 있는지 제목을 보면서 예측해 보고, 실수했던 경험을 나누어 보자.

> **While Reading**

왼쪽 페이지만 보고 다음 상황 예측하기

> - **What do you think will happen on the next page?** (다음에는 어떤 장면이 나올까요?)

이 책의 왼쪽 페이지는 실수하는 상황, 오른쪽 페이지는 그 실수를 긍정적으로 해결하는 상황을 표현하고 있다. 오른쪽 페이지를 가리고 왼쪽 페이지만 보여 주면서 다음 상황이 어떻게 될지 예상해 보자. 책장을 넘길 때마다 같은 패턴이 반복되기 때문에 아이들은 자연스럽게 오른쪽 페이지를 예상할 수 있다. 예를 들어 왼쪽의 'It's okay to forget umbrella.'를 읽은 뒤 다음에 어떤 내용이 나올지 질문하면, 아이들은 "비 맞으며 재미있게 놀면 돼요.", "비가 개서 무지개를 볼 수도 있어요." 등 우산을 놓고 온 상황을 긍정적으로 해결할 수 있는 여러 가지 방법을 찾아낸다.

반복해서 나오는 'UH-OH'는 아이들과 함께 읽기

> • **Let's read it together.** (이 부분은 함께 읽어 봅시다.)

실수하는 상황마다 'UH-OH' 표현이 효과음처럼 반복해서 나온다. 먼저 선생님이 손가락으로 'UH-OH'를 가리키며 실감 나게 읽어 주다 보면 아이들도 자연스럽게 선생님을 따라 읽게 된다.

실수가 좋은 일이 된 경험 공유하기

> • **Have you ever experienced a mistake that turned out to be a good thing?** (실수가 오히려 좋은 일이 된 경험이 있나요?)

이 책은 모든 사람이 실수하면서 배운다는 내용으로 끝을 맺는다. 실수가 꼭 부정적인 것만이 아님을 이야기하며, 실수로 만들어진 발명품인 '페니실린'을 소개할 수 있다. 이처럼 나에게도 실수가 오히려 좋은 일이 된 경험이 있는지 이야기를 나누어 보자.

> 페니실린은 최초의 항생제로, 세균에 의한 감염을 치료하는 중요한 약물이다. 스코틀랜드 미생물학자 알렉산더 플레밍(Alexander Fleming)은 부스럼의 원인인 포도상구균을 배양하던 중 실수로 배양기 뚜껑을 닫지 않았다. 그 때문에 푸른곰팡이 포자가 날아와 배양기에 붙었고, 다음날 플레밍은 배양기 속 세균이 죽어 있는 것을 발견한다. 이것으로 페니실린이 발명되었고, 수많은 사람의 목숨을 구한 플레밍은 노벨생리의학상을 수상했다.

After Reading

실수가 아니었다면 이 세상에 없었을 발명품

실수로 인해 발명하게 된 물건을 일상생활에서 찾아보자. 좋은 결과를 가져온 실제 사례를 찾아보면 실수에 대한 긍정적인 생각을 가지게 된다. 검색창에 '실수 발명품', '실수 오히려 좋은' 등을 검색하면 다양한 정보를 얻을 수 있다.

〈예시〉 붙임 쪽지, 찍찍이, 잉크젯 프린트, 나일론, 콜라 등

나도 그림책 작가

그림책 작가가 되어 왼쪽 페이지에는 실수하는 상황, 오른쪽 페이지에는 실수가 좋은 방법으로 해결되는 상황을 표현해 보자. 개별 작품으로 만들어도 좋고, 학급 학생들이 만든 작품을 모아 하나의 책으로 완성해 보는 것도 의미가 있다.

아이들의 성장

- 어른들한테 실수하면 혼나고 이해해 주지 않았는데 이 책이 나를 이해해 주니까 고맙다. (김연도, 2학년)
- 긍정적으로 생각하는 상황을 맞추는 게 재미있었다. 그리고 '실수해도 괜찮아, 긍정적으로 생각하자.'는 게 이 책에 담긴 뜻인 것 같다. 캐릭터도 너무 귀엽다. (전우영, 4학년)

Pete the Cat: I Love My White Shoes
고양이 피터 : 난 좋아 내 하얀 운동화

Eric Litwin, James Dean

#긍정 #회복탄력성 #고양이 #색깔

추천 학년 1 2 3 4 5 6 | AR 1.5   Lexile 460

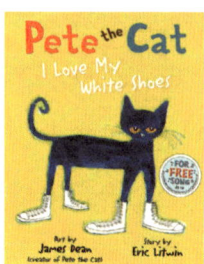

고양이 피트(Pete)는 새로 산 하얀 운동화를 신고 기분 좋게 노래를 부르며 산책하러 나간다. 그러나 실수로 무언가를 밟아 하얀색 운동화가 계속 다른 색으로 변하는데, 피트는 어떻게 반응할까? 예기치 못한 어려움을 만났을 때 어떻게 대처해 나가면 좋을지 생각하게 하면서, 영어 색깔 표현도 함께 익힐 수 있는 그림책이다.

✓ 어휘 체크

- **brand new** 완전 새것인, 신품의
- **step in** 밟다, 들어가다, 끼어들다
- **pile** 수북이 쌓여 있는 무더기
- **awesome** 기막히게 좋은, 굉장한
- **groovy** 멋진, 근사한
- **Rock and Roll** 로큰롤 음악
- **squeak** 끽 하는 소리를 내다
- **moral** 교훈

Before Reading

- **What does Pete look like?** (고양이 피트는 어떻게 생겼나요?)

표지에는 파란색 고양이가 하얀 운동화를 신고 있다. 귀는 쫑긋, 눈은 동그랗게 뜬 채 재미있는 일을 벌일 것 같은 분위기이다. 운동화를 신고 있는 이 특별한 고양이에게 앞으로 어떤 일이 펼쳐질지 이야기 나누어 보자. 참고로 피트(Pete)는 피터(Peter)의 애칭이다.

While Reading

기타 치면서 노래하는 부분은 함께 노래 부르기

- **Let's sing a song together.** (함께 노래를 불러 봐요.)

첫 부분에 'He sang this song.' 이라는 문장과 함께 고양이가 기타를 치면서 노래하는 그림이 나온다. 반복적으로 등장하는 'I love my (색깔) shoes.' 라는 노래 가사는 아이들이 같이 부르도록 한다. 동영상 사이트에서 'Pete the cat' 을 검색하면 노래로 만들어진 동영상이 많다. 부르기 쉽고 중독성이 있어서 아이들이 즐겁게 따라 한다. 노래를 통해 리듬을 즐기며 자연스럽게 영어 표현을 익히기에 매우 효과적이다.

반복되는 표현은 함께 읽기

- **What color did his shoes turn?** (신발은 어떤 색으로 변했나요?)

피트는 걸어가다가 딸기, 블루베리, 진흙 등을 밟는다. 깨끗한 새 운동화가 더럽혀져서 기분이 안 좋아질 만한 상황이다. 하지만 그럴 때마다 피트는 새롭게 변한 신발을 보며 노래를 부른다. 그때 교사가 'What color did it turn his shoes?'를 읽어 아이들이 그다음 장면을 보며 대답하도록 유도한다. 아이들은 신이 나서 'Red!'라고 읽는다. 이렇게 서로 번갈아 읽으면서 영어로 색깔 표현을 쉽게 배울 수 있다.

마찬가지로 피트의 신발이 더러워졌을 때마다 피트가 울었는지 물어보는 'Did he cry?'의 대답인 'Goodness, no!'도 아이들이 읽게 하면 신이 나서 따라 읽는다.

색깔에 어울리는 대상 찾아보기

> - **What else are there that is in red/blue/brown/white?** (빨간색, 파란색, 갈색, 흰색 인 것은 또 무엇이 있나요?)

피트의 신발 색깔은 피트가 밟은 것에 따라 변한다. 책 속에 나오는 것 외에도 다양한 예시를 생각해 보면서 색깔에 맞는 대상의 이름을 영어로 이야기해 본다. 예를 들어 빨간색인 것은 apple, rose, red pepper 등이 있고, 파란색인 것은 blue sky, blue sea 등이 있으며, 갈색인 것은 crust, tree trunk, horse 등이 있다. 또 흰색인 것은 white cotton candy, snow, ice cream 등이 있다.

마지막 장면을 보며 주제 확인하기

> - **What is the lesson from this book?** (이 책의 교훈은 무엇일까요?)

마지막 장면은 이 책에서 주는 교훈을 명시하고 있다. 의미를 함께 이야기해 보자. 'No matter what you step in, keep walking along and singing your song.' (어떤 상황에 처하더라도

좌절하지 말고 즐기며 너의 길을 가라.) 『Pete the Cat』은 시리즈물로도 유명한데, 긍정적인 자세를 잃지 않고 다시 도전하거나 끈기를 가지는 주인공의 모습을 통해 다양한 교훈을 제시하니 다른 책도 함께 읽어 보면 좋다.

 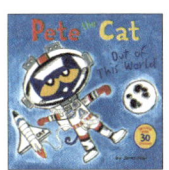  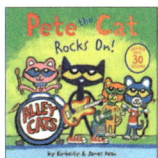

『Pete the Cat: Screams for Ice Cream!』 『Pete the Cat: Out of This World』 『Pete the Cat: Firefighter Pete』 『Pete the Cat: Rocks On!』

After Reading

나만의 운동화 만들기

피트가 그랬던 것처럼 다양한 색을 사용하여 나만의 운동화를 창의적으로 그려 보자. 또는 실내화를 자신이 좋아하는 색깔로 디자인하여 꾸며 볼 수도 있다. 자신이 직접 완성한 실내화를 신어 보며 즐거움을 느낄 수 있다.

노래 가사 만들어서 노래 부르기

아래와 같이 자기가 좋아하는 대상을 선택하고 알맞은 색깔을 넣어 노래 가사를 쓴다.

음악에 맞춰 자신이 만든 가사로 노래를 불러 보자.

〈노래 가사 만들기 예시〉

I love my red apples.

I love my red roses.

I love my blue T-shirts.

아이들의 성장

- 고양이의 신발처럼 색깔이 변하는 신발이 있으면 좋겠다. (이재은, 2학년)
- 고양이가 기타를 치며 노래 부르는 것이 재미있다. 자려고 누웠는데 노래가 생각이 났다. (허유진, 3학년)
- 비 오는 날 운동화가 젖고 얼룩져서 걸을 때마다 짜증이 났는데 피트를 보니 나도 그런 상황이 되면 긍정적으로 생각해야겠다는 마음이 들었다. (이지연, 4학년)

How to Lose All Your Friends
친구를 모두 잃어버리는 방법

Nancy Carlson

#우정 #친구 #새학기 #학급세우기 #유머

추천 학년 1 2 3 4 5 6 | Lexile 480L

절대 웃지 말고, 못되게 굴고, 고자질하라! 이 책은 '친구를 모두 잃어버리는 방법'이라는 황당한 내용으로 구성되었지만, 사실 책을 읽고 나면 아이들이 반대로 친구를 사귀는 방법을 배울 수 있다. 또한 직설적이고 재미있는 표현으로 아이들은 책장이 넘어갈 때마다 웃음을 터뜨리며 책의 내용에 푹 빠져든다. 새 학년 새 학기, 친구를 잘 사귈 수 있을지 고민하는 아이들에게 읽어주기 좋은 그림책이다.

✅ 어휘 체크

- **cranky** 짜증을 내는
- **frown** 눈살을 찌푸리다
- **scare somebody off** ~에게 겁을 주다
- **throw a tantrum** 짜증을 부리다
- **play tag** 술래잡기하다
- **tattle** 고자질하다
- **whine** 징징거리다
- **irritate** 짜증나게 하다

Before Reading

- **Why do they look bad?** (왜 친구들의 표정이 좋지 않을까요?)
- **What are the ways to lose all your friends?** (친구를 모두 잃어버리는 방법에는 어떤 것들이 있을까요?)

표지에는 인형, 장난감, 라켓 등을 잔뜩 들고 있는 남자아이와 그 아이에게 등을 돌린 채 안 좋은 표정을 짓고 있는 친구들이 그려져 있다. 이 부분에 주목하며 왜 친구들의 표정이 좋지 않은지 물어보면 아이들은 제목과 관련지어 금방 답을 생각할 수 있다.

친구를 잃어버리는 방법에는 어떤 것이 있을지 이야기 나누어 보자. 책을 읽으면서 내가 생각한 방법이 나온다면 아이들의 몰입도가 자연스레 높아질 것이다.

While Reading

친구를 잃어버리는 여섯 가지 방법 짚어 보기

이 책에는 친구를 잃어버리는 방법을 여섯 가지 주제어(Never smile, Never share, Be a bully, Be a poor sport, Tattle, Whine)와 자세한 그림으로 소개하고 있다. 주제어를 가리고 그림만 살펴보며 어떤 내용인지 이야기 나누어 본다. 책을 다 읽고 나면 여섯 가지의 방법을 칠판에 쓰면서 나열해 보자. 아이들은 자연스럽게 이 방법들이 친구들에게 하지 말아야 할 행동이라고 생각하게 된다.

그림 속 친구들의 표정 자세히 살펴보기

- **Look at their faces carefully.** (친구들의 표정을 자세히 보세요.)

그림 속 친구들의 표정을 자세히 살펴보면, 한 아이가 특정한 행동을 했을 때 친구들이 느낀 불쾌함이 잘 표현되어 있다. 친구들의 표정에 짜증이 묻어 있기도 하고, 겁에 질려 있기도 하고, 심지어 울기도 한다. 이러한 표정 변화를 짚어 주며 아이들이 책 속 친구들의 싫은 감정에 공감할 수 있도록 해 보자.

친구들에게 쿠키를 주는 마지막 장면 짚어 보기

친구를 모두 잃어버린 여자아이가 쿠키를 혼자 다 먹을 수 있는데도 왜 친구들에게 쿠키를 나누어 주었을지 이야기해 보자. 여자아이는 친구들과 나누어 먹는 행복이 혼자 쿠키를 다 먹었을 때의 행복보다 훨씬 크다는 사실을 알게 된 듯하다. 작가는 반어적인 표현을 사용하여 결과적으로는 친구를 사귀는 방법을 상세히 알려 주고 있다.

After Reading

이런 친구 좋아요/이런 친구 싫어요

새 학년 새 학기 학급 세우기의 일환으로 '내가 싫어하는 친구의 모습/내가 좋아하는 친구의 모습 적기' 활동을 할 수 있다. 쪽지를 나누어 주고 내가 싫어하는 친구의 모습과 내가 좋아하는 친구의 모습을 각각 하나씩 적게 하고 이를 모은다. 모은 뒤에는 학급 게시판에 붙여 전시하거나, 학생들이 차례대로 뽑아 읽어 보며 모두의 생각을 공유해 보자. 싫어하는 친구의 모습처럼 행동하지 말고, 좋아하는 친구의 모습대로 행동하기를 서로 약속하며 활동을 마무리한다.

'How to make friends' 책 만들기

만약 이 책의 제목이 'How to make friends'였다면 책의 장면이 어떻게 바뀌었을지 질문해 보고, 이에 대한 답변을 그림으로 표현해 보자.

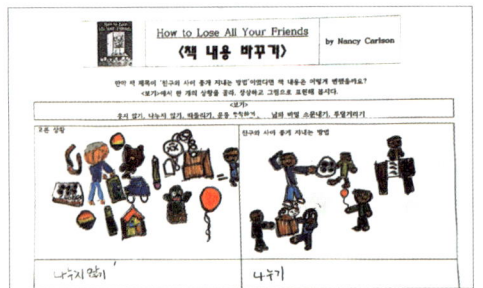 

아이들의 성장

- 친구가 싫어하는 걸 하면 모두 떠나가고 혼자 남게 돼요. (김사랑, 2학년)
- 친구를 잘 사귀기 위해서는 친구를 배려하는 게 가장 중요하다는 걸 느꼈어. (강한별, 4학년)
- 실제로는 차마 할 수 없는 행동들을 저렇게 대놓고 하다니. 재미있네. (송준규, 6학년)

46

I'm the Best
내가 최고야

Lucy Cousins

#비교 #잘난척 #장점 #잘하는것

추천 학년 1 2 3 4 5 6   AR 1.1

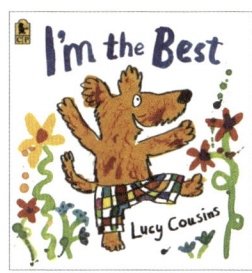

주인공 강아지는 자신이 잘하는 것을 친구들과 비교하며 잘난 체를 한다. 하지만 반대로 친구들이 잘하는 것을 자신과 비교하자 기세등등한 모습을 잃고 속상해한다. 내가 꼭 모든 것을 다른 친구들보다 잘해야만 행복할까? 주인공의 모습을 통해 자신을 인정하고 친구를 존중하는 태도의 중요성을 배울 수 있는 그림책이다.

✅ 어휘 체크

- **ladybug** 무당벌레
- **mole** 두더지
- **goose** 거위
- **donkey** 당나귀
- **silly** 바보 같은, 어리석은
- **show-off** 잘난척쟁이
- **mean** 못된, 심술궂은
- **fluffy** 솜털 같은, 푹신해 보이는

작가 이야기

루시 커진즈(1964~)는 전 세계 아이들에게 큰 사랑을 받는 캐릭터 '메이지 시리즈'를 그린 유명 작가이다. 자신이 어렸을 때 좋아했던 것을 떠올리며 아이들의 눈높이에 맞는 이야기를 만들어 낸다. 작가는 자신이 어렸을 때 테니스 대회에서 이긴 뒤 주변 가족과 친구들에게 자랑하고 다닌 경험을 계기로 이 책을 쓰게 되었다고 한다.

Before Reading

- **What is making the dog look happy?** (왜 강아지는 행복해 보일까요?)

주인공 강아지의 표정에 주목하며 웃고 있는 이유를 추측해 보자. 제목과 함께 생각해 본다면 책 내용에 근접한 다양한 답변이 나올 것이다. 주인공 강아지가 책의 마지막까지 웃는 표정을 유지할 수 있을지 확인해 보기로 하고 책 읽기를 시작한다.

While Reading

반복되는 표현은 함께 읽기

- **What did the dog say to his friends?** (주인공 강아지가 친구들에게 뭐라고 했나요?)

장면마다 'I win. I'm the best.' 문장이 반복된다. 교사가 책을 처음 읽어 줄 때 주인공이 으스대면서 자랑하는 듯한 말투로 실감 나게 읽어 준 뒤, 책을 넘기면서 같은 표현이 나올 때마다 아이들이 함께 읽도록 유도한다. 해당 표현을 쉽게 익힐 수 있을 뿐만 아니라 책 내용에 몰입하는 데 도움이 된다.

등장인물의 표정에 집중하기

> ▪ **What does the dog's face look like?** (강아지 표정이 어떤가요?)

주인공 강아지가 친구들에게 자신의 자랑을 늘어놓을 때의 표정과, 친구들이 자랑할 때의 표정, 마지막에 서로 격려하며 안아 줄 때의 표정을 비교해 본다. 첫 번째는 그저 자랑하기에 바빠 신난 표정, 두 번째는 눈물을 흘리며 속상해하는 표정, 세 번째는 편안하고 행복해 보이는 표정 변화를 확인할 수 있다.

이번에는 강아지의 자랑을 듣는 친구들의 표정에 주목해 본다. 모두 의기소침하고 슬픈 표정을 짓고 있다. 아이들에게 혹시 주인공 강아지처럼 친구들의 기분을 생각하지 않고 자랑한 적은 없는지, 다른 친구들이 자랑하는 것 때문에 기분이 나빴던 적은 없는지 스스로 되돌아볼 수 있게 질문해 보자.

배려와 존중의 덕목에 관해 이야기하기

작가는 이 책에서 다른 사람들과 함께 부족한 부분을 채울 때 더 좋은 세상을 만들 수 있음을 이야기한다. 내가 잘하는 것이 있듯이 상대방에게도 잘하는 것이 있으며, 서로 배려하고 존중할 때 더 좋은 관계를 만들 수 있다는 사실을 통해 아이들은 배려와 존중의 의미를 깨달을 수 있다.

After Reading

장점 쇼핑몰 열기

책 속 동물 친구들에게 각각 잘하는 것이 있듯이 아이들도 저마다 다양한 장점을 갖고 있다. 내가 가지고 싶은 다른 친구의 장점을 사고 나의 장점을 파는 장점 쇼핑몰 활동을 해 보자. 자신이 잘하는 것이 무엇인지 찾아보며 자존감을 높이고, 동시에 남을 존중하는 마음까지 배울 수 있다.

〈활동 방법〉
1. 나의 장점 세 가지를 붙임쪽지에 적어서 옷 앞에 붙인다.
2. 서로 돌아다니면서 다른 친구들의 장점 중 내가 사고 싶은 것 세 개를 가져온다. 겹치는 경우 가위바위보로 결정한다.
3. 갖고 싶은 장점을 이루기 위한 나의 다짐 세 가지를 적는다.

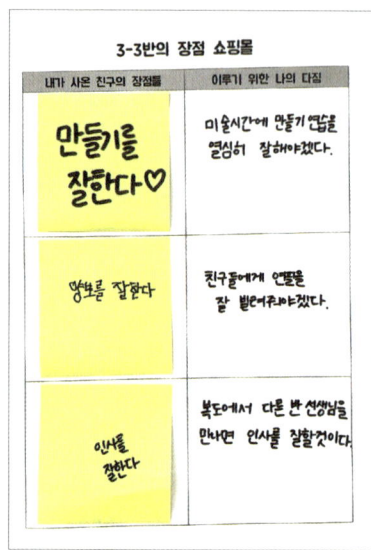

아이들의 성장

- 마지막에 친구들과 화해하는 모습이 인상 깊었어. (조민서, 1학년)
- 매일 잘난 척만 하는 우리 오빠가 생각났어. (성혜진, 2학년)
- 나도 피아노를 잘 치지만 주인공처럼 잘난 척을 했다가는 친구가 다 사라질 것 같아. (김승현, 3학년)

47

Lost and Found
다시 만난 내 친구

Oliver Jeffers

#우정 #친구 #외로움 #공감

추천 학년 1 2 3 4 5 6   AR 2.9

어느 날, 소년의 집에 펭귄이 찾아온다. 소년은 펭귄의 슬픈 표정을 보고 길을 잃었다고 생각하고 펭귄이 집을 찾을 수 있게 도와주기로 결심한다. 하지만 과연 펭귄은 고향으로 돌아가고 싶은 것일까? 우정에서 무엇이 중요한지 생각해 보고, 특히 상대방의 마음을 알아보는 것이 왜 중요한지, 관계를 견고하게 하는 방법에는 무엇이 있을지 생각해 볼 수 있는 그림책이다.

✅ 어휘 체크

- Lost and Found 분실물 센터
- disappointment 실망
- float 뜨다
- discover 발견하다
- harbour=harbor 항구
- delighted 기쁜
- realise 깨닫다, 인식하다
- set off for 출발하다

Before Reading

- **What does 'Lost and Found' mean?** ('Lost and Found'의 뜻은 무엇인가요?)
- **What are they doing?** (그들은 무엇을 하고 있을까요?)

작가가 실제로 길을 잃었던 경험에서 이 이야기가 탄생했다는 사실을 알려 주고, 아이들과 함께 이와 비슷한 경험을 한 적이 있는지 이야기 나누어 본다. 길을 잃거나 물건을 잃어버렸을 때 어디로 가야 하는지 생각해 보고, Lost and Found의 뜻을 유추해 보게 한다. 또 제목의 뜻을 바탕으로, 표지의 소년과 펭귄이 무엇을 하고 있을지 상상해 본다.

While Reading

우정의 시작 지점 확인해 보기

- **What did they take to travel?** (그들은 여행에 무엇을 가지고 갔나요?)

남극 여행을 앞두고 여행 가방을 싸는 장면에서 소년과 펭귄이 각각 무엇을 가지고 가는지 자세히 관찰하자. 특히 펭귄이 들고 있는 물건은 그림으로 정확히 알아보기 어려워 아이들에게서 양말, 목도리 등 다양한 대답이 나온다. 이 물건을 왜 가지고 가는지 그 이유도 함께 이야기해 보자.

책 뒷부분에서 소년이 들고 있던 우산은 펭귄의 배가 되고 펭귄이 들고 있던 모자는 소년이 쓰고 있는 것을 볼 수 있다. 자신을 위한 것이 아니라 서로를 위한 물건을 준비한 주인공들. 이 장면에서 둘의 우정은 여행을 떠나기 전부터 시작되었음을 짐작해 볼 수 있다.

둘이 어긋나는 장면에서 분위기를 살려 읽기

'Quickly he turned the boat'로 시작하여 소년이 다시 남극으로 돌아오는 부분은 긴장감을 주기 위해 가쁜 호흡으로 조금 빠르게 읽는다. 'but he was nowhere to be found' 이후 문장은 실망한 감정을 담아 점점 느리고 낮아지는 목소리로 읽어 분위기를 살리자.

친구를 사귀는 방법 생각해 보기

다시 이 책의 시작으로 돌아가 보자. 소년은 펭귄의 슬픈 표정을 보고 길을 잃었다고 확신했다. 우리는 상대방이 원하는 것이 무엇일지 내 입장에서 추측하고 상대방을 도와주기 위해 노력하지만, 이는 진정한 의미의 배려가 아닐 수 있다. 소년이 펭귄의 마음을 알기 위해서는 어떻게 했으면 좋았을지 다시 한번 질문해 보자. 이를 통해 상대방을 진정으로 배려하는 방법이 무엇인지 이야기 나누고, 상대방의 마음을 헤아리는 방법과 친구를 대하는 바람직한 태도에 관해서도 깊이 생각해 볼 수 있을 것이다.

After Reading

여행 가방 꾸리기

주인공과 펭귄이 여행 가방을 꾸리는 장면은 매우 중요한 부분이다. 아이들에게 여행을 떠난다면 누구와 함께 갈지, 무엇을 가지고 갈지 생각해 보게 한 뒤 여행 가방 꾸리기 활동을 해 보자. 그리고 그 물건을 왜 가지고 가는지 이유도 함께 적어 보도록 하자.

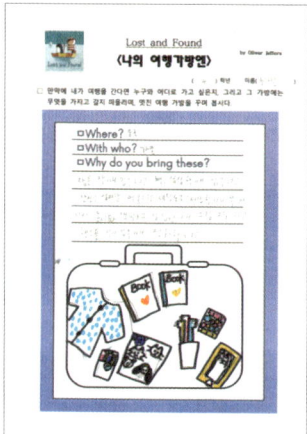 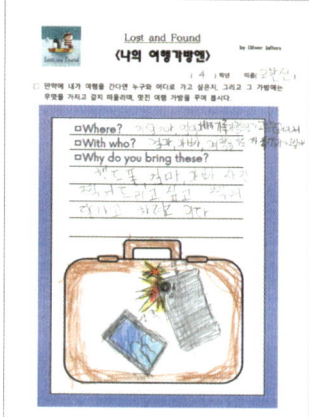 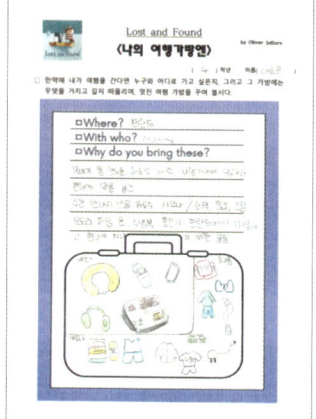

아이들의 성장

- 처음에 소년이 펭귄의 마음을 알아채지 못한 것이 아쉬웠다. (오한선, 2학년)
- 소년과 펭귄이 서로를 찾으러 갈 때, 길이 엇갈려서 '안 돼!'라고 생각했는데 만나서 참 다행이다. (안라엘, 3학년)
- 소년이 떠나서 펭귄이 속상해하는 부분이 마음이 아팠다. (신지아, 4학년)
- 펭귄이 길을 잃은 것이 아니라 외로운 것이라는 사실이 놀랍다. 나중에 둘이 친구가 되어서 좋았다. (최시은, 5학년)

48

Ping
핑!

Ani Castillo

#우정 #관계맺기 #소통 #용기

추천 학년 1 2 3 4 5 6

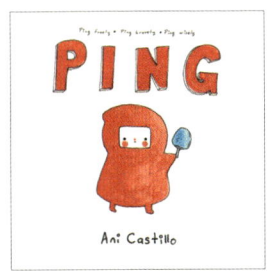

사람들 사이의 연결과 소통에 관해 단순하면서도 깊이 있게 탐구하는 그림책이다. 'Ping'과 'Pong'을 사용하여 우리가 타인에게 다가가는 방식과 타인이 우리에게 응답하는 방식을 은유적으로 표현하였다. 사랑스러운 그림이 아이들의 호기심을 불러일으키지만 내용은 가볍지 않다. 다른 사람과 관계 맺기에 상처와 두려움을 가진 아이들에게 어떤 자세로 다가가야 하는지 알려 주는 지표가 되는 그림책이다.

✓ 어휘 체크

- **freely** 자유롭게, 막힘없이
- **bravely** 용감하게, 훌륭하게
- **wisely** 사려 깊게
- **belong to** ~에 속하다
- **possibility** 가능성, 기회
- **imagine** 상상하다
- **up to you** 너에게 달렸어
- **burst out** 갑자기 ~하기 시작하다

Part 2. 특별한 관계 _ 나, 너, 사회와의 관계

Before Reading

- **What is the child doing on the cover of the book?** (표지 속 아이는 무엇을 하고 있나요?)

　제목을 읽기 전 표지 속 빨간 옷을 입은 아이가 들고 있는 물건이 무엇인지 이야기를 나누어 본다. 이후에 제목을 함께 읽어 보며 Ping이 무슨 뜻일지, 제목을 들었을 때 무엇이 떠올랐는지 이야기 나눈다.

　표지의 겉 커버를 벗기면 하드커버에 수많은 탁구공이 등장한다. 이 그림을 보면 아이들은 주인공이 들고 있는 것이 탁구채라는 것을 자연스럽게 알게 된다. 이때 Ping-Pong은 table tennis와 마찬가지로 '탁구'를 뜻한다는 것을 알려 주고, 왜 책 제목이 Ping-Pong이 아니라 Ping일지 질문하며 이야기를 시작하자.

While Reading

Ping과 Pong의 개념 알기

　그림책에서 Ping은 우리가 다른 사람에게 보내는 말, 행동, 신호를 의미한다. 얼굴을 마주 보며 말하는 것만이 Ping이 아니며, 노래나 그림 등 다양한 방식도 Ping이 될 수 있다. Pong은 상대방의 반응을 말한다. 상대방의 반응 역시 다양하게 나타날 수 있으며, 그것은 우리가 생각한 것과 같지 않을 수 있음을 알려 주자.

용기와 인내로 Pong 맞이하기

　우리가 Ping을 보낼 때 즉각적인 Pong이 돌아오지 않을 수 있으며, 아무리 노력해도 우리가 기대한 반응을 얻지 못할 수 있다. Pong은 내가 아니라 상대가 결정하는 것이기 때문이다. 내가 보낸 Ping에 예상치 못한 상대방의 반응을 받아 본 경험을 이야기 나눠 보

자. 이때 아이들이 잘 생각하지 못하면 교사의 경험을 예로 들어도 좋다.

상대의 반응이 두려워 Ping을 보내지 않는다면 우리는 세상과 소통할 수 없다. 우리가 Ping을 보내야 Pong을 받을 수 있으므로 두렵더라도 용기를 갖고 적극적으로 Ping을 보낼 수 있도록 격려해 주자.

친절과 배려의 Ping 보내기

Ping은 상대가 처한 상황에 따라 다르게 받아들여질 수 있다. 무턱대고 Ping을 보내면 내가 기대한 Pong을 받지 못할 확률이 크다. 받아 본 Ping 중 기분이 좋았거나 나빴던 경험을 이야기해 보자. 타인의 감정을 배려하고 공감하는 마음으로 Ping을 보내면, 기분 좋은 Pong을 받을 가능성이 높아진다는 것을 아이들 스스로 깨닫게 될 것이다.

After Reading

감정 주고받기 공놀이

원형으로 둘러앉아 "오늘 기분이 어때?", "체육이 들어서 나는 기분이 좋은데, 넌 어때?" 같은 질문을 하며 상대방에게 공을 보낸다. 공을 받은 사람은 친구의 질문에 알맞은 대답을 하며 Ping과 Pong을 연습한다.

공을 주고받는 과정에서 다양한 인사와 응답이 오고 갈 수 있으며, 이를 통해 서로의 반응이 소통에 어떤 영향을 미치는지를 간접적으로 체험할 수 있다.

긍정의 Ping을 담은 주머니

학급 아이들 각각의 주머니를 게시판에 걸어 둔다. 12월에 그림책을 읽고 활동을 한다면 표지의 빨간 옷이 산타클로스를 연상하기에 선물 주머니처럼 빨간색 산타 양말을 준비하는 것도 좋다. 12월이 아니라면 학생들의 개성이 담긴 주머니를 만들거나 간단하게 봉투를 준비하면 된다.

제비뽑기로 마니토를 뽑고, 기간을 정해 마니토에게 긍정의 Ping을 보낸다. 마니토뿐만 아니라 다른 친구들에게도 긍정의 Ping을 보낼 수 있다. 이때 메시지를 보낸 사람의 이름을 적게 하여, 마니토를 공개한 후 감동을 준 메시지에 긍정의 Pong을 보낼 수 있도록 한다. 다른 사람과 칭찬을 주고받는 과정을 통해 자존감을 높이고, 상대방에게 다가가는 올바른 방법을 체득할 수 있을 것이다.

아이들의 성장

- Pong을 못 받아도 괜찮아. 너무 실망하지 말자. (강준우, 2학년)
- 친구가 울 때 휴지를 갖다주고 토닥여 주었는데 고맙다는 대답을 못 들어서 속상한 적이 있었다. 내가 Ping을 하더라도 Pong을 못 받거나 다른 방법으로 받을 수 있다. 그러니까 속상해하지 말자. (백초은, 6학년)

Stick and Stone
막대기랑 돌멩이랑

Beth Ferry, Tom Lichtenheld

#우정 #친구 #외로움 #성장

추천 학년 1 2 3 4 5 6   AR 1.2   Lexile 250L

숫자 1을 닮은 막대기와 숫자 0을 닮은 돌멩이의 이야기이다. 생긴 모양도 다르고 성격도 다른 막대기와 돌멩이가 만나 어떻게 친구가 될 수 있을까? 혼자 외롭게 지내던 막대기와 돌멩이가 우연히 만나서 함께 어울리며 어려운 일을 극복해 나가는 과정을 통해 친구 관계와 우정에 관해 생각해 볼 수 있는 그림책이다.

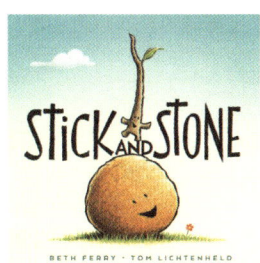

✅ 어휘 체크

- **make fun** 놀리다
- **vanish** 사라지다
- **do the trick** 효과가 있다
- **stick up for** 옹호하다
- **windblown** 바람에 날려 구부러진

- **hold on** 꽉 잡아, 버텨
- **cowabunga** 자, 간다, 만세, 해냈다
- **kersplash** 첨벙거리다
- **rock** 멋있다, 끝내주다
- **needle** 괴롭히다

Before Reading

- **What are the differences between Stick and Stone?** (막대기와 돌멩이의 차이점은 무엇일까요?)
- **What will happen between them?** (막대기와 돌멩이에게 어떤 일이 일어날까요?)
- **Where is Stick and Stone from?** (막대기와 돌멩이는 어디에서 왔을까요?)

표지를 보면 돌멩이 위에 막대기가 세워져 있다. 먼저 막대기와 돌멩이의 공통점과 차이점을 알아본 다음, 이 둘에게 어떤 일이 벌어질지 예상해 본다.

앞 면지를 보면 나무 한 그루가 그려져 있고 그 나무에서 가지 하나가 떨어져 나와서 날아간다. 막대기가 어디서 왔는지를 보여 주는 장면이다. 그리고 뒤 면지를 살펴보면 화산 그림이 나오고 그 옆에 돌멩이 하나가 튀어나와 굴러간다. 이 장면을 통해 돌멩이가 어디에서 왔는지 알 수 있다.

While Reading

막대기와 돌멩이의 감정 살려 읽기

- **What does Stick's face look like?** (막대기의 표정은 어떤가요?)
- **How does Stone feel?** (돌멩이의 기분은 어떤가요?)

책을 읽으면서 막대기와 돌멩이의 표정 변화를 살펴보자. 막대기와 돌멩이가 각자 혼자 있었을 때의 표정과 친구가 되어 함께 있을 때의 표정을 비교해 보면 시무룩함과 기쁨의 표정들이 뚜렷이 대비된다. 이러한 표정에 맞게 막대기와 돌멩이가 혼자 있을 때는 외로워하는 감정을 살리고, 함께 지낼 때는 즐거운 감정을 살려서 읽어 준다. 허리케인이

불어와 둘이 헤어졌을 때는 두려움과 슬픔이 드러나게 읽어 준다.

한편, 태풍이 불어와 막대기가 날아가 버리자 돌멩이는 막대기를 찾으러 다닌다. 막대기를 부르는 소리의 글자가 커짐에 따라 점점 목소리를 키워 가며 읽어 주면, 아이들의 몰입도가 높아진다.

막대기 구출 방법 탐색하기

- **What would you do if you were Stone?** (만약 돌멩이 입장이라면 어떻게 했을까요?)

웅덩이에 빠진 막대기를 발견했을 때 돌멩이는 어떤 방법으로 도와줄까? 만약 내가 돌멩이였다면 막대기를 어떻게 구해 낼 수 있을지 이야기해 보자. 자신이 예상한 방법과 돌멩이가 막대기를 구해 내는 장면을 비교하며 책을 읽어 보자.

숫자 10의 의미 알아보기

책 끝부분에는 막대기와 돌멩이가 만나서 완벽한 숫자 10을 만들었다고 하는 장면이 나오는데, 10이라는 숫자가 어떻게 완벽한 숫자가 되는지 함께 이야기해 본다. 0은 아무것도 없는 것을 뜻하고 1은 처음 시작하는 작은 숫자이다. 하지만 둘이 모여 10이 되면 0에서 9까지의 수를 넘어서는 첫 번째 두 자릿수가 된다.

신화적 의미에서 숫자 10은 우주를 나타내는 수이자 모든 수를 포함하는 수라고 한다. 기독교에서는 모세의 십계를 의미하고, 피타고라스학파에서는 완전성을 의미하며, 로마에서 10은 완성의 상징이라고 한다.

After Reading

뒷이야기를 네 컷 만화로 꾸미기

책 내용을 생각하면서 뒷이야기를 상상해 네 컷 만화로 그려 본다. 다시 만난 막대기와 돌멩이가 어떻게 우정을 이어 나갈지 이야기를 만들거나, 앞으로 어떻게 살게 될지 그려 볼 수도 있다.

  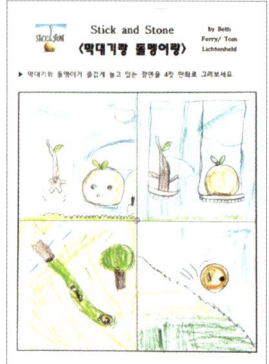

아이들의 성장

- 바닷가에서 막대기와 돌멩이가 노는 장면이 행복해 보여. (김지우, 2학년)
- 1과 0은 작은 숫자지만 10은 큰 숫자야. (이한결, 3학년)
- 돌멩이가 막대기를 구하는 장면이 기억에 남아. 나도 어려움에 처한 친구를 돌멩이처럼 도울 수 있으면 좋겠어. (김재은, 4학년)

Superworm
꿈틀꿈틀 왕지렁이

Julia Donaldson, Axel Scheffler

#우정 #협동 #영웅 #라임

추천 학년 1 2 3 4 5 6　　AR 2.6　Lexile 490L

몸이 아주 길고 힘이 센, 친구들이 위기에 처하면 어디서든 나타나 구해 주는 영웅 슈퍼웜(Superworm). 이런 슈퍼웜이 사악한 마법사 도마뱀에게 납치되고, 슈퍼웜을 구출하기 위해 머리를 맞대고 협동하는 숲속 동물들의 진한 우정이 인상적으로 펼쳐진다. 모든 문장에 라임이 살아 있고 반복되는 챈트를 따라 읽는 재미가 있어 아이들에게 인기 만점인 그림책이다.

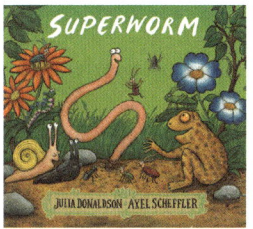

어휘 체크

- wiggle 꿈틀꿈틀 움직이다
- squirm 꿈틀대다
- lasso 올가미 밧줄로 잡다
- mope 맥이 빠져 지내다
- disaster 참사
- drown 익사하다
- slug 민달팽이
- earwig 집게벌레
- lair 야생 동물의 굴
- grim 음침한, 음산한
- shriek 날카롭게 소리를 지르다
- writhe 온몸을 비틀다
- cross 짜증 난
- slink 살금살금 움직이다

Before Reading

- **Who is the Superworm?** (누가 슈퍼웜일까요?)
- **Why do they call him Superworm even though he looks weak?** (지렁이는 약해 보이는데, 왜 슈퍼웜이라고 불릴까요?)

표지 그림과 제목을 살펴보며 등장인물의 특성과 내용을 추측해 보자. 먼저, 숲속의 여러 동물 중 슈퍼웜이 누구일지 맞혀 본다. worm의 뜻을 모르더라도 다른 동물들이 미소 지으며 모두 지렁이를 쳐다보고 있어서 쉽게 알 수 있을 것이다.

별 능력이 없고 약해 보이는 지렁이가 어떻게 '대단한'이라는 뜻을 가진 super를 붙여 Superworm이 되었을지 이야기해 보자. 아이들은 "커서요.", "힘이 세서요."라고 대답하며 슈퍼웜의 특징을 예상해 볼 수 있다.

While Reading

라임이 비슷한 단어들 찾아보기

- **What are some words with the same ending sounds?** (끝소리가 같은 단어는 무엇일까요?)

이 책의 문장은 짧고 간결하지만, 리듬감과 운율이 느껴진다. 아이들이 직접 글 속에서 라임이 같은 단어들을 찾아보게 하자. 라임에 따라 동작을 정한 후, 선생님이 불러 주는 단어의 소리를 동작으로 표현해 본다. 단어를 불러 줄 때 비슷한 소리를 헷갈리게 넣거나, 불러 주는 속도를 조절하면 훨씬 재미있다. 소리에 익숙해지면 라임이 같은 단어들이 쓰인 문장을 함께 읽어 본다.

〈라임에 맞춘 동작 예시〉
- [wɜːrm] squirm, superworm : 손가락으로 m 모양 만들기
- [oʊd] toad, road : 손으로 d 모양 만들기

아이들을 챈트와 문장 읽기에 참여시키기

- Let's chant together. (함께 챈트를 불러 봅시다.)
- Let's read the big letters in a loud voice. (큰 글자는 큰 소리로 읽읍시다.)

이야기의 전개 부분은 슈퍼웜이 어려움에 처한 동물을 도와주고, 친구들이 슈퍼웜을 칭찬하는 챈트가 반복되는 구조이다. 아이들이 재미있게 읽기에 참여할 수 있도록 슈퍼웜을 칭찬하는 챈트가 나올 때는 박자에 맞춰 함께 불러 본다.

도마뱀과 까마귀가 슈퍼웜을 괴롭히는 절정 부분에도 까마귀의 챈트가 나온다. 앞서 나온 챈트와 운율과 리듬은 같게 부르되, 까마귀의 특징을 살려 크고 무서운 목소리로 부른다. 인터넷에서 음원을 검색하면 찾을 수 있으니, 반주도 틀어 주자.

각 동물의 재능을 이용하여 협동하는 방법 생각해 보기

- How can I use my talents to help others? (내가 가진 재능을 활용해서 다른 사람을 돕는 방법은 무엇일까요?)

슈퍼웜은 자신의 장점을 활용해 동물 친구들을 돕는다. 돕는 장면을 보여 주기 전 잠깐 멈추고 슈퍼웜이 어떻게 도와주었을지 방법을 생각해 본다. 또 슈퍼웜이 위기에 처했을 때 동물 친구들이 슈퍼웜을 구출하기 위해 돕는 장면에서는 각각의 재능을 어떻게 활용

해 악당을 물리칠 수 있을지 추측해 보자. 더 나아가 자신이 가진 재능을 활용해서 다른 사람을 도울 수 있는 방법을 생각하고 실천해 보게 하자.

After Reading

슈퍼웜이 친구를 돕는 상황을 창의적으로 표현해 보기

슈퍼웜이 어려움에 처한 친구들을 도와줄 방법을 생각하며 상상화를 그려 본다. 또는 여러 가지 상황을 마인드맵으로 떠올려 보고, 그중 한 장면을 골라 클레이로 친구들을 도와주는 슈퍼웜을 만들어 본다. 이 활동을 통해 재능을 활용하여 다른 사람을 도울 수 있는 다양한 방법을 떠올리고 창의적으로 표현하는 즐거움을 느낄 수 있다.

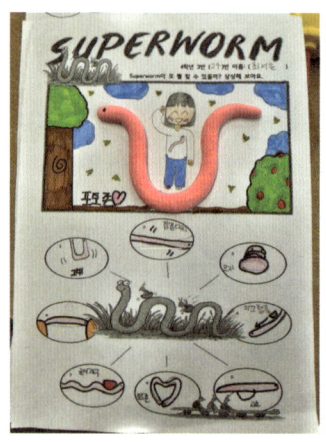 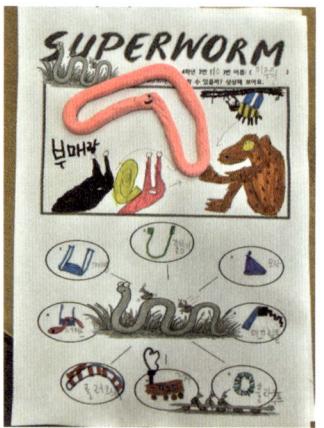

리더스 시어터(Readers Theater)

책 내용을 대본으로 만들어 역할에 따라 실감 나게 읽는 리더스 시어터 활동을 해 본다. 챈트와 운율을 살려 읽기 연습을 하기에 좋다. 역할에 따른 역할극 머리띠를 만들어 쓰고, 무대에서 발표도 해 보자.

그림책과 만화를 비교하며 보기

그림책을 한 번 읽은 뒤 BBC에서 나온 만화 동영상을 함께 보고, 책과 동영상의 다른 점을 비교해 보자. 책에서는 독자의 상상력을 발휘해야 하는 상황을 동영상에서는 자세한 장면을 통해 직관적으로 보여 준다. 둘 사이의 차이점을 비교하는 활동을 통해 매체에 따른 표현 방식의 차이를 느낄 수 있다.

아이들의 성장

- 슈퍼웜이 동물들을 도와주는 것처럼 나도 누군가를 도와주고 싶다. (임채민, 2학년)
- 조그마한 지렁이라도 동물들을 지켜 주고 도와줘서 착하고 멋지다고 생각했다. (강민지, 4학년)
- 이 책을 읽고 나도 저런 지렁이가 아닐지 생각했다. 왜냐하면 힘도 세고, 친구를 도와줄 때가 있어서 나와 비슷하다고 생각을 했다. (안지운, 6학년)

51

The Invisible Boy
보이지 않는 아이

Trudy Ludwig, Patrice Barton

#친구 #관계 #자존감 #존재감

추천 학년 1 2 **3** **4** **5** **6**   AR **2.8**   Lexile **680L**

학급에서 친구들은 물론 선생님에게조차 존재감이 없는 브라이언(Brian). 어느날 새로 전학 온 저스틴(Justin)이 도시락 때문에 친구들에게 상처를 받자 브라이언이 먼저 다가가 따뜻한 위로를 전한다. 이후 저스틴은 조금씩 브라이언의 존재를 알아보며 둘의 관계가 형성되는데, 과연 다른 친구들과의 관계도 달라지게 될까? 우리 주변에 브라이언 같은 친구가 있는지 둘러보고, 관심과 작은 친절이 가져오는 변화에 관해 생각해 볼 수 있는 그림책이다.

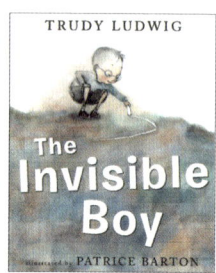

✅ 어휘 체크

- **invisible** 보이지 않는
- **whine** 징징거리다
- **complain** 불평하다
- **recess** 휴식 시간
- **glance** 흘끗 보다
- **tetherball** 테더볼(기둥에 매단 공을 라켓으로 치고 받는 게임의 공)
- **greedy** 탐욕스러운
- **sneak** 몰래 가다, 몰래 하다
- **cubby** 사물함
- **intergalactic** 은하계 사이의
- **assignment** 숙제, 과제

Before Reading

- What is the boy doing? (소년은 무엇을 하고 있나요?)
- Why is the boy alone? (소년은 왜 혼자 있을까요?)
- How does the boy feel? (소년은 어떤 마음일까요?)

표지 속 소년은 무엇을 하고 있는지, 왜 혼자인지, 혼자인 소년의 마음은 어떨 것 같은지 이야기 나눠 보자. 소년처럼 혼자였던 경험이 있는지 묻고 답하며 소년의 상황과 마음에 공감할 수 있다.

그림책 제목의 핵심 단어인 invisible의 뜻은 무엇일까? 친구 없이 혼자 놀고 있는 주인공이 그려진 표지 그림을 통해 그 뜻을 추론해 볼 수 있다. invisible의 뜻을 확인하고 왜 제목이 'The Invisible Boy'일지 이야기를 나누며 그림책의 내용을 짐작해 보자.

While Reading

브라이언의 마음에 공감하기

- How do you think Brian would feel during the recess? (쉬는 시간에 브라이언의 기분은 어떨 것 같나요?)
- What do you think Brian was thinking? (카페테리아에서 친구들의 대화를 들으며 브라이언은 어떤 생각을 했을 것 같나요?)

브라이언은 친구들 사이에서 어떤 존재일까? 브라이언이 속한 교실 속 친구들의 모습을 살펴보며 우리가 생활하는 교실, 친구들의 모습과 비교해 보자. 브라이언은 학교생활이 즐거울까? 브라이언은 어떤 학교생활을 하고, 친구들과 어떤 관계를 형성하고 싶을까? 장면마다 브라이언이 처한 상황을 살펴보며 그의 마음에 공감해 보자.

브라이언의 색깔 변화 확인하기

- What color is Brian on the first page? (첫 페이지에서 브라이언은 무슨 색인가요?)
- How does Brain's color change as the story progresses? (이야기의 흐름에 따라 브라이언의 색은 어떻게 변하나요?)

브라이언이 처음 등장할 때 어떤 색으로 표현되었는지 확인해 보자. 그리고 페이지를 넘기면서 그 색이 어떻게 변하는지 잘 살펴보자. 이 그림책에서 브라이언을 표현하고 있는 색의 변화는 이야기의 흐름과 밀접한 관련이 있다. 작가는 이러한 색의 변화로 무엇을 표현하고 싶었던 것일까? 존재감이 없던 주인공이 친구들과 관계를 맺고 의미 있는 존재로 자리 잡는 과정을 작가는 흑백에서 컬러로 변하는 몸의 색으로 표현하고 있다. 이 부분을 놓치지 말고 짚어 주자.

친구들과 친해진 계기 찾아보기

- What kind of talent did Brian have? (브라이언에게는 어떤 재능이 있었나요?)
- How did Brian become close to his friends? (브라이언은 어떤 계기로 친구들과 친하게 지내게 되었나요?)

상상력과 창의력을 발휘해 조별 과제를 멋지게 수행한 브라이언. 이는 브라이언의 친구 관계와 학교생활에 큰 변화를 불러오는 중요한 계기가 되었다. 더 이상 invisible boy가 아닌 브라이언의 마음은 어떨까? 브라이언에게 어떤 변화가 생겼는지 함께 살펴보자.

브라이언처럼 우리는 각자 자신만의 장점을 가지고 있다. 나의 장점이 무엇인지 탐색해 보고 자기 자신을 사랑하고 자존감을 높이는 계기로 삼아 보자. 이는 주변 사람들과 긍정적인 상호 작용을 하고, 내가 속한 집단에서 의미 있는 존재로 자리매김하는 중요한 바탕이 될 것이다.

저스틴이 놀림 받았던 도시락 반찬은 '불고기'

- How do you think Justin felt when his friends teased him? (친구들이 저스틴을 놀릴 때 저스틴의 기분은 어땠을까요?)
- Where is Justin from? (저스틴은 어느 나라에서 왔을까요?)

이 그림책에서 발견할 수 있는 흥미로운 부분 중 하나는 바로 전학생 저스틴이 한국인이라는 사실이다. 점심시간에 저스틴이 도시락 반찬으로 불고기를 꺼내자, 친구들은 생소한 음식을 보고 저스틴을 놀린다. 이때 저스틴의 마음이 어땠을지 함께 생각해 보며 다른 나라의 문화를 존중하는 태도의 중요성에 관해 이야기해 보자. 아이들은 저스틴이 한국인이라는 사실을 알게 되면서 자신이 저스틴이 된 것처럼 몰입해서 책을 읽는 경험을 할 수도 있다.

After Reading

주인공에게 편지 쓰기

브라이언의 상황과 마음에 공감하며 붙임쪽지에 편지를 써 보자. 하고 싶은 말이나 응원의 메시지를 적어도 좋고, 비슷한 경험을 떠올리며 공감의 메시지를 적어도 좋다.

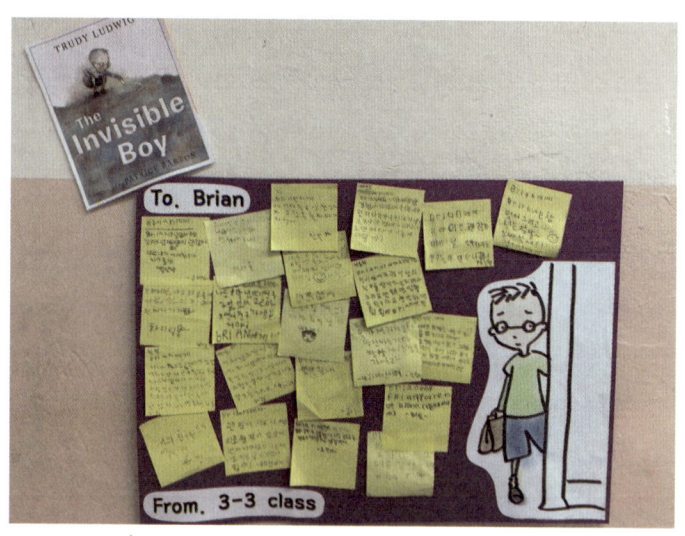

마니토 활동하기

마니토 활동을 통해 친구에 관해 깊이 있게 탐색해 보자. 나의 마니토가 평소 친하게 지내는 친구일 수도 있지만, 교류가 별로 없던 친구라면 그 친구와 친해지는 계기가 될 것이다. 미션 리스트에 있는 미션을 수행하고 관찰 일지를 작성하며, 그 친구가 좋아하는 것, 싫어하는 것, 잘하는 것, 친구에게 어울리는 직업 등을 알아볼 수 있다.

아이들의 성장

- 나도 처음 친구를 사귀었을 때 브라이언 같았어. 너무 행복했지. (박정은, 3학년)
- 브라이언이 친구들에게 무시를 당하는 장면이 너무 안타까웠어. (김정현, 4학년)
- '불고기'라는 한국말이 영어로 나와서 신기했어. (임정준, 4학년)
- 내가 그림책 속으로 들어가 브라이언의 친구가 되어 주고 싶었어. (진민솔, 5학년)

| 깨알 정보 | '마니토' 어원과 활동 방법

'비밀 친구'를 뜻하는 이탈리아어 manito에서 유래했다고도 하고, '아주 가까운 친구'를 부르는 스페인어 manito에서 유래했다고도 한다.

기본적으로 제비뽑기 등을 하여 지정된 친구의 수호천사가 되어 주는 것으로, 상대 몰래 옆에서 필요한 도움을 준다. 자신이 상대방의 마니토임을 들키지 않는 것이 핵심인데, 열심히 마니토 활동을 하다 보면 자연스레 노출되기 마련이다. 때문에 여러 사람에게 같은 도움을 주며 마니토가 아닌 것처럼 보이게 의도하는 작전을 수행하기도 한다.

52

The Rabbit Listened
가만히 들어주었어

Cori Doerrfeld

#위로 #경청 #공감 #상황대처

추천 학년 1 2 3 4 5 6   AR 1.7   Lexile 450L

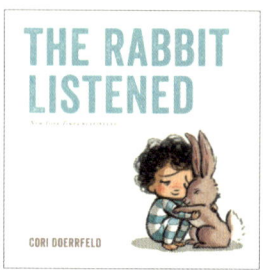

주인공 테일러(Taylor)가 정성껏 쌓은 블록을 난데없이 까마귀 떼가 나타나 와르르 무너뜨려 버린다. 슬퍼하는 테일러에게 동물 친구들이 하나둘 찾아와 각자의 방식으로 기분을 풀어 주려고 한다. 과연 테일러는 어떤 친구의 위로를 받고 기분이 나아질까? '진정한 위로'가 무엇인지에 관해 생각해 볼 수 있는 그림책이다.

✅ 어휘 체크

- **out of nowhere** 갑자기, 어디선가
- **come crashing down** 무너져 내리다
- **cluck** 암탉이 꼬꼬 우는 소리
- **knock down** 허물다, 무너뜨리다
- **What a shame!** 그거 안됐구나!
- **gulp** 꿀꺽 삼키다
- **tsk** 쯧(혀 차는 소리), 혀를 쯧쯧 차다
- **the time is right** 때가 되었을 때

작가 이야기

코리 도어펠드(1979~)는 친구로부터 실제 겪은 이야기를 듣고 이 책을 집필했다. 작가의 친구는 어린 시절 형의 죽음으로 힘들었을 때, 자꾸 크게 말하거나 웃으라고 하는 어른들의 위로를 피해 헛간에 앉아 있었다고 한다. 그때 가만히 다가와 따뜻한 온기를 전해 주었던 토끼가 오히려 큰 위로가 되었다는 이야기를 들은 작가는 진정한 위로가 무엇인지 생각하게 되었고, 그 경험으로 이 책을 완성했다.

Before Reading

- **What does the title mean?** ('토끼가 들어 주었다.'는 무슨 뜻일까요?)

토끼와 아이가 서로를 꼭 안아 주는 그림이 눈길을 사로잡는다. 살포시 감은 눈과 미소 띤 입, 맞대고 있는 얼굴, 두 팔로 토닥이듯 안고 있는 모습이 그들의 마음을 표현해 주고 있다. 그림을 통해 제목이 무엇을 의미하는지 추측해 보자. 토끼는 무엇을 들어 주는 것인지, 어떻게 들어 준다는 것일지 이야기 나누며 책 읽기를 시작하자.

While Reading

예상치 못한 일을 겪은 경험 이야기하기

- **Have you ever had an experience like Taylor?** (테일러와 비슷한 경험을 한 적이 있나요?)
- **How did you feel at that time?** (그때 어떤 마음이 들었나요?)

공들여 만든 블록을 난데없이 까마귀 떼가 날아와 무너뜨린 순간 책을 함께 보던 아이들은 깜짝 놀라 탄성을 지른다. 예상치 못한 상황에서 영문도 모르는 일을 당한 경험을 떠올려 보자. 몇 시간 동안 열심히 한 숙제 노트를 동생이 와서 찢었던 일, 마지막을 상상하며 멋지게 완성한 도미노를 강아지가 건드려 망가뜨린 일 등 아이들은 서로의 경험을 이야기하며 테일러가 얼마나 속상할지 공감하게 된다. 그때 어떤 위로를 받았는지 또는 받고 싶은지 아이들과 이야기 나누어 보자.

감정을 살려 실감 나게 읽기

책을 읽어 줄 때 감정을 담아 실감 나게 읽어 보자. 닭은 빠른 목소리로, 곰은 크고 화난 목소리로, 코끼리는 친절하게, 하이에나는 히죽거리며, 타조는 숨는 동작을 하며, 캥거루는 별일 아니라는 듯이, 뱀은 교활한 느낌이 나게 읽으면 좋다. 또는 선생님보다 느낌을 살려 잘 읽을 수 있는 아이들을 참여시켜 함께 읽으면 몰입도를 높일 수 있다.

테일러에게 필요했던 위로는 무엇인지 살펴보기

> - **How did the rabbit comfort Taylor?** (토끼는 테일러를 어떻게 위로해 주었나요?)

동물들이 가 버리고 혼자 남은 테일러 옆에 토끼가 다가온다. 가만히 함께 있어 주는 토끼의 모습, 테일러가 같이 있어 달라고 말하고 안아 주는 모습은 앞의 동물들과 다르게 토끼가 테일러의 마음을 움직이는 장면이다. 따라서 토끼가 등장하는 'but it moved closer, and closer' 부터는 천천히 읽어 주며 분위기를 차분하게 만들고, 그림을 충분히 볼 수 있게 하자.

테일러가 자신에게 있었던 일을 토끼에게 털어놓고 토끼가 끝까지 들어 주는 부분은 테일러가 다친 마음을 회복하는 과정을 보여 준다. 테일러가 원한 진정한 위로는 무엇이었을지, 다른 동물들과 토끼의 위로 방법은 어떤 차이가 있는지 이야기 나누어 보자.

After Reading

내가 받고 싶은 위로 유형 알아보기

책에 등장하는 동물들의 다양한 위로 방법을 살펴보며, 나는 평소에 어떤 동물처럼 위로해 주는지 생각해 보자. 그리고 나는 어떤 위로를 받을 때 기분이 좋아지는지, 어떤 위로가 좋은 위로인지 이야기 나누어 보자.

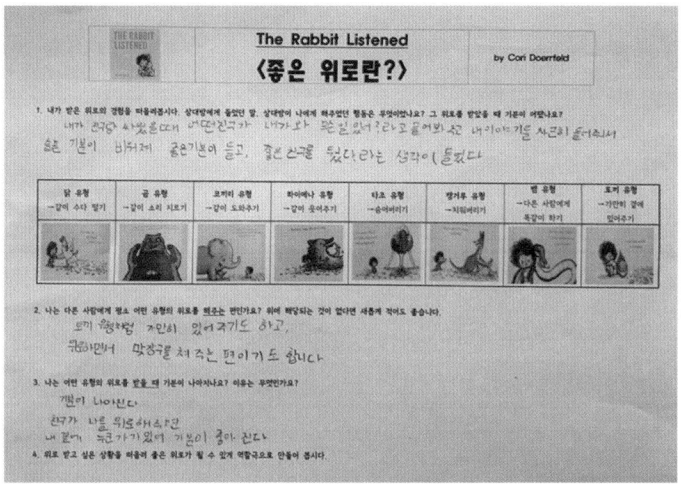

나에게 위로란?

자신에게 위로란 무엇인지 생각해 보고 친구들과의 공통점을 찾아 비유하는 활동을 해 보자. 먼저, 붙임쪽지에 나에게 위로란 무엇인지 작성한다. 이를 통해 아이들은 자신의 감정을 인식하고 표현할 수 있다. 다음으로 학급 게시판에 아이들의 다양한 답변을 붙이고 서로 비교해 보는 활동을 한다. 이 과정에서 아이들은 타인의 감정을 이해하고 서로 다른 위로 방식에 관해 배우며 공감 능력을 키울 수 있다.

나에게 위로란? _____

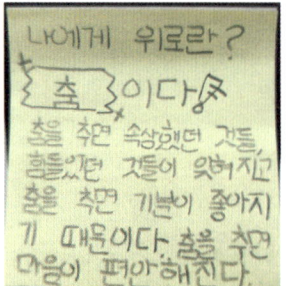 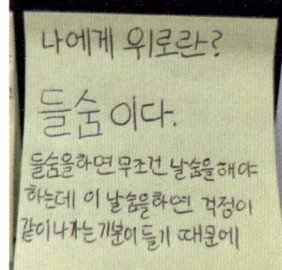

아이들의 성장

- 토끼가 위로해 줄 때 나도 위로받는 느낌이었다. 기분이 좋아지는 책이다 (차현서, 3학년)
- 사람들이 위로를 해 주는 것은 참 좋다고 생각한다. 이 책에서는 토끼에게 자신의 기분을 말해 답답함을 풀었다. 앞으로 위로받길 원하는 친구가 있으면 같은 방법으로 위로해 줄 것이다. (이소윤, 4학년)
- 친구의 이야기를 가만히 들어 주는 토끼가 훌륭하고 멋졌다. 나도 다른 사람의 이야기를 들어 주고 경청해야겠다. (강나루, 5학년)

53

Blackout
앗, 깜깜해

John Rocco

#가족관계 #이웃 #정전 #칼데콧아너

추천 학년 1 2 3 4 5 6   AR 1.0

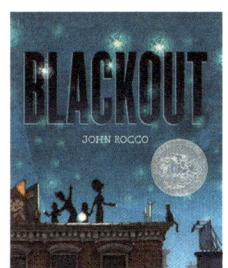

　가족과 함께 놀고 싶은 아이와 서로에게 무관심하고 자기 일만 하기 바쁜 평범한 가족은 여느 날과 같이 더운 여름의 저녁 시간을 각자 보낸다. 그러던 중 갑자기 정전이 되어 도시 전체가 깜깜해진다. 그러나 당황스러움도 잠시일 뿐, 사람들은 손전등과 촛불로 불을 밝히고 바쁜 일상에서 벗어나 선물 같은 시간을 함께 보내게 된다. 가족이 함께하는 시간의 소중함과 이웃과 함께하는 즐거움을 깨닫게 해 주는 그림책이다.

✅ 어휘 체크

- **blackout** 정전
- **huddle** 옹기종기 모여 있다
- **flashlight** 손전등
- **sticky** 끈적끈적한
- **rooftop** 옥상
- **normal** 평범한, 정상적인

Before Reading

- **What are the people doing on the rooftop?** (사람들이 옥상에서 무엇을 하고 있나요?)
- **What does 'blackout' mean?** ('blackout'의 의미는 무엇일까요?)

표지를 살펴보며 사람들이 어디에 서 있는지, 무엇을 하고 있는지 생각해 보자. 아이들은 "별을 관찰하고 있어요.", "더위를 피하고 있어요." 등 여러 가지 답변을 한다. 표지의 그림을 통해 제목인 'blackout'의 뜻을 추측하게 한 뒤, '정전'을 뜻한다고 알려 주자.

While Reading

주인공처럼 외로웠던 경험 떠올리기

- **Have you ever felt lonely like this child?** (이 아이처럼 외로웠던 적이 있나요?)

주인공처럼 가족들과 함께하지 못해 속상했던 적이 있는지, 휴대폰과 TV 같은 전자 기기를 사용하느라 가족 간의 대화가 줄어든 적이 있는지 이야기 나누어 보자. 자신이 겪은 일과 그때의 감정을 회상하며 주인공의 마음에 공감해 보자.

정전이 된 상황을 즐기는 방법 찾아보기

- **What are people doing on the street?** (사람들이 거리에서 무엇을 하고 있나요?)

가족들이 더위를 피하기 위해 올라간 옥상 장면은 이 책의 하이라이트이다. 정전이 되어 더욱 밝게 빛나는 별빛 아래 각자의 방식으로 이 상황을 즐기는 사람들의 모습은 마치 파티를 여는 듯하다.

아래쪽에서 나는 소리에 이끌려 밖으로 나온 가족들은 다시 한번 생각지 못한 장면을 만난다. 아이스크림을 무료로 나눠 주고, 소화전으로 물을 뿌려 주는 등 재미있게 시간을 보내는 사람들의 모습이 자세하고 생동감 있게 표현된다. 정전이 된 상황에서 소소한 행복과 낭만을 함께 즐기는 사람들의 표정과 행동을 통해 따뜻함을 느낄 수 있다.

의성어와 의태어, 대사는 실감 나게 읽기

'Get out!', 'Can we go?', 'Free!' 등 말풍선 속 대사는 인물들의 감정을 담아 읽어 준다. 또한, 책에 나오는 'Tap Tap', 'YEEAOOW' 등의 의성어와 의태어도 실감 나게 읽어 현장의 생생한 느낌을 살려 보자.

After Reading

blackout을 즐기는 방법 떠올리기

정전이 된다면 무엇을 할지 붙임쪽지에 적어 친구들과 공유해 보자. 가족이나 이웃, 친구들과 할 수 있는 것들을 다양하게 생각해 본다. 전자 기기를 많이 사용하는 아이들이 전기가 없어도 즐거운 시간을 보낼 수 있다는 사실을 알게 될 것이다.

〈blackout을 즐기는 방법 예시〉
- 집에서 불 끄고 무서운 이야기하기
- 집에서 텐트 치고 손전등 켜서 보드게임 하기
- 불 끄고 한 침대에 누워 대화하기
- 불 끄고 공원에서 산책하며 달 보기

소등 행사에 참여하고 사례 공유하기

에너지 사용을 줄이기 위한 소등 행사에 참여하고, 자신이 실천한 내용을 네 컷 만화 또는 그림일기 같은 다양한 방법으로 기록한 뒤 자신의 경험을 발표한다. 에너지 절약의 중요성을 알게 되고, 지구를 위한 행동을 실천했다는 뿌듯함을 느끼며 앞으로의 실천도 다짐할 수 있다.

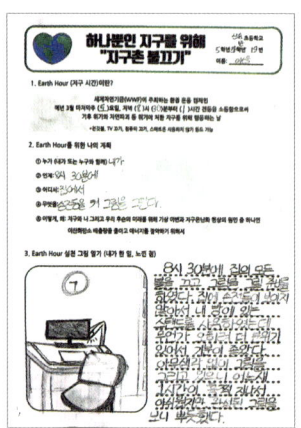

아이들의 성장

- 그림자를 보고 놀라는 고양이 모습이 귀여웠어. (이시우, 4학년)
- 아이가 마지막에 일부러 불을 끄는 장면에서 다시 가족과 함께 놀고 싶은 아이의 마음이 느껴졌어. 똑똑한데! (한서율, 5학년)
- 깜깜해진 세상에서 불평하지 않고 오히려 즐기는 사람들의 모습이 인상적이야. 우리 집은 40층인데 저런 옥상이 있었으면 좋겠어. (정태민, 6학년)

Papa, Please Get the Moon for Me
아빠, 달님을 데려와 주세요

Eric Carle

#아버지의사랑 #달의위상변화 #입체북 #콜라주

추천 학년 1 2 3 4 5 6   AR 2.2   Lexile AD450L

　보름달이 뜬 밤, 달님과 놀고 싶은 모니카(Monika)는 아빠에게 달님을 데려와 달라고 부탁한다. 아빠는 아주 긴 사다리를 가져와 산꼭대기에 세우고 위로 오르고 또 오른다. 마침내 달에 다다른 아빠는 과연 모니카에게 달님을 데려다줄 수 있을까? 깊고 푸르른 밤하늘 속 커다란 달의 모습이 주는 몽환적인 분위기와 함께 아빠의 사랑을 듬뿍 느낄 수 있는 따뜻한 그림책이다.

✓ 어휘 체크

- **reach** (손 팔을) 뻗다, 내밀다
- **ladder** 사다리
- **indeed** 정말, 참으로
- **disappear** 사라지다, 없어지다
- **altogether** 완전히
- **reappear** 다시 나타나다

작가 이야기

에릭 칼(1929~2021)은 세계적으로 유명한 그림책 작가이자 일러스트레이터로, 그의 작품은 독특한 콜라주 기법과 밝고 경쾌한 색채로 아이들에게 따뜻한 메시지를 전달한다. 글 작가 빌 마틴 주니어와 함께 『Brown Bear, Brown Bear, What do You See?』로 그림책 작업을 시작했으며, 자신만의 작품인 『The Very Hungry Caterpillar』가 전 세계 아이들로부터 큰 사랑을 받아 70개 이상 언어로 번역되어 5,500만 부 이상 판매되었다. 이후로도 『Today Is Monday』, 『From Head to Toe』를 비롯해 수많은 그림책을 펴냈다. 미국 매사추세츠주에는 '에릭 칼 그림책 아트 박물관'이 설립되어 있다.

Before Reading

- **Have you ever seen the moon in the sky?** (하늘에 뜬 달을 본 적이 있나요?)
- **Why is this ladder here?** (이 사다리는 왜 여기에 있을까요?)

표지를 가득 채운 커다란 달을 보며 아이들과 함께 달을 본 경험이 있는지 이야기 나누어 보자. 언제, 누구와 달을 보았는지 이야기하다 보면, 아이들은 자연스럽게 가족을 떠올릴 것이다. 또한, 달에 닿아 있는 사다리를 보며 '누가 달까지 올라갈까?' 하는 궁금증을 가지고 책을 펼치게 된다.

While Reading

분위기와 단어의 느낌을 살려 읽어 주기

달이 뜨는 밤에 이야기가 펼쳐지므로 활기찬 분위기보다는 차분한 느낌을 살려서 읽어 주자. 글 중간에 'very'는 밑줄이 쳐져 있는 만큼 이 책에서 매우 중요한 단어이다. 그

뜻이 강조될 수 있도록 단어에 힘을 주어 천천히 읽어 주면 좋다. 그 밖에도 'up and up and up'이나 'down and down and down' 처럼 단어가 반복되는 문장은 강조하여 큰 소리로 리듬감 있게 읽어 주자. 이때, 손가락으로 사다리를 올라가거나 내려가는 동작을 보여 줄 수 있다.

달이 작아지는 부분에서 'smaller and smaller'는 목소리를 점점 작게, 달이 다시 커지는 부분에서 'grew and grew and grew'는 목소리를 점점 크게 하면, 달의 크기 변화를 시각뿐만 아니라 청각으로도 느낄 수 있어 아이들이 이야기에 더욱 몰입하게 된다.

날개 페이지는 문장을 읽은 뒤 조금 뜸을 들여서 보여 주기

책의 입체적인 장치는 페이지를 넘기고 조작하면서 독자가 이야기를 깊이 있게 경험하고 그림책과 상호 작용하도록 돕는다. 아빠가 긴 사다리를 가져오는 장면에서는 날개 페이지를 양쪽으로 펼쳐서, 높이 올라가거나 아래로 내려오는 장면에서는 날개 페이지를 위로 올리거나 아래로 내려서 극적 효과를 더하며 보여 준다.

특히 이 책의 가장 핵심이 되는 장면은 보름달이 등장하는 부분이다. 아빠가 데리고 오기에는 달이 너무 크다는 것을 강조하기 위해 달을 다른 장면보다 두 배 정도 크게, 입체적으로 표현했다. 또 아빠를 매우 작게 그려 달이 상대적으로 훨씬 더 커 보이게 한다.

이런 효과를 잘 살리기 위해 문장을 읽은 다음 아이들이 상상할 시간을 3~5초 정도 준 뒤 날개 페이지를 펼쳐 보여 주자. 그리고 바로 다음 장으로 넘어가지 말고 아이들이 마음껏 감상할 수 있도록 충분히 시간을 주자.

달의 위상 변화(phases of the moon) 알려 주기

그림책에서는 커다란 보름달이 작아졌다가 다시 커지는 일련의 과정을 보여 준다. 달의 모양에 따른 영어 단어가 따로 나와 있지 않지만, 고학년이라면 책을 끝까지 다 읽고 다시 속표지로 돌아와 달의 위상 변화에 따른 한글 표현과 영어 표현을 알려 줄 수 있다. 과학에서 지구와 달을 공부하는 시기에 이 책을 소개하는 것도 매우 효과적이다.

After Reading

부모님께 선물하기

이 책에서는 아빠가 모니카에게 달님을 가져다주기 위해 애쓰는 모습을 보며 아빠의 사랑을 느낄 수 있다. 책을 통해 부모님의 사랑을 확인하였으니, 부모님께 무엇을 해 드릴 수 있을지 생각해 보자. 부모님께 필요한 것이 무엇인지 생각해 보는 시간을 통해 부모님께 감사를 전하는 것이 어려운 일이 아니라는 사실을 깨달을 것이다. 돈이나 집, 자동차 같은 물질적인 것들만 생각하는 아이들에게는 안마나 감사 인사처럼 마음으로도 충분히 해 드릴 수 있는 것이 많다는 사실도 짚어 주자.

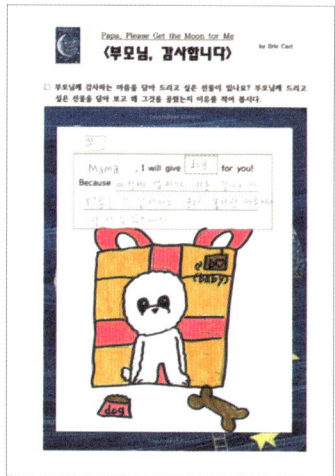 

달 상상화로 그림책 만들기

그림책을 읽은 뒤, 다양한 달 모양을 보고 떠오르는 생각을 그림으로 표현한다. 아이들은 달을 생각하며 계란프라이, 우주, 비빔밥 같은 기발한 아이디어를 쏟아 낸다. 그 작품들을 모으면 또 다른 그림책이 완성된다.

아이들의 성장

- 나도 커서 아들이 가지고 싶다는 걸 모두 주고 싶다. (임하언, 2학년)
- 책에 나오는 아빠처럼 우리 엄마, 아빠도 열심히 일해서 나를 키워 주시는 게 생각났다. 책에 나오는 아빠가 달을 따 주는 것이 인상 깊었다. (안라엘, 3학년)
- 딸이 원하는 게 달이어도 갖다주려고 하는 걸 보면 이 책에 나오는 아빠는 딸바보인 것 같아. (강서연, 5학년)

Hello Lighthouse
안녕, 나의 등대

Sophie Blackall

#사라지는직업 #등대지기 #진로 #칼데콧메달

추천 학년 1 2 3 4 5 6   AR 3.4   Lexile 510L

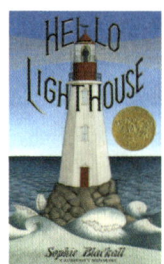

푸른 바다 끝자락 높은 바위 위에 우뚝 솟아 있는 등대. 그곳에 새로운 등대지기가 부임한다. 등대를 관리하며 홀로 생활하던 등대지기에게 어느 날 아내가 찾아오고, 함께 등대 안에서 가정을 이룬다. 높고 좁은 등대 안에서 그들은 어떻게 생활할 수 있을까? 지금은 거의 사라져 버린 등대지기의 생활 모습과 가족 이야기를 그린 아름다운 그림책이다.

✓ 어휘 체크

- **polish** 광내다
- **trim** 다듬다
- **wick** 심지
- **logbook** 일지
- **tender** 소형 보급선
- **broth** 수프, 죽
- **erupt** 분출하다
- **swirl** 소용돌이치다

작가 이야기

소피 블랙올(1970~)은 어느 날 벼룩시장에서 발견한, 오래된 등대 그림 한 점을 보고 이 책의 집필을 시작했다고 한다. 책을 준비하는 2년 동안 등대 관련 책과 그림을 모아 연구하고, 이 그림책의 모델이 된 캐나다 뉴펀들랜드주의 등대에 머물렀다. 그곳에서 등대지기들을 만나 등대 생활에 관해 자세히 들은 뒤 상상력을 발휘하여 그림책을 완성했다고 한다.

Before Reading

- **What does he do?** (이 사람의 직업은 무엇일까요?)
- **Let's take a look at the font.** (글자체를 살펴봅시다.)

표지만 보아도 무엇에 관한 이야기일지 짐작할 수 있지만, 아이들은 등대에 사는 사람보다 등대 자체에 초점을 맞추어 답하는 경우가 많다. 등대 맨 위에 서 있는 등대지기를 가리키며 직업이 무엇일지 추측하게 하여 등대지기에게 자연스럽게 관심이 가게 한다. 또는 '등대지기' 노래를 들려주고 이번 책과 관련이 있다고 이야기하며 노래 제목을 맞혀 보는 활동으로 시작할 수도 있다.

제목의 글자체에 주목해 보자. 마치 중세 시대의 고딕 양식을 연상시키는 글자체이다. 작가가 옛 느낌을 살리기 위해 일부러 디자인한 것이라고 한다.

> **While Reading**

등대지기의 생활 모습 알아보기

- **How did they use the bathroom?** (볼일은 어떻게 처리했을까요?)
- **What is this white thing next to the lighthouse?** (등대 옆에 달린 흰색 물건은 무엇일까요?)
- **Did they actually use the letter from a glass bottle?** (유리병 편지를 실제로 사용했을까요?)

등대 안 사람들의 생활 모습을 알아보기 위해 그림을 보며 다양한 질문을 던질 수 있다. 등대 안에는 여러 개의 방이 있지만 화장실은 찾을 수 없다. 실제로 등대지기는 우리나라의 요강과 비슷한 물건에 볼일을 보고 바다로 던져 처리했다는 사실을 알려 준다.

등대 왼쪽 옆에 하얀 물건이 달려 있는데, 이것은 구명보트이다. 난파된 배의 선원들을 구하는 데 사용한 구명보트는 등대지기 가족이 등대를 떠날 때 보급선에 달고 간다. 이는 무인 등대로 전환되어 등대에 더 이상 구명보트가 필요하지 않음을 보여 준다.

책에서 등대지기는 유리병 편지를 보낸다. 소형 보급선이 두세 달에 한 번씩 오고 날씨가 안 좋으면 더 늦게 오기도 했기 때문에, 실제로 등대지기들은 유리병 편지를 사용했다고 한다. 운 좋게 해안가에서 어부들이 유리병 편지를 발견하면 수신인에게 전달해 주었다고 한다.

등대지기의 생활 모습이 책 마지막 페이지에 더 자세하게 설명되어 있으니, 이 부분을 미리 읽고 아이들에게 책을 읽어 주길 추천한다. 동영상 사이트에서 작가가 등대지기의 삶에 관해 묻는 아이들의 다양한 질문에 답하는 영상을 찾아 참고해도 좋다.

변화무쌍한 바다 풍경 살펴보기

이 책에는 등대를 둘러싼 바다 풍경이 다채롭게 묘사된다. 거센 풍랑이 이는 모습, 안

개가 자욱해 한 치 앞도 보이지 않는 모습, 오로라가 소용돌이치며 펼쳐지는 모습 등 바다 풍경이 아름다운 색채와 세밀한 그림으로 표현되어 있다. 반면에 변함없이 꿋꿋하게 제자리를 지키고 있는 등대의 모습도 함께 짚어 보자.

등대지기가 등대를 떠나는 이유 알아보기

- What do you see in the net? (그물 안에 어떤 물건들이 있나요?)
- What does the letter say? (편지에는 어떤 말이 쓰여 있을까요?)

마지막 보급선에서 물건들을 전달받는 장면을 자세히 보면 그물 안에 하얀 편지가 들어 있다. 편지 내용을 확인하는 등대지기의 표정과 등대지기 업무가 얼마 남지 않았다(but knows that it's not for long)는 부분에서 등대지기의 앞날에 변화가 생길 것을 예상할 수 있다.

그 이유에 대해 아이들은 새로운 등대지기가 올 것이라 이야기하지만, 다음 장면에서는 전혀 생각하지 못한 내용이 전개된다. 자동으로 돌아가는 새 램프가 설치되어 더 이상 등대지기가 필요하지 않다는 사실을 알게 된다.

After Reading

내가 만든 등대

등대지기는 등대 안에서 오랫동안 생활해야 했다. 만약 우리가 등대지기가 된다면 등대 안을 어떻게 꾸밀지 상상해 보고, 층별로 방의 모습을 완성해 보자.

사라지는 직업과 생겨나는 직업

등대지기처럼 사라져 가는 직업에는 무엇이 있는지 이야기해 보자. 그와 반대로, 새롭게 생겨나거나 앞으로 생길 것 같은 직업에 관해서도 이야기할 수 있다. '커리어넷' 같은 직업 관련 사이트를 활용하여 자료를 조사하고 스스로 생각해 보도록 사전 과제를 내주면, 아이들이 생각해 온 각종 아이디어로 수업 내용이 풍성해진다.

사라지는(사라진) 직업 예시		생겨나는 직업 예시	
영화 간판 화가	전화 교환원	스트레스 해결사	로봇 윤리학자
촛불 관리인	볼링 핀 세터	펫 포토그래퍼	놀이 디자이너
버스 안내원	승강기 운전원	신재생 에너지 전문가	드론 조종사

아이들의 성장

- 등대에서의 삶을 재미있고 자연스럽게 보여 줬다는 게 신기했고, 등대지기가 사라지고 있다는 걸 잘 표현한 것 같아. (이진영, 5학년)

- 나도 등대지기라는 직업을 해 보고 싶었는데 지금은 없어진 직업이라는 것이 너무 아쉽다. 나는 기계가 아닌 사람들이 직접 일을 하는 것이 좋다고 생각하는데, 요즘에는 사람들이 귀찮아서 자꾸 기계를 만드니, 우리의 미래가 두렵다. 내가 커서는 아예 직업이라는 것이 없어질까 봐 무섭기도 하다. 주인공 등대지기의 직업이 없어져서 너무 아쉬웠지만 그래도 더 좋은 직업을 가졌으면 좋겠다. (이제인, 6학년)

56

Swimmy
헤엄이

Leo Lionni

#협동 #용기 #공동체 #칼데콧아너

추천 학년 1 2 3 4 5 6 | AR 2.9   Lexile 510L

무리와 함께 평화로운 일상을 보내던 작은 물고기 스위미(Swimmy)는 어느 날 큰 물고기에게 공격을 당한다.

무리를 잃고 홀로 남아 외롭고 슬픈 스위미는 낯선 바닷속을 헤엄쳐 다니다 다양한 바다 생물들과 새로운 풍경을 마주한다. 두려움에 맞서는 용기와 협동의 중요성, 작은 것들이 모여 큰 변화를 만들 수 있음을 자연스럽게 일깨워 주는 그림책이다.

✅ 어휘 체크

- **a school of** 한 무리의, ~의 떼
- **mussel** 홍합
- **tuna** 참치
- **swift** 신속한, 빠른
- **creature** 생명이 있는 존재, 생물
- **seaweed** 해초
- **eel** 장어
- **chase** 뒤쫓다

작가 이야기

네덜란드 작가 레오 리오니(1910~1999)는 『Frederick』 외 여러 책들로 '칼데콧아너상'을 네 번이나 수상한, 전 세계적으로 인정받는 그림책 작가이자 현대 우화의 거장이다. 두 손자와 함께 기차 여행을 하던 중 잡지를 이용해 이야기를 만들어 들려주었고, 이를 바탕으로 그의 첫 그림책 『Little Blue and Little Yellow』를 출간하였다. 작가는 지혜를 활용해 문제를 해결해 내는 『Swimmy』를 통해 세상을 바꾸는 힘은 보통의 존재들에게서 나온다는 점을 이야기하고 싶었다고 한다.

Before Reading

- **How is the cover painted?** (표지는 어떤 방법으로 그렸을까요?)
- **What creatures can you see?** (어떤 생물들이 보이나요?)

표지와 앞 면지를 함께 보여 주며 어떤 느낌이 드는지, 어떤 방법으로 표현했는지 이야기 나누어 보자. 이 책은 수채화와 도장 찍기 기법을 사용했는데, 주변에서 구할 수 있는 재료인 레이스, 천, 끈에 물감을 묻혀 판화처럼 찍어 해조류, 물, 촉수 등을 표현했다.

또한 어떤 생물들이 보이는지 살펴보자. 빨간 물고기, 검정 물고기, 검은색과 초록색 해초를 볼 수 있다. small red fish, small black fish, black seaweed, red seaweed 등의 바닷속 생물들의 이름을 영어로 익히고, 검은 물고기가 어디를 향하고 있는지 이야기하며 책 읽기를 시작하자.

While Reading

스위미의 특징 및 장점 찾기

> - Is there a fish that catches your eye? (눈에 띄는 물고기가 있나요?)
> - What's the difference? (어떤 점이 다른가요?)

첫 문장 'A happy school of little fish'에서 a school of fish는 물고기 떼를 의미한다는 것을 짚어 주자. school을 '학교'라는 뜻으로만 알고 있는 경우가 많아 의미를 잘못 이해할 수 있다.

바닷속 가득히 자유롭게 헤엄치고 있는 물고기들의 모습을 살펴본다. 그리고 스위미가 다른 물고기와 어떤 차이점이 있는지 이야기 나누어 보자. 스위미는 색깔은 다르지만 다른 물고기들보다 더 빠르다는 장점이 있다.

스위미의 감정에 공감하기

> - How does Swimmy feel? (스위미는 어떤 감정이 들었을까요?)

스위미는 갑자기 나타난 큰 물고기의 공격에 친구들을 잃는다. 또 바다를 여행하며 다양한 바다 생물과 아름다운 광경을 만나고, 마지막에는 자신의 아이디어로 친구들을 위기에서 구해 낸다. 각각의 상황에서 스위미가 어떤 감정을 느꼈을지 추측하며, 스위미가 겪는 상황에 따라 변해 가는 감정에 공감해 보자.

스위미가 아이디어를 낼 수 있었던 이유 생각하기

- What kind of idea did Swimmy come up with? (스위미는 어떤 아이디어를 냈을까요?)
- How did Swimmy come up with this idea? (스위미는 어떻게 이런 아이디어를 생각할 수 있었을까요?)

다랑어가 무서워 밖으로 나오기를 두려워하는 친구들을 위해 스위미는 어떤 아이디어를 냈을지, 책장을 천천히 넘기며 충분히 생각할 시간을 주자.

스위미가 이런 아이디어를 낼 수 있었던 이유는 무엇이었을까? 친구들을 잃고 바닷속 세상을 여행하면서 스위미는 새롭고 다양한 아름다움을 만난다. 친구들에게도 그것을 보여 주고 싶은 마음, 혼자서는 다양한 색의 아름다움을 표현할 수 없다는 생각, 친구들을 다시는 잃고 싶지 않은 마음 등에서 스위미는 혼자 빨리 가는 길이 아닌 친구들과 함께 가는 길을 선택했을 것이다.

아이들이 이런 의미를 스스로 찾아내기는 쉽지 않다. 교사는 스위미가 바다 여행을 통해 성장하는 과정을 천천히 짚어 주며, 시련에 맞서는 용기, 역경을 극복하며 성장하는 과정, 협동의 가치를 느낄 수 있도록 책을 읽어 주자.

After Reading

바닷속 풍경 만들기(협동화)

'협동'의 미덕을 살려 바닷속 풍경을 함께 꾸민다. 작은 물고기를 종이접기 또는 그리기로 표현한 뒤 작은 물고기를 모아 큰 물고기 형상을 만든다. 바닷속 다른 생물들을 그림으로 그려 표현할 수도 있고, 바다에서 가져온 조개껍질 같은 자연물을 사용하여 콜라주 작품으로 완성할 수도 있다.

나도 레오 리오니처럼!

레오 리오니의 표현 기법을 활용하여 바닷속 풍경을 꾸며 본다. 수채화 물감, 도장으로 활용할 수 있는 재료(천, 끈, 도일리 페이퍼, 잎사귀, 물고기 모양 도장 등), 붓, 스펀지 등을 활용하여 수채화 느낌의 배경 속 바다 생물들을 표현해 본다.

- 수채화 기법 : 물감을 희석하여 원하는 농도로 표현하기, 젖은 종이에 물감을 올려서 자연스럽게 퍼지는 효과 얻기
- 도장 찍기 기법 : 조각한 고무지우개나 생활 속 재료들에 물감을 묻혀, 패턴을 만들거나 겹쳐서 찍어 독특한 느낌 표현하기

아이들의 성장

- 아무리 작더라도 뭉치면 무서운 것도 이겨 낼 수 있어요. (김온유, 2학년)
- 나도 어려운 일이 생기면 스위미처럼 용기를 낼 것이다. (백시훈, 4학년)
- 처음 친구들이 다랑어에게 잡아먹혔을 때 너무 놀랬지만 마지막에 그런 경험을 바탕으로 스위미가 아이디어를 내서 다른 친구들이 두려움에 맞서 용기를 낼 수 있었던 것 같다. (이주연, 6학년)

They All Saw a Cat
어떤 고양이가 보이니?

Brendan Wenzel

#관점 #존재 #칼데콧아너

추천 학년 1 2 3 4 5 6 | AR 1.9 | Lexile AD310L

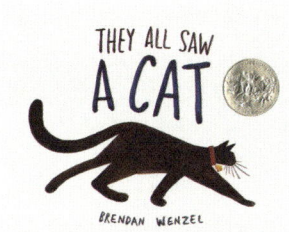

사뿐한 발걸음으로 걸어가는 고양이의 모습이 누가, 언제, 어디서, 어떤 마음으로 바라보는지에 따라 다르게 표현되고 있다. 사물을 바라보는 고정 관념에서 벗어나는 창의적인 표현 방식이 돋보이며, 관점에 따라 다르게 보이더라도 사물의 본질은 달라지지 않는다는 점을 깨닫게 해 주는 그림책이다.

✓ 어휘 체크

- **walk through** 걸어 지나가다
- **whisker** (고양이, 쥐 등의) 수염
- **paw** (동물의 발톱이 달린) 발
- **imagine** 상상하다, 생각하다

작가 이야기

브렌던 웬젤은 미국 뉴욕에서 어린이책과 애니메이션, 잡지에 그림을 그리며 활동하는 작가이다. 자연과 멸종 위기종을 보호하는 다양한 단체와 협업하여, 환경을 주제로 한 그림책의 일러스트레이션 작업을 주로 한다. 『They All Saw a Cat』은 작가가 베트남에 거주할 때 세상을 바라보는 다른 시각을 갖게 되었던 경험을 바탕으로 쓴 그림책이다.

Before Reading

- **What's the meaning of the title?** (제목의 의미는 무엇일까요?)
- **How does the cat look like to you?** (여러분은 고양이가 어떻게 보이나요?)

제목을 직역하면 '그들은 모두 고양이를 보았다.'이다. 제목을 통해 내용을 추측해 보자. "고양이가 범인으로 몰리는 내용일 것 같아요."라는 아이들도 있고, "고양이를 보는 건 맞는데 각자 다르게 보는 게 아닐까요?"라며 주제를 바로 간파하는 아이들도 있다. 그렇다면 내가 보는 고양이는 어떤지 이야기 나누어 보자. 책을 읽고 나서도 내가 보는 고양이의 모습이 그대로인지 비교해 보기로 하고 책 읽기를 시작하자.

While Reading

반복되는 문장 함께 읽기

- **Let's read this sentence together.** (이 문장을 함께 읽어 봅시다.)

'The cat walked through the world, with its whiskers, ears, and paws.' 문장이 반복적으

로 나온다. 수염, 귀, 발은 고양이가 세상을 인식하는 도구이다. 작가는 관찰자가 고양이를 설명하는 데 있어 이 요소들이 기본이 되기 때문에 다시 확인하는 것이 중요하다고 생각해 여러 차례 넣었다고 한다. 또한 챕터를 나누듯 환기하는 역할도 하는 문장이므로 운율을 살려 먼저 읽기 시범을 보인 다음, 문장이 나올 때마다 아이들과 함께 읽어 보자.

어떤 동물이 바라본 것인지 예상하기

- **Who saw a cat?** (누가 바라본 모습일까요?)

책에서는 어떤 동물이 고양이를 바라보느냐에 따라 고양이의 모습이 다양하게 표현된다. 바라보는 동물을 가리고 고양이 그림만 보여 준 뒤, 어떤 동물이 본 고양이 모습일지 예상해 보자. 칠판에 '_____ saw a cat.' 문장을 써 놓고 빈칸에 예상한 동물을 넣어 대답하게 하면, 문장을 자연스럽게 익히는 효과와 함께 어떤 동물일지 맞히는 재미도 느끼며 책 읽기를 이어 나갈 수 있다.

동물들의 관점에서 그렇게 보인 이유 알아보기

- **Why does the cat look like that?** (고양이가 왜 이렇게 보이는 걸까요?)
- **Have you ever seen the same thing and had different opinions about it?** (같은 걸 보고 서로 생각이 달랐던 적이 있나요?)

같은 고양이를 보고 있지만 각자의 입장에 따라 고양이는 각기 다른 모습으로 보인다. 동물의 특성, 고양이와의 관계 등을 생각하며 고양이가 그렇게 보이는 이유를 이야기해 보자. 강아지, 쥐, 새 등 직관적으로 이유를 알 수 있는 것도 있지만, 과학적인 지식이 필요한 경우도 있다. 아래 내용을 설명해 주거나 아이들이 직접 책이나 인터넷을 통해 찾아보는 것도 좋다.

- 여우 : 개과 동물로, 고양이와는 같은 먹이를 먹는 경쟁자이며 천적임
- 벌 : 수많은 작은 낱눈이 모여 형성된 겹눈으로 인해 세상을 모자이크 형태로 인식함
- 뱀 : 코 주변의 열 감지기가 열에너지를 감지해 뇌로 전달하여 주변 사물을 식별할 수 있게 함
- 스컹크 : 후각과 청각이 발달한 대신 시력이 좋지 않아 밤에 돌아다님
- 지렁이 : 눈이 없고, 입속과 피부에 감각을 느끼는 세포가 있음
- 박쥐 : 음파를 발산하고 반사되는 초음파 신호를 인식해 비행하고 위치를 파악함

같은 고양이를 동물마다 다르게 보는 이유는, 고양이라는 사물의 본질은 같지만 인식하는 주체의 특성이 다르기 때문이다. 이처럼 같은 상황이지만 각자 관점이 달랐던 경험이 있었는지 아이들에게 질문해 보자. "키가 작은 아이들은 키 큰 아이들이 부러웠는데, 키가 큰 아이들은 맨 뒤에 서는 게 불편해서 작은 아이들이 부러웠다.", "난 큰 소리로 웃는 아이가 시끄러워서 싫었는데, 다른 친구는 우리 반 분위기를 밝게 만들어서 좋다고 했다." 등 다양한 의견이 나온다. 이처럼 사람마다 다양한 관점이 존재할 수 있음을 이해하고, 이를 받아들이는 허용적 태도에 관해서도 이야기 나누어 보자.

After Reading

다양한 관점에서 사물 관찰하여 표현하기

주변에서 쉽게 접할 수 있는 일상의 사물 중에서 관찰할 대상을 정한다. 사물을 위, 아래, 옆에서 바라보고, 크기, 형태, 질감, 색상 등을 자세하게 관찰하여 그림을 완성한 뒤 친구와 함께 다양한 관점에서 그린 그림들을 비교해 보자. 항상 보던 방향이 아닌 다른 방향으로 사물을 보면서 느낀 점이나 배운 점에 관해 이야기 나눌 수 있다.

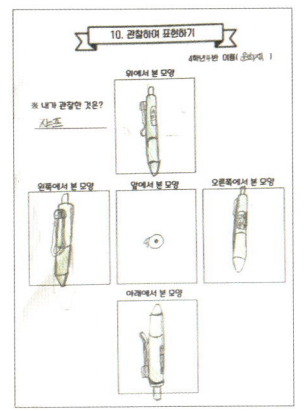 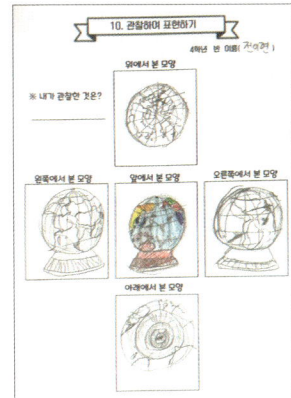

관점에 따라 다르게 보이는 작품 살펴보기

영국 만화가 윌리엄 엘리 힐이 그린 '나의 아내와 시어머니'(My Wife and My Mother-in-Law)라는 작품에서는 동일한 여인이 관점에 따라 젊은 아내와 시어머니로 다르게 보인다. 이와 비슷한 다양한 작품을 관찰하고 나만의 작품을 만들어 관점의 차이를 느껴 볼 수 있다.

아이들의 성장

- 나는 우리 집에서 부모님의 아들이고, 형의 동생이다. 학교에서는 4학년 4반의 학생이다. 내가 어디에 있든지 나는 나다! (유재원, 4학년)
- 똑같은 고양이인데 벼룩이 볼 땐 털만 보이고, 벌이 볼 땐 점으로 보이는 게 신기했다. (전형주, 5학년)
- 내 물건을 위쪽, 왼쪽, 오른쪽, 아래쪽에서 볼 때 다르게 보였다. 나를 아래쪽에서 바라보면 어떤 모습일까? 동생에게 물어봐야겠다. (최제인, 6학년)

Part 3

특별한 재미
_상상력과 창의력의 힘

58

A Million Dots
백만 개의 점이 만든 기적

Sven Völker

#숫자읽기 #두배 #수학 #펼친그림책

이 그림책은 1부터 백만까지 점 개수가 점차 늘어나는 과정을 보여 준다. 각 장면은 숫자와 숫자만큼의 점들로 표현되고, 마지막에는 백만 개의 점이 하나의 큰 그림을 이룬다. 숫자의 크기를 직관적으로 전달해 주어 수 감각을 키울 수 있다. 수학적 재미와 시각적인 아름다움이 잘 드러나는 그림책이다.

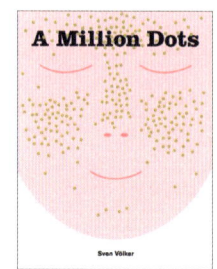

Fun Point 덧셈왕을 찾아라!

책장을 넘기며 덧셈의 답이 무엇이 될지 추측하는 재미, 그 점들로 어떤 그림을 표현했을까 상상해 보는 재미가 있다. 처음에 숫자는 1로 시작하여 1+1, 2+2, 4+4로 점점 커지는데, 앞의 두 수의 합이 바로 뒷장의 수가 되는 수의 배열을 규칙으로 설명할 수 있다. 또한 책에는 덧셈의 답만큼 점으로 표현한 그림이 함께 제시되는데, 마지막에 가서는 524,288+524,288=1,048,576으로 점 개수가 어마어마하게 많아져서 펼친 그림으로까지 확장된다. 초반에는 아이들이 같이 계산하며 도전하다가 중도에 포기하는 경우가 많은데, 학년에 따라 수준이 다르니 적절하게 활용해 보자.

Reading Skills

규칙을 찾기 전까지는 천천히 넘기기

첫 장에서 1을 확인하고 2로 넘어가면 숫자 위에 1+1이 작게 보이는데, 이것을 언급하지 않고 다음에 어떤 수가 나올지 질문한다. 순서대로 3이 나올 거라고 대답하는 아이들이 대부분이다. 하지만 관찰력이 뛰어난 아이는 앞 페이지에서 1+1 덧셈을 발견하고 4라고 대답한다. 그다음에는 3+3이 나올 것으로 생각해 6이라고 대답하지만, 답은 4+4로 8이다. 규칙을 발견한 아이들은 이후에는 답을 잘 찾아간다. 책의 앞부분은 아이들이 규칙을 찾을 수 있도록 천천히 읽어 주면 좋다.

점으로 표현된 부분에서 점의 개수 세어 보기

그림책을 펼치면, 왼쪽에는 숫자, 오른쪽에는 숫자만큼의 점으로 구성된 그림이 나타난다. 과연 숫자만큼 점이 있는지 확인하면서 읽어도 재미있다. 그림을 자세히 살피며 점으로 표현된 부분을 찾아보자. 뒤로 갈수록 점이 작고 개수가 많으므로 가까이 보아야 확인할 수 있다. 마지막에 펼친 그림은 아이들 모두가 볼 수 있게 책을 들고 교실을 한 바퀴를 돌면서 보여 주면 좋다.

큰 수 읽는 방법 익히기

세 자릿수가 넘어가면 어른들도 암산하기가 어렵다. 종이나 칠판에 쓰면서 함께 수를 더해 보고, 영어로 숫자 읽는 방법을 익혀 보자. 우리나라는 네 자릿수마다 명칭이 바뀌지만 영어권에서는 세 자릿수마다 이름이 바뀐다. 숫자를 읽을 때 이처럼 숫자 읽는 방식의 차이를 짚어 주고, hundred와 thousand를 반복 연습해 보자. 아이들은 큰 수에 관심을 가지므로, 책에 있는 숫자 외에 더 큰 수를 읽는 방법을 알아봐도 좋다.

59

Animalia
Graeme Base

#숨은그림찾기 #알파벳 #동물 #파닉스

표지에 빼곡히 그려져 있는 동물들의 디테일한 묘사가 예사롭지 않다. 책을 펼쳐 보면 페이지마다 환상적이면서 다소 기괴한 예술 작품을 연상케 하는 장면이 나타난다. 작가는 페이지마다 각 알파벳으로 시작하는 단어로 소제목을 붙이고, 해당 알파벳으로 시작하는 수많은 단어들을 기발한 아이디어로 그림 속에 숨겨 놓았다.

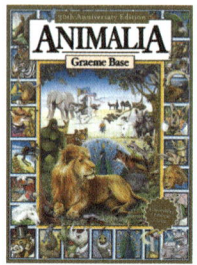

Fun Point 숨은 그림을 찾아라!

책에는 갖가지 그림들이 다양한 구도와 형태 속에 꼼꼼하게 숨어 있다. 단순하게 생각했던 벽지나 무심코 적혀 있는 듯한 상자 라벨, 심지어 나비의 얇은 날개 무늬도 그냥 지나쳐서는 안 된다. 또 에펠 탑, 피사의 사탑 등 세계 유명 건축물들도 놓치지 말자. 아이들은 눈을 크게 뜨고 도전하듯 숨은 그림을 찾으면서 성취감과 재미를 느낄 수 있다.

Reading Skills

숨어 있는 소년 찾기

작가는 각 페이지에 자신의 분신이기도 한 줄무늬 셔츠를 입은 소년을 숨겨 놓았다. 어떤 곳에서는 손만 보이고, 어떤 곳에서는 물건 뒤에 숨었다. 눈을 크게 뜨고 찾아보자. 『월리를 찾아라』처럼 페이지마다 숨어 있는 작가를 찾는 재미가 쏠쏠하다.

수준별 수업에 활용하기

이 책은 수준에 따라 단계별로 수업에 활용할 수 있다. 무수한 정보들을 담고 있어 많이 알면 알수록, 자세히 보면 볼수록 재미가 배가된다. 정답지가 있냐는 질문에 작가는 독자들의 다양한 반응이 더해져 더 많은 정답이 생성되는 열린 게임을 의도했다고 답했다.

• 초급 수준 : 각 알파벳으로 시작하는 주요 동물들 이름 알기				
A : alligator	B : butterfly	C : cat	D : dragon	E : elephant

• 중급 수준 : 각 알파벳으로 시작하는 그림 속 단어 찾기

 | cat, camera, corn, cucumber, cap, candle, cheese, crab, calculator, castle, clock, cactus, camel, celery, cage, calendar, chair, canon, cliff, cabbage, cassette tape, etc.

• 고급 수준 : 소제목 읽고 그림과 연결 지으며 의미 파악하기

Diabolical Dragons Daintily Devouring Delicious Delicacies.

맛있는 별미를 섬세하게 먹어 치우는 악마의 용들

60

Baa Baa Smart Sheep
똑똑해지는 약

Mark Sommerset, Rowan Sommerset

#속임수 #똥 #양 #칠면조

심심해하던 양은 칠면조에게 똥처럼 생긴 동그란 물체를 주며 똑똑해지는 약이니 먹어 보라고 한다. 모양도 냄새도 똥 같지만, 칠면조에게만 공짜인 데다 먹으면 똑똑해진다고 하니 칠면조는 먹고 싶은 유혹에 빠진다. 아이들이 듣기만 해도 좋아하는 똥을 소재로 한 재미있는 그림책이다.

Fun Point 설마 똥을 먹을까? 칠면조의 선택이 궁금해!

양과 칠면조의 빠르게 반복되는 만담식 대화는 '과연 칠면조가 똥을 먹을까?' 하는 아이들의 궁금증을 점점 증폭시킨다. "똑똑하게 만들어 준다고?", "공짜라고?", "칠면조한테만?" 연이어 묻는 칠면조의 반응은 아이들에게 다음 행동을 기대하게 만들고, 장난에 속아 넘어가는 칠면조의 어리숙한 모습이 큰 웃음을 자아낸다.

Reading Skills

등장인물의 성격을 살려 실감 나게 읽기

이 그림책은 두 주인공이 서로 대화를 나누는 형식으로 구성되어 있다. 아이들이 영어책을 직접 읽기 어렵다면, 교사가 능청스럽게 친구를 속이는 양과 어리숙하게 속아 넘어가는 칠면조의 성격을 살려 1인 2역으로 읽어 줄 수 있다. 영어책 읽기가 가능한 아이가 있다면 교사와 함께 역할을 나누어 읽어 줘도 좋다. 그리고 칠면조가 이쪽저쪽으로 고개를 돌려 가며 정신없이 똥을 집어삼키는 모습과, 똥이라는 사실을 알고 뱉어 내는 모습을 동작으로 실감 나게 표현해 보자.

장난과 학교 폭력의 차이에 관해 이야기 나누기

양의 속임수로 똥을 먹은 칠면조의 기분이 어떨지 짐작해 보도록 한다. 친구의 심한 장난 때문에 속상하거나 화가 났던 적이 있는지 이야기하며 서로의 경험을 나눌 수도 있다. 양의 장난을 따라 하고 싶어 하는 친구가 있다면 무슨 말을 해 주고 싶은지, 장난과 학교 폭력의 차이는 무엇인지에 관해 이야기 나누어도 좋다.

짓궂은 장난(mischief) 아이디어 콘테스트 열기

양의 장난을 따라 하고 싶지만 그러면 안 된다고 생각하는 아이들을 위해 후속 활동으로 아쉬움을 달래 보자. 양이 칠면조를 속인 것처럼 짓궂은 아이디어를 내어 그림으로 표현해 보는 활동이다. 아이들은 간장을 콜라로 속이기, 노란색 색종이를 치즈라고 속이기, 나무젓가락을 빼빼로라고 속이기 등 다양한 아이디어를 표현하며 즐거워할 것이다.

Bark, George
짖어 봐, 조지야

Jules Feiffer

#반전 #강아지 #동물울음소리 #수의사

조지(George)는 '멍멍' 하고 짖지 않고 엉뚱하게 다른 동물의 울음소리를 내는 특이한 강아지다. 걱정이 된 조지의 엄마가 수의사에게 데려가 조지의 배 속을 살피는데…. 과연 조지는 제대로 된 강아지 울음소리를 낼 수 있을까? 등장인물들의 귀엽고 과장된 표정이 흥미를 더하는 그림책이다.

Fun Point 배 속에서 줄줄이 동물들이 나온다고?

수의사는 처음에 조지의 배 속에서 고양이를 꺼내는 것을 시작으로, 이후 오리, 돼지 등 점점 더 큰 동물들을 한 마리씩 꺼낸다. 마지막으로 거대한 소를 꺼내는 장면에서는 조지의 엄마와 수의사처럼 아이들도 깜짝 놀라며 웃음을 터뜨린다.

Reading Skills

등장인물의 특징과 감정을 살려 실감 나게 읽기

조지가 내는 동물들의 울음소리를 각 동물의 특징을 살려 실감 나게 읽어 보자. 엄마의 대사는 점점 더 괴로운 목소리로 읽으며 감정을 표현한다. 수의사가 소를 꺼내기 위해 손을 뻗는 장면에서는 느낌을 살려 점점 낮은 목소리로 'deep'을 반복하여 읽어 주다가 마지막 'deep'은 deeeeeeep처럼 길게 끌어 읽으면 좋다.

수의사가 조지의 배에서 동물들을 꺼내는 장면은 동작을 더해 생생한 느낌을 살리며 읽어 준다. 배 속 깊이 손을 넣어 동물을 꺼내는 동작을 보여 주고, 특히 마지막 장면은 장갑을 쭉 늘여서 끼우고 교실 바닥까지 손을 길게 뻗으며 소를 꺼내는 시늉을 한다.

조지 엄마의 반응 살펴보기

조지가 다른 동물의 울음소리를 낼수록 점점 절망에 빠지는 엄마의 모습을 살펴보는 것도 놓치지 말자. 조지 엄마가 이를 꽉 문 채 화를 참거나 머리에 앞발을 올리고 화를 다스리는 모습 등은 실제 아이들도 경험한 적 있는 엄마의 모습과 닮아서 큰 웃음을 준다.

조지의 배 속 상상하여 팝업 카드 만들기

마지막 장면에서 조지가 왜 "Hello."라고 말했을지, 다음에는 또 뭐라고 짖을지 아이들에게 질문한 뒤, 상상한 내용을 그림으로 표현해 보자. 학습지에 조지의 배 속을 상상하여 그림을 그리고 선을 따라 접으면 멋진 팝업 카드가 완성된다.

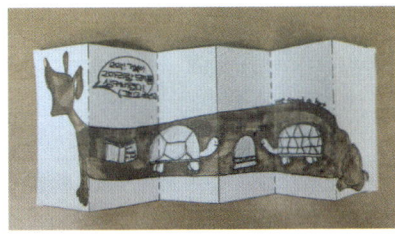 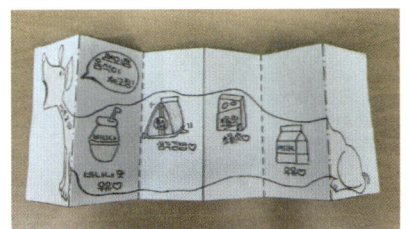

Daisy Really, Really

Kes Gray, Nick Sharratt

#거짓말 #일탈 #진짜하고싶은일

엄마의 외출로 베이비시터 안젤라(Angela)를 만나게 된 데이지(Daisy). 데이지는 안젤라를 속이고 평소에 하지 못했던 일들을 마음껏 하며 자유 시간을 누린다. 천연덕스럽게 거짓말을 하며 과감하게 일탈하는 데이지를 통해 대리 만족을 느낄 수 있는 유쾌한 그림책이다.

Fun Point 왜 손가락을 꼬고 있을까? (Crossed Fingers)

데이지는 안젤라의 물음에 대답할 때마다 손가락을 꼬아 뒤로 감춘다. 이는 서양권에서 몰래 작은 거짓말을 할 때 사용하는 동작이다. 아이들이 이 의미를 알고 나면 그림 속에서 데이지가 손가락을 꼬고 있는지 찾아보고, 자신도 따라 하면서 더욱 재미있게 책을 읽는다. 마지막에 안젤라가 데이지를 위해 손가락을 꼬는 장면에서는 예상치 못한 재미와 따뜻함도 느낄 수 있다.

Reading Skills

세 인물이 처한 상황에 적합한 말투로 읽어 주기

안젤라의 대사는 그림에서 보이는 것처럼 미소 지으며 상냥하고 친절한 목소리로 읽어 준다. 안젤라를 계속 속이는 데이지의 대사는 장난스럽고 천연덕스러우며 밝은 느낌을 살려 읽어 준다. 반면, 데이지의 하루가 궁금했던 엄마가 집에 돌아와 안젤라에게 질문을 퍼붓는 장면은 걱정이 담긴 목소리로 빠르게 읽어 주자.

엄마가 남긴 메모의 행방 찾기

외출에서 돌아온 엄마가 안젤라에게 "She did give you my note didn't she?"라고 물었을 때 안젤라는 첫 만남에서 데이지가 종이를 먹고 있던 이유를 비로소 알아차린다. 데이지가 엄마의 메모를 감추고 자기 멋대로 행동하려 했던 것이다. 다시 그 장면으로 돌아가 메모를 먹고 있는 데이지를 확인해 보자.

'Really, Really'는 동작과 함께 읽기

둘의 대화 장면에서 데이지의 답변에 안젤라는 매번 의심스럽다는 듯 "Really?" 하고 묻는다. 데이지는 항상 "Really, Really."라고 두 번씩 대답하는데 이 부분은 아이들이 R 발음에 유의하여 함께 따라 읽어 보도록 한다. 두 번씩 강조하여 자기 말을 믿게 하려는 데이지의 의도를 담아 손가락을 꼬는 동작과 함께 당당하고 뻔뻔하게 읽어 보자.

내가 데이지라면 무엇을 하고 싶은지 상상하기

데이지는 엄마가 없는 틈을 타서 원하는 간식을 먹고 늦게 잠자리에 드는 등 평소에 하지 못한 일들을 마음껏 하며 자유를 누렸다. 아이들이 데이지라면 무엇을 하며 자유 시간을 보내고 싶은지 함께 이야기해 보자. 아이들은 상상하는 것만으로도 즐거운 시간을 보내게 된다.

Dog Breath
: The Horrible Trouble with Hally Tosis
입냄새 나는 개

Dav Pilkey

#입냄새 #반려동물 #우정 #가족

강아지 할리 토시스(Hally Tosis)는 끔찍한 입냄새를 가진 개이다. 입냄새가 너무 심해 가족과 헤어질 위기에 처하자, 아이들은 할리의 입냄새를 없애 보려고 노력한다. 하지만 번번이 실패하여 헤어질 결심을 하던 중, 그들의 운명을 바꾸는 사건이 일어난다. '입냄새' 라는 불쾌한 소재를 기발한 이야기와 익살스러운 그림체로 표현한 흥미로운 그림책이다.

Fun Point 끔찍한 초록 가스, 할리의 입냄새

할리의 입냄새는 마치 독가스처럼 짙은 초록색으로 표현되고 있다. 할리가 입을 벌리면 벽지가 뜯어지고, 금붕어도 기절하고, 액자 속 모나리자까지 코를 움켜쥔다. 아이들은 이런 장면을 찾아보면서 박장대소하며 좋아한다. 참고로 주인공 강아지의 이름인 '할리 토시스' 는 입냄새를 뜻하는 영어 단어 'halitosis' 에서 따왔고, 할리의 성별은 암컷이다.

Reading Skills

냄새와 관련한 경험 이야기해 보기

자신이 맡아 본 가장 끔찍한 냄새와 관련된 경험을 이야기해 보자. 아이들은 형의 방귀 냄새, 아빠의 발냄새, 엄마의 트림 냄새 등을 폭로하듯 이야기하며 즐거워한다. 이때, 대부분의 아이들이 본인의 냄새에 관해서는 언급하지 않는 귀여운 모습을 보인다.

할리의 입냄새를 없애기 위한 해결 방법 찾아보기

할리를 떠나보내지 않기 위해 할리의 입냄새를 없애 보려고 주인공들이 어떤 노력을 할지 예상해 보자. 아이들은 "양치를 해요.", "사탕을 물게 해요.", "마스크를 씌워요." 등 일상에서 해결할 수 있는 다양한 답변을 내놓는다. 아이들이 짐작한 해결 방안과 책에 나오는 해결 방안이 일치하는지 확인하며 책을 읽어 보자.

할리 입냄새의 위력 찾아보기

할리의 입냄새는 상상을 초월할 정도로 지독하다. 독가스 같은 초록색 입냄새의 위력은 그림책 전반에서 찾을 수 있다. 가족들은 물론 스컹크와 햇님마저도 코를 막고, 영화 속 주인공들까지도 탈취제를 뿌릴 정도이다. 이렇게 재미있게 표현된 여러 장면들을 아이들과 함께 찾아보자.

도둑들이 미리 등장한 장면 찾아보기

사실 도둑들은 창문을 통해 집으로 들어오기 전, 여러 장면에서 등장을 예고한다. 주인공들이 할리를 데리고 산으로 올라가는 장면, 영화관 매표소 앞에서 포스터를 보는 장면, 눈물을 흘리며 할리와 굿나이트 인사를 하는 장면에서 찾아볼 수 있다. 눈치가 빠른 아이들은 선생님이 언급하기 전에 먼저 발견할 수도 있지만 대부분은 그냥 지나치므로, 이야기가 끝난 뒤 다시 한번 확인해 보자.

64

Hi! Fly Guy
내 친구 파리보이

Tedd Arnold

#반려동물 #z사운드 #우정 #리더스북

먹을 것을 찾아다니는 파리와 반려동물이 필요한 소년이 만났다. 파리의 윙윙거리는 소리(buzz)를 들은 소년 버즈(Buzz)는 파리가 자신의 이름을 불렀다며 놀라고, 이 똑똑한 파리에게 '플라이 가이(Fly Guy)' 라는 이름을 붙여 주면서 이야기는 시작된다. 둘의 특별한 우정을 기발하고 재미있는 내용으로 구성한 '플라이 가이 시리즈' 의 첫 작품이다.

Fun Point 모두가 싫어하는 더러운 파리가 반려동물이 된다고?

대부분의 사람들이 파리는 더럽고 성가신 해충이라 생각하는데, 작가는 이런 생각을 뒤집어 똑똑한 반려동물 '플라이 가이' 를 탄생시켰다. 무엇보다 파리 주변에서 빼놓을 수 없는 똥, 오줌, 쓰레기와 같이 원초적이고 더러운 요소가 자주 등장하여 아이들의 재미를 극대화한다.

Reading Skills

'z' 사운드 따라 읽기

시리즈의 다른 그림책을 보면 플라이 가이는 모든 단어를 'z'로 끝내며 말하는 특징을 가지고 있다. 단어가 나올 때마다 살짝 진동을 주면서 휴대폰 진동이 울리거나 벌이 윙윙거리는 것처럼 읽어 보자. 'ㅈ'과 'z' 발음의 차이점을 확인하기 위해 'ㅈ'이 들어간 아이들의 이름을 'z' 발음으로 불러 보는 것도 재미있다.

'플라이 가이 시리즈'의 다른 책 읽어 보기

이 책을 읽고 나면 시리즈의 다른 책을 찾아보지 않을 수 없다. 영어책 읽기를 싫어하는 아이들도 '플라이 가이 시리즈'는 킥킥대며 좋아한다. 각 책마다 버즈와 플라이 가이 외에 새로운 인물이 등장하고, 매번 참신한 아이디어로 독자들에게 신선한 웃음을 준다. 최근에도 작가는 새로운 '플라이 가이 시리즈'를 출간했으며, 이와 더불어 다양한 정보로 구성된 논픽션 시리즈 '플라이 가이 프레즌트(Fly Guy Presents) 시리즈'도 큰 인기를 끌고 있다.

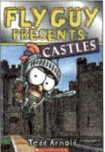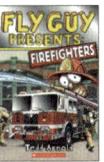

'플라이 가이 시리즈' 일부 '플라이 가이 프레젠트 시리즈' 일부

리더스북 입문서로 활용하기

'플라이 가이 시리즈'는 AR 1점대로, 영어책 읽기 입문서로 유명하다. 특히 큼직하고 간결한 삽화가 내용을 충분히 설명하는 데다, 시리즈마다 어휘와 문장이 반복되고 비슷한 수준의 단어들이 등장하기 때문에 첫 영어책으로 적격이다. 어휘를 확장하고 읽기 수준을 높이고 싶다면 AR 2~4점대인 '플라이 가이 프레즌트 시리즈'를 활용하면 좋다.

65

From Head to Toe
머리에서 발끝까지

Eric Carle

#몸놀이 #신체 #동물 #Can you~?

여러 동물이 나와 각자의 재주를 다양한 동작으로 뽐내며 아이에게 "할 수 있냐?"고 묻고, 아이는 "할 수 있다."고 답하며 동작을 보여 준다. 단순하고 반복적인 문장 구조와 생동감 있는 일러스트가 아이들의 관심을 불러일으키고, 쉽지 않은 신체 동작들을 직접 따라 해 볼 수 있는 흥미로운 그림책이다.

Fun Point 동작 따라 하며 몸 놀이 즐기기

아이들은 책에 나오는 다양한 동물들이 하는 행동을 흉내 내면서 재미를 느낀다. 흉내를 잘 내든 못 내든 자리에서 일어나 몸을 움직이는 것만으로도 아이들은 충분히 즐거워한다. 특히 버팔로처럼 어깨를 들어 올리거나, 악어처럼 엉덩이를 흔들고, 당나귀처럼 뒷발차기를 하는 등 크고 익살스러운 동작이 나오는 장면에서는 더욱 흥분하여 분위기가 고조된다.

Reading Skills

반복되는 문답식 표현 같이 읽기

새로운 등장인물이 나올 때마다 문답식 표현 'Can you do it?', 'I can do it.'이 반복된다. 이 부분을 처음에는 교사가 읽어 주고, 익숙해지면 아이들이 큰 소리로 읽어 보게 하자. 아이들은 책의 전체적인 맥락 속에서 핵심 문장이 어떻게 쓰이는지 이해하면서 효과적으로 영어 표현을 익힐 수 있다.

자연스럽게 영어 표현 익히기

이 그림책에는 다양한 동물과 신체 부위, 동작을 나타내는 영어 표현이 나온다. 아이들은 그림 속 동물들의 동작을 흉내 내는 몸 놀이를 통해 관련 어휘를 자연스럽고 즐겁게 익힐 수 있다. 또한 문장 구조가 짧고 단순하여 아이들이 따라 읽기에도 무리가 없다.

특히 동영상 사이트에서 노래와 함께 책을 읽어 주는 영상을 찾아 들어 보기를 추천한다. 흥겨운 노래를 듣고 따라 부르면서 영어 표현을 저절로 익히고 더 큰 재미를 느낄 수 있다.

'나 따라 해 봐요, 이렇게' 놀이하기

그림책의 느낌을 살려 함께 신체 놀이를 해 보자. 한 아이가 앞에 나와 어렵고 창의적인 동작을 해 보이며 "Can you do it?" 하고 물으면, 앉아 있는 아이들 중 도전하고 싶은 아이가 손을 들고 "I can do it!"이라고 대답하며 동작을 따라 한다.

I Spy: An Alphabet In Art
Lucy Micklethwait

#숨은그림찾기 #알파벳 #명화

책의 각 장마다 알파벳 대소문자와 명화가 제시되어 있고, 명화 속에서 해당 알파벳으로 시작하는 물건을 찾아내는 알파벳 북이다. 숨은그림찾기 하듯 단어를 찾는 재미가 있고, 그와 더불어 유명 화가의 아름다운 명화를 감상할 수 있는 일석이조 그림책이다.

Fun Point I Spy 놀이를 하며 단어를 찾는 재미

I Spy 놀이는 'I spy with my little eye~'라는 말로 시작하며, 한 아이가 눈에 보이는 사물을 가리키는 낱말의 첫 글자를 말하면 나머지 아이들이 그 알파벳으로 시작하는 사물을 추측하는 놀이다. 아이들은 명화 속에서 단어를 찾아내려고 집중하고 다양한 답을 찾기 위해 창의력을 발휘한다.

Reading Skills

정답 페이지 활용하기

마지막 페이지에는 그림책에 등장하는 명화의 작가와 제목, 해당 알파벳으로 시작되는 단어가 제시되어 있다. 한참이 지나도 답을 찾지 못하는 경우에는 힌트를 주면서 찾도록 유도하면 좋다. 정답 외에 아이들이 찾은 다른 단어도 수용하고 인정해 주자.

또한 이 그림책은 누구나 이름만 들어도 알 수 있는 유명한 화가인 마그리트, 피카소, 샤갈 등의 작품으로 구성되어 있다. 단어를 찾는 활동 외에도 정답 페이지에 수록된 정보를 활용하여 명화를 감상하는 시간을 함께 가져 보자.

운율 살려 문장 함께 읽기

그림책 속 문장은 운율을 살려 아이들과 함께 읽어 보자. 처음에는 한 줄씩 따라 읽고 익숙해지면 한 줄씩 번갈아 읽는다. 이때 오른쪽 페이지의 명화를 함께 보여 주면 아이들이 정답을 찾는 데만 열중하므로, 왼쪽 페이지를 먼저 읽은 뒤 그림을 제시한다.

I Spy 게임 하기

'I spy with my little eye something beginning with~' 문장을 활용하여 게임을 해 보자. 교실에서 찾을 수 있는 단어를 넣어 퀴즈를 낸다. 서로 문제를 내고 맞히는 활동을 통해 새로운 단어를 익히는 기회를 가질 수 있다. clock 같은 물질 명사, Choi Yujin 같은 고유 명사, conversation 같은 추상 명사를 모두 허용하여 창의력을 발휘하도록 유도한다.

I Want My Hat Back
내 모자 어디 갔을까?

Jon Klassen

#범인찾기 #정직 #거짓말 #소통

곰은 잃어버린 모자를 찾기 위해 길에서 마주친 여러 동물들에게 모자의 행방을 물어보지만, 그들은 하나같이 본 적이 없다고 한다. 급기야 모자를 애타게 그리워하다 실의에 빠져 드러누운 곰. 과연 곰은 잃어버린 모자를 찾을 수 있을까? 범인을 찾는 과정이 긴장감 있고 흥미진진하게 표현되고, 열린 결말로 아이들의 상상력을 자극하는 그림책이다.

Fun Point 도둑이 제 발 저린다!

자신의 모자를 본 적 있냐는 곰의 질문에 토끼는 지나치게 말을 많이 한다. 마치 자신이 범인인 것을 실토하는 듯한 토끼의 행동에 우리들이 거짓말할 때의 모습이 겹치며 실소를 금치 못한다. 이야기 후반에 토끼를 본 적 있냐는 다람쥐의 질문에 곰 역시 말이 빨라지고 지나치게 말을 많이 하는 모습을 확인할 수 있는데, 토끼는 과연 어디로 사라진 것일까? 열린 결말을 추측해 보는 재미가 있다.

Reading Skills

등장인물의 성격 살려 실감 나게 읽기

곰이 모자를 찾으러 가는 중에 만난 동물들의 성격을 살려 대사를 읽어 보자. 곰은 묵직하고 낮은 목소리로, 거북이는 졸린 듯 느릿한 목소리로, 뱀은 얇고 가는 목소리로, 두더지는 아무것도 모르는 듯 천진한 목소리로 표현할 수 있다. 그렇다면 토끼는 어떤 목소리로 표현할 수 있을까? 토끼의 말투에는 진실을 숨기려는 의도가 담겨 있기에 이 부분을 어떻게 살려 읽는지가 매우 중요하다.

결정적인 장면에서 잠시 멈추어 생각할 시간 갖기

곰이 사슴에게 잃어버린 모자의 특징을 설명하다가 갑자기 누가 범인인지 깨닫는 장면에서는 곰이 받은 충격을 나타내기 위해 배경을 자극적인 빨간색으로 표현하고 있다. 이 부분에서 잠시 멈추어 누가 범인이라고 생각하는지 예상해 보자.

또한 곰이 달려가 토끼와 마주하는 장면은 이 그림책의 하이라이트이다. 여기에서도 잠시 멈추어 몇 초간 정적을 가진다. 토끼와 곰이 무슨 생각을 하고 있을지, 어떤 심정일지 이야기 나누어 본다.

토끼의 행방 짐작하기

모자를 되찾은 곰에게 다람쥐가 다가와 같은 질문을 한다. "Have you seen a rabbit wearing a hat?"이라고 묻는 다람쥐에게 곰은 무엇이라 답할까? 지나치게 말이 많아진 곰의 대답을 토끼의 대답과 비교하며, 토끼가 어디로 사라졌을지 짐작해 보자. 곰의 엉덩이 아래에 나뭇가지가 어지럽게 깔려 있는 장면을 통해 우리는 토끼의 행방을 짐작해 볼 수 있다.

Not a Box
이건 상자가 아니야

Antoinette Portis

#상상력 #상자 #창의력 #토끼

우리 눈에는 그냥 평범한 상자로 보이지만 토끼는 상자가 아니라고 말한다. 토끼의 상상력과 창의력으로 상자는 무엇으로 변신할 수 있을까? 단순한 그림과 색채로 아이들의 호기심을 자극하며 재미있게 읽을 수 있는 그림책이다.

Fun Point 상자가 아니면 무엇일까?

누구나 한 번쯤 어릴 적에 택배 상자나 커다란 상자를 활용해 놀았던 경험이 있을 것이다. 이 그림책은 그때를 떠올리며 토끼의 상상 속으로 함께 떠나고 싶게 만든다. 이야기는 속표지부터 시작되는데, 상자를 발견해서 끌고 가는 토끼를 보여 주며 우리의 호기심을 자극한다. 아이들과 함께 토끼가 상자를 무엇으로 활용할지 미리 상상해 본 뒤 함께 책을 읽으면 한층 재미있다.

Reading Skills

토끼가 상상하는 그림 예상하기

이야기는 상자로 무엇을 하고 있냐고 묻는 질문에 토끼가 "It's not a box."라고 대답하는 문답 형식으로 구성되어 있다. 토끼에게 질문하는 장면의 그림을 보고 토끼가 만들어 낼 상자의 모습을 예상해 보자.

토끼의 감정 살려 읽어 주기

상자가 아니라고 하는데도 계속해서 상자로 무엇을 하냐고 묻는 질문에 토끼는 점점 짜증이 난다. 처음에는 토끼의 대사를 차분한 어조로 설명하듯 읽고, 질문이 이어질수록 답답하고 짜증 난다는 듯 읽어 준다. 특히 "It's Not Not Not Not a box!"라고 대답하는 부분은 답답함이 최고조에 달한 토끼의 감정을 잘 살려 읽는다.

또한 상자라는 단어를 넣지 않고 "Well, what is it then?"이라고 묻는 마지막 질문에 대한 토끼의 대답은 이제야 비로소 만족스럽다는 듯 읽도록 한다.

토끼보다 더 멋지게 상상해 보기

토끼처럼 상상력을 발휘해 상자 모양을 가지고 그림을 그려 보는 활동을 한다. 그림책처럼 토끼와 상자는 검은색으로, 덧그림은 빨간색으로 표현할 수도 있지만, 토끼를 다른 인물로 바꾸거나 덧그림 색도 원하는 대로 바꾸는 등 다양한 형식으로 기발한 아이디어를 표현해 보자.

Pigsty

Mark Teague

#돼지우리 #정리 #생활습관 #놀이문화

주인공 웬델(Wendell)은 자신의 방을 정리하지 않는다. 엄마는 이런 웬델의 방을 '돼지우리'라고 표현하며, 더 이상 웬델의 방을 치워 줄 수 없다고 선언한다. 그러던 어느 날, 웬델의 방에 정말로 돼지가 하나둘 찾아오며 이야기가 시작된다. 주변을 잘 정리하지 않는 아이들에게 보여 주면 안성맞춤인 그림책이다.

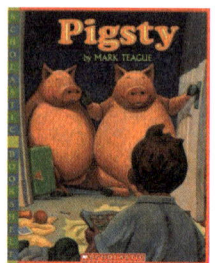

Fun Point 마치 내 방을 보는 것 같아!

누구나 한 번쯤 부모님께 '네 방이 돼지우리 같구나!'라는 말을 들어 본 경험이 있을 것이다. 그림책에는 돼지들이 들어와 자기 방인 것처럼 뻔뻔하게 행동하는 모습이 과장되게 표현되어 있어 읽는 내내 웃음이 나온다. 그동안 자신의 방을 '돼지우리'처럼 쓰고 있던 아이들일수록 더욱 몰입하며 즐거워할 것이다.

Reading Skills

책 제목 예상하기

이 그림책의 제목인 Pigsty의 뜻은 돼지우리이다. 아이들에게 생소한 단어이므로 표지를 보고 뜻을 유추한 다음, 책을 다 읽고 어떤 뜻일지 맞혀 보게 하자. 대부분의 아이들은 pig가 돼지라는 사실을 알고 있기 때문에 책 내용을 바탕으로 Pigsty의 뜻을 추측할 것이다. 우리나라에서 지저분한 곳을 '돼지우리' 같다고 말하는데, 다른 문화권에서도 같은 표현을 사용한다는 사실에 아이들은 신기해한다.

우리 문화와 다른 문화의 공통점과 차이점 찾기

이 책에는 서양권의 생활 모습과 놀이 문화가 잘 드러나 있다. 아이들은 주인공들이 '부루마블'과 비슷한 보드게임을 하고 베개 싸움하는 모습을 보며 반가워한다. 반면 실내에서 신발을 신고 생활하고 특히 침대에 신발을 신고 올라가 방방 뛰는 낯선 모습에 깜짝 놀라기도 한다.

정리하는 생활 습관 만들기

자기 주변을 정리하는 습관의 중요성을 함께 생각해 본다. 사물함이나 책상 속, 자기 주변을 정리하고 지속적으로 깨끗하게 유지할 수 있는 방법에 관해 이야기 나누고 실천해 보자.

70

Press Here
Hervé Tullet

#책놀이 #상호작용 #색깔 #상상력

하나였던 점이 개수가 늘어나고, 커졌다가 작아지기도 하며 색깔이 변하기도 한다. 책 속의 점을 직접 만지며 적극적으로 상호 작용하면서 아이들의 상상력과 관찰력을 자극하는 그림책이다. 단순한 점과 간단한 지시만으로도 이토록 몰입하게 만드는 작가의 아이디어가 놀랍다.

Fun Point 책 읽기? 책 놀이!

"READY?"라는 말과 함께 책 놀이가 시작된다. 간단한 지시문에 따라 아이들은 직접 점을 눌러 보고, 문질러 보고, 톡톡 두드려 보며 재미를 느낀다. 특히 책을 기울여 점들이 한쪽으로 쏠릴 때, 검은색 배경을 세게 불어 날릴 때, 박수를 치며 점의 크기를 늘릴 때, 아이들의 기대와 흥분은 최고조에 달한다. 책장을 넘길 때마다 만나게 되는 변화무쌍한 점의 모습은 아이들로 하여금 감탄을 자아낸다.

Reading Skills

아이들과 상호 작용하며 읽기

'PRESS', 'RUB', 'TAP', 'SHAKE' 부분은 아이들이 직접 책을 만지며 동작을 해 볼 수 있도록 그림책을 들고 교실을 돌아다니며 읽어 준다. "TRY SHAKING"이라고 말할 때는 직접 책을 건네주어 아이들이 마음껏 흔들어 보게 한다. 'TRY BLOWING', 'CLAP YOUR HANDS' 부분은 "더 세게, 더 많이, 더 크게"라고 말하며 더욱 적극적인 참여를 유도한다.

이어질 내용 예측해 보기

지시문의 요구에 따라 아이들이 행동하면, 책장을 넘기기에 앞서 다음 장에 어떤 그림이 펼쳐질지 예측해 보자. 다음 장면을 말로 설명할 수도 있지만, 간단한 그림으로 나타내는 것이 아이들에게는 훨씬 쉽고 흥미로운 방법이다. 직접 책장을 넘겨 작가의 그림과 비교해 보면서 책과 함께 놀이를 이어 간다.

다양한 칭찬 표현 확인하기

이 책에는 'GREAT', 'PERFECT', 'WELL DONE', 'FABULOUS' 등 다양한 칭찬 표현이 나온다. 지시문을 잘 따랐을 때 어울리는 동작과 함께 과장하여 칭찬해 주면, 아이들은 자신감을 가지고 더욱 적극적으로 책 읽기에 참여하게 된다.

71

Roller Coaster
롤러코스터

Marla Frazee

#놀이공원 #현장체험학습 #설렘

놀이공원에서 가장 인기 있는 놀이기구인 롤러코스터를 탈 때의 모습과 감정을 그대로 느끼게 해 주는 그림책이다. 책장을 넘기면 각양각색의 사람들이 길게 줄을 서서 차례를 기다리다 마침내 롤러코스터를 타고 짜릿함을 경험하는 일련의 과정을 실감 나게 감상할 수 있다.

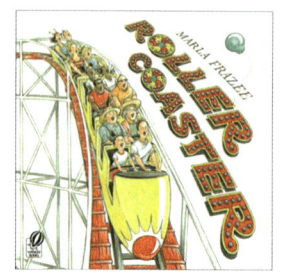

Fun Point 내가 지금 롤러코스터를 타고 있는 건가?

그림책은 롤러코스터를 타는 사람들의 설렘, 불안, 걱정 등 다양한 감정을 섬세하게 표현하고 있다. 롤러코스터의 움직임과 탑승객들의 생생한 표정, 그리고 글자마저도 움직이는 것처럼 배치해 긴장감을 더해 준다. 아이들은 책을 읽으며 마치 롤러코스터를 직접 타는 듯 강렬한 생동감을 느끼게 된다.

Reading Skills

줄을 길게 서 본 경험 이야기하기

롤러코스터는 그림책에서처럼 실제로도 많은 사람들이 줄을 서서 오래 기다려야 탈 수 있는 놀이기구이다. 놀이공원에서 줄을 섰던 경험을 아이들이 어떻게 기억하고 있을까? 얼마나 오래 기다려 본 적 있는지, 기다리면서 무엇을 했는지, 그때 기분이 어땠는지 그림을 보며 함께 이야기 나누어 본다.

탑승객의 반응 살펴보기

롤러코스터에 탑승한 사람들을 보며 누가 롤러코스터를 즐길지, 누가 무서워할지 예상해 보자. 우리는 선글라스를 낀 덩치 큰 남자들은 용감하게 스릴을 즐길 것이라 예상하고, 모자를 쓴 노부부는 겁이 많아 롤러코스터를 즐기지 못할 거라고 생각한다. 하지만 롤러코스터에서 내리는 장면을 보면 이런 예상이 빗나가는 반전을 경험하게 된다. 이 외에도 대부분의 탑승객들이 탈 때와 내릴 때의 모습이 다르니 빼놓지 말고 천천히 살펴보자.

효과음 실감 나게 읽기

이 그림책은 롤러코스터가 움직이는 소리와 모습을 붉은색 글자로 생동감 있게 표현하고 있다. 점점 커지는 글자는 점점 크게, 빠르게 지나가야 하는 장면은 빠른 속도로 읽어 주면 더욱 실감 난다. 휙 구부러진 글자의 느낌에 맞춰 읽으면 롤러코스터의 스릴과 즐거움이 한층 더 생생하게 느껴진다.

72

Sam & Dave Dig a Hole
샘과 데이브가 땅을 팠어요

Mac Barnett, Jon Klassen

#모험 #탐험 #땅파기 #칼데콧아너

샘과 데이브는 특별한 무언가를 찾기 위해 땅을 파기 시작한다. 때로는 함께 또 때로는 각자 또 어떤 때는 방향을 바꾸어 파 보지만, 그 특별한 것을 찾기가 쉽지 않다. 열심히 땅을 파지만 매번 아깝게 보석을 비껴가는 그들의 모습에 안타까워하면서 몰입하여 읽는 재미가 쏠쏠하다.

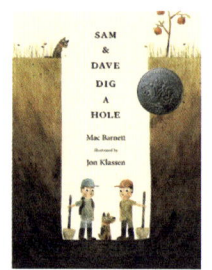

Fun Point 삽질을 지켜볼 수밖에 없는 아이들의 탄식!

샘과 데이브는 매우 진지한 표정으로 땅을 판다. 목표를 이룰 때까지 땅파기를 멈추지 않을 것이라고 말하면서 열심히 땅을 파지만, 번번이 목표물을 비껴간다. 독자의 눈에는 훤히 보이는 보석이 그들의 눈에는 보이지 않기 때문이다. 심지어 보석의 크기는 점점 커지는데, 그때마다 아이들은 크게 탄식하며 '설마 이번에는 보석을 찾겠지.' 하는 바람으로 샘과 데이브를 응원하게 된다.

Reading Skills

강아지의 시선과 행동 따라가기

강아지는 내내 보석이 있는 쪽을 바라보며 위치를 알려 주고 싶어 한다. 그러나 주인공들은 안타깝게도 강아지의 신호를 알아차리지 못한다. 강아지는 자신에게 특별한 의미가 없는 보석은 그냥 지나치지만, 자신이 원하는 뼈다귀를 발견하고는 집요하게 끝까지 땅을 파서 마침내 뼈다귀를 얻어 내고야 만다.

샘과 데이브에게 방향 알려 주기

아이들도 샘과 데이브에게 삽질할 방향을 말해 주고 싶어 할 것이다. 위치를 알려 주는 간단한 영어 문장인 "Keep going down!" 또는 "Turn left!", "Don't split up."을 사용해 방향을 알려 주자.

첫 장면과 마지막 장면의 그림 속 달라진 부분 찾기

샘과 데이브가 삽을 들고 출발하는 속표지의 첫 장면과 다시 집으로 들어가는 마지막 장면을 비교해 보면 미묘한 차이점을 발견할 수 있다. 지붕 위 풍향계의 방향, 풍향계에 장식된 동물, 현관 난간 위에 놓인 화분에 핀 꽃, 고양이의 목끈, 그리고 마당의 나무 등을 자세히 살펴보자. 그들이 떨어진 곳은 처음과 다른 곳일까? 아니면 그들의 마음이 변화되어 같은 곳이 다르게 보이는 것일까? 그 답과 이유를 발견하는 것은 독자의 몫이므로 아이들과 의견을 나누어 보길 바란다.

That Is Not a Good Idea!
안 돼요, 안 돼!

Mo Willems

#반전 #경고 #거위 #여우

배고픈 여우 신사와 엄마 거위를 주인공으로 하는 반전 그림책이다. 여우를 따라 산책을 나서고, 여우의 집까지 따라가는 겁 없는 엄마 거위를 보며 아이들의 긴장감은 점점 더 높아진다. 과연 엄마 거위는 무사할 수 있을까? 예상치 못한 결말과 아기 거위들의 경고에 숨겨진 비밀이 모두의 허를 찌른다.

Fun Point '불쌍한 거위'가 아니고 '불쌍한 여우'였다고?

뒤따르던 여우 신사와 앞서가던 엄마 거위의 눈이 마주치고, 바로 다음 페이지에서 "What Luck!, Dinner!"라는 대사를 확인하면서부터 아이들은 엄마 거위의 안위를 걱정하기 시작한다. 하지만 엄마 거위가 아닌 여우가 수프 재료가 되고, 거위 가족이 맛있게 수프를 먹는 장면은 전혀 상상하지 못했던 부분이다. 또한 엄마를 걱정하는 줄 알았던 아기 거위들의 대사 "That is not a good idea!"가 사실은 여우에게 보내는 경고였다는 사실을 알고 아이들은 놀라며 반전의 재미를 만끽한다.

Reading Skills

상황에 맞게 등장인물의 대사 읽기

등장인물이 처한 상황을 고려하여 실감 나게 그림책을 읽어 보자. 거위를 잡아먹으려 집에 가자고 꼬시는 여우의 대사는 친절하면서도 음흉한 목소리로, 사실 모든 걸 알고 또 다른 계획이 있는 엄마 거위의 대사는 아무것도 모른다는 듯 능청맞게, 이를 말리고 싶어 하는 아기 거위들의 대사는 안타까워하는 목소리로 읽는다.

작가의 의도를 살려 'really', 'do', 'did' 강조해서 읽기

아기 거위들의 반복되는 대사 "That is not a good idea!"는 뒤로 갈수록 "That is really, really, really, really not a good idea!"로 'really'가 많아지며 경고의 강도를 더한다. 또한, 엄마 거위의 대사인 "I do love soup!"와 아기 거위의 대사인 "We DID try to warn him."은 동사 앞에 'do'나 'did'를 붙여 뒤에 나오는 동사를 강조하고 있다. 이런 문장을 읽을 때는 작가의 의도대로 좀 더 큰 소리로 강조해서 읽어 주면 좋다.

동일 작가의 다른 작품 속 등장인물 찾아보기

이 그림책 작가인 모 윌렘스는 그림책 속에 자신의 다른 그림책의 주인공들을 숨겨 놓곤 한다. 이 책에도 『Knuffle Bunny』의 토끼와 『Don't Let the Pigeon Drive the Bus!』의 비둘기가 그려져 있다. 미리 작가의 다른 작품을 읽어 주었다면 아이들은 예상치 못한 장면에서 이들을 발견하고 반가워할 것이다.

모둠 역할극 꾸미기

이 책은 모든 문장이 등장인물들의 대사이므로 책을 읽고 역할극으로 꾸미기에 적당하다. 역할극을 위해 머리띠와 모자, 머릿수건, 바구니, 냄비 등 간단한 소품을 준비하면 아이들은 더욱 즐겁게 자신의 역할에 몰입할 수 있다.

74

The Napping House
낮잠 자는 집

Audrey Wood, Don Wood

#벼룩찾기 #낮잠 #비오는날 #평온

비가 내리는 날, 어둡고 고요한 방 안. 커다란 침대 위에 할머니, 아이, 개, 고양이, 쥐 순으로 층층이 올라와 낮잠을 자기 시작한다. 책을 보는 독자도 졸립게 만드는 그들의 단잠을 깨우는 것은 과연 누구일까? 단순한 줄거리에 반복되는 운율과 누적되는 전개가 특징인, 누구나 편안하게 읽을 수 있는 그림책이다.

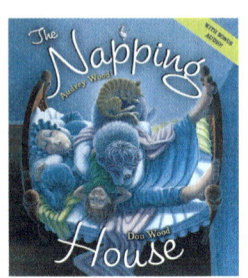

Fun Point 그림 속 벼룩 찾기

낮잠을 깨운 범인인 벼룩을 찾는 재미가 있다. 벼룩이 그림 속에 등장하여 잠을 깨우기 시작하면 아이들은 벼룩이 언제부터 함께 있었는지 궁금해한다. 방이 등장하는 첫 장면으로 되돌아가서 구석구석 그림을 살펴보자. 사실, 벼룩은 숨어 있지 않고 처음부터 자신 주변을 환하게 밝히며 존재감을 드러내고 있었다. 모두 다 잠에서 깨어 마당에 나간 장면 속에서도 벼룩을 찾을 수 있을까?

Reading Skills

리듬감을 살려 누적되는 문장 읽기

책의 내용은 "시장에 가면, 딸기도 있고, 바나나도 있고~" 놀이처럼 비슷한 표현들이 누적된다. 해당 그림을 짚어 주거나 단어에 대한 동작을 힌트로 보여 주며 'on a dreaming child', 'on a snoring granny', 'on a cozy bed' 등 반복되는 어구를 함께 읽어 보자.

책을 읽으며 자연스럽게 영어 표현 익히기

위치 전치사 in과 on이 반복되어 나오고 그림 속에서 직관적으로 표현되어 있어 위치와 장소에 대한 감각을 자연스럽게 익힐 수 있다. 또한 잠과 관련된 단어가 'snoring', 'dozing', 'snoozing', 'slumbering'으로 다양하게 제시되니 이 점도 함께 짚어 보자.

그림을 자세히 보며 다음 장면 예상하기

다음에는 누가 침대로 가서 낮잠을 잘지 그림을 자세히 보면서 예상해 보자. 먼저 소년이 일어나고, 다음 장에서는 개가 자기 차례인 듯 하품을 하며 기지개를 켠다. 그다음 장에는 고양이가 준비하는 모습을 볼 수 있다. 벽 거울 위에서 자고 있던 생쥐가 이야기 전개에 따라 조금씩 이동하는 모습을 찾아보는 것도 재미있다. 잠에서 깨어나는 순서는 반대인데, 다음에 깰 주인공이 누구일지, 어떻게 깨어나게 될지 예상하면서 읽는다. 방을 보여 주는 앵글 변화, 날이 개어 밝아진 색감을 통해 달라진 집안 분위기도 느껴 보자.

나만의 'The Napping House' 그리기

이야기 속 중요 단어들을 익힌 뒤 나만의 'The Napping House'를 그려 보자. 반복되는 문장 구조의 형식을 제공하고 책 내용을 활용하여 작품을 완성하게 한다. 작품이 완성되면 짝이나 모둠 친구들과 함께 운율감을 살려 읽기 활동을 한다.

The Very Hungry Caterpillar
아주 아주 배고픈 애벌레

Eric Carle

#구멍난책 #애벌레 #성장 #음식

작은 알에서 태어난 애벌레가 여러 가지 과일과 음식을 먹고 성장하여 고치가 되고, 마침내 멋진 나비로 변신한다. 나비의 한살이를 작가 특유의 콜라주 기법을 사용해 선명한 색채와 그림으로 나타내고 있는 것이 특징이다. 또한 요일과 숫자, 색깔, 음식 이름 등 기초적인 영어 표현도 익힐 수 있는 그림책이다.

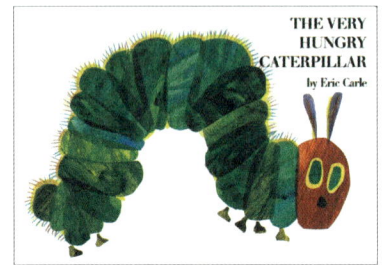

Fun Point 애벌레가 음식을 먹고 지나간 자리 만져 보기

이 그림책은 애벌레가 먹이를 먹고 지나간 흔적을 나타내기 위하여 해당 장면에 구멍을 뚫어 두었다. 애벌레가 지나가듯 아이들이 직접 구멍에 손가락을 넣어 보거나, 구멍 숫자가 점점 더 많아지는 것을 확인하면서 책을 읽으면 내용을 더 재미있게 이해할 수 있다.

Reading Skills

애벌레가 먹는 음식 확인하기

알에서 깨어난 배고픈 애벌레는 음식을 찾아 떠난다. 애벌레가 먹은 과일과 그 개수를 함께 세어 보며 확인하자. 특히 애벌레가 토요일에 먹은 음식들은 아이들 대부분이 좋아하는 것들로 가득해 아이들의 시선을 사로잡는다. 끝내 배탈이 난 애벌레가 무엇을 먹고 회복할 수 있을지도 예상해 보자.

올바른 식습관 알아보기

배탈이 난 애벌레는 일요일에 초록색 잎사귀를 먹고 병이 낫는다. 이와 연관하여 몸에 안 좋은 음식과 좋은 음식을 찾아보게 하면서 바르고 건강한 식습관에 관해 함께 이야기해 볼 수 있다. 편식하지 않고 골고루 먹기, 음식 남기지 않기 등 생활 습관으로도 자연스럽게 연결해 보자. 더불어 나를 건강하게 만들어 주는 영양 만점 식단표를 만들 수도 있다.

애벌레의 성장 과정 표현하기

책을 읽은 뒤 애벌레가 성장하는 과정을 다양한 방법으로 표현해 보자. 애벌레는 검은 도화지 위에 양면테이프를 붙이고 폼폼이를 올려 꾸민다. 애벌레가 성장하여 나비가 되는 장면을 살핀 뒤에는 나만의 나비를 꾸며 본다. 책에서는 나비가 되었을 때 지금까지 먹었던 음식의 색깔들이 모두 섞여 있다. 나만의 나비를 만들 때는 나를 성장하게 하는 것을 그림이나 글로 꾸밀 수 있다.

Tops & Bottoms

Janet Stevens

#꾀 #성실 #채소 #칼데콧아너

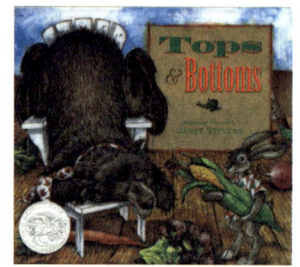

부유하지만 게으른 곰과 가난하지만 영리한 토끼에게 일어나는 기상천외한 거래 이야기이다. 맨날 잠만 자는 곰에게 어느 날 토끼가 나타나 자신이 농사를 지을 테니, 수확물을 반반 나누자고 제안한다. 별다른 의심 없이 제안을 수락한 곰에게 과연 어떤 일이 벌어질까? '일하지 않는 자, 먹지도 말라.'는 옛말이 저절로 떠오르는 재미있는 그림책이다.

Fun Point 토끼의 영리한 꾀에 고개를 절레절레

토끼가 농사도 짓고 수확물도 반반 나누고, 게다가 수확물 선택권도 모두 곰에게 주다니. 절대 곰에게는 손해 볼 것이 없는 거래다. 하지만 일이 이렇게 쉽게 돌아갈 리 없다. 꾀 많은 토끼는 곰에게 수확물의 위와 아래 중 무엇이든 고르라고 하지만 어떻게 해도 자신에게 이득이 되도록 함정을 파 놓았다. 매번 토끼의 꾀에 넘어가는 어리숙한 곰의 모습에 웃음이 절로 난다.

Reading Skills

다양한 채소와 동물의 이름 알아보기

책을 읽기 전에 표지와 면지에 등장하는 다양한 채소와 동물의 이름을 영어로 읽어 보자. 특히 그림책 등장인물은 'rabbit'이 아닌 'hare'임을 알려 주고, 토끼가 여러 종류로 분류된다는 점과 그 차이점도 알려 주자.

- rabbit: 집토끼 (예: 『Peter Rabbit』 피터 래빗)
- bunny: 어리고 작은 토끼 (예: Easter Bunny 부활절 토끼)
- hare: 몸집이 큰 야생 토끼 (예: 『The Hare and the Tortoise』 이솝 우화 '토끼와 거북')

이야기 흐름에 맞춰 등장인물의 입장과 성격을 반영하여 읽기

첫 부분에서 곰의 대사는 잠에서 덜 깬 모든 게 귀찮은 느린 목소리로 읽고, 곰에게 거래를 제안하는 토끼의 대사는 적극적이고 설득력 있는 목소리로 읽는다. 하지만 둘의 상황은 농사가 끝나고 완전히 바뀐다. 곰은 흥분한 목소리로 길길이 날뛰는 모습을 보여 주고, 토끼는 침착한 목소리로 능청스러운 태도를 보이도록 상황에 맞게 읽어 준다.

채소의 구분과 종류 알아보기

채소는 어떤 부위를 주로 활용하느냐에 따라 잎채소, 줄기채소, 뿌리채소, 열매채소, 꽃 채소로 구분한다. 책장을 위로 넘기면서 보는 상철 제본 형식의 특징을 살려, 면지에 있는 채소들의 머리 부분부터 끝부분을 살펴보며 다양한 채소의 구분과 종류를 확인해 보자.

What Does an Anteater Eat?

Ross Collins

#반전 #개미핥기 #동물의먹이 #다양한동물

이름이 anteater인데도 자기 먹이가 무엇인지 모르는 개미핥기 한 마리. 동물 친구들을 만나 자신의 먹이에 관해 물어보지만, 아무에게도 대답을 듣지 못한다. 급기야 개미핥기는 개미들과 마주치게 되는데, 과연 자신의 먹이를 알아차릴 수 있을까? 마지막 반전에 실소를 터뜨리게 되는 그림책이다.

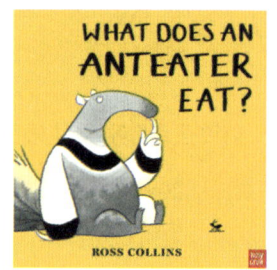

Fun Point 개미핥기의 먹이는 당연히 개미 아니야?

자기 먹이가 무엇인지 계속 알아차리지 못하던 개미핥기가 개미굴 앞에서 "I know what an anteater eats!"라고 말했을 때, 아이들은 드디어 개미핥기가 먹이를 찾았다고 생각한다. 하지만 "BANANAS!"를 외치며 바나나를 뿌듯하게 바라보는 개미핥기의 모습과 바나나 껍질이 바닥에 잔뜩 쌓여 있는 마지막 장면은 어처구니가 없어 웃음이 터져 나온다.

Reading Skills

다양한 동물들의 상황에 맞춰 실감 나게 읽기

주인공 개미핥기 외에 등장하는 다양한 동물들의 대사는 각 동물의 특징이나 상황에 어울리도록 설정하여 읽어 보자. 예를 들어, 나무늘보는 귀찮아하는 듯이, 까마귀는 자신만만하게, 뱀은 나지막한 목소리로, 악어는 딴청 부리는 무심한 톤으로, 박쥐는 엄청 바쁜 듯이, 표범은 무시무시한 포식자의 말투로 읽어 주면 효과적이다. 책의 앞 면지에 인쇄된 QR 코드를 스캔해 출판사에서 제공하는 책 읽기(Stories Aloud) 오디오 파일을 들어 보면 참고가 될 것이다.

책장을 넘길수록 늘어나는 개미 찾기

페이지마다 등장하는 개미를 찾아보는 것도 이 책의 또 다른 재미다. 쉬고 있는 나무늘보 아래의 개미 한 마리는 큰부리새의 수박 더미에서 두 마리로, 뱀의 몸통 위에서 세 마리로, 개미굴에서는 수십 마리로 그 수를 점차 늘려 간다.

개미핥기에 관한 정보와 영상 소개하기

교사가 미리 개미핥기에 관한 정보를 찾아보고 소개하기를 추천한다. 개미핥기는 혀를 덮고 있는 끈적끈적한 타액을 이용해 개미나 흰개미 등의 곤충을 붙여서 먹는데, 덩치가 큰 개미핥기는 하루에 개미를 3만 마리까지 먹을 수 있다.

합성어(Compound Words) 찾아보기

anteater처럼 두 가지 이상의 단어가 합쳐져 새로운 의미를 나타내는 단어를 '합성어'라고 한다. 우리말과 영어에서 합성어를 찾아 단어와 그림으로 표현해 보는 활동을 통해 단어의 구성 원리를 이해해 보자. 아이들은 주변에서 찾을 수 있는 눈사람, 딸기코, 꽃집, jellyfish, pancake, basketball, earring 등 다양한 합성어를 찾아낸다.

★ 영어 그림책 읽어 주기 Q&A ★

Q. 수록된 책들은 어떤 순서로 읽어 주는 게 효과적일까요?

A. 이 책의 구성은 크게 '특별한 하루', '특별한 관계', '특별한 재미'로 나뉘어 있습니다. '특별한 하루'에 포함된 책은 기념일이나 특정 시기의 계기 교육에 활용하면 좋습니다. '특별한 관계'에 포함된 책은 자기 이해, 감정 조절, 우정 등을 주제로 하고 있습니다. 따라서 교사가 학생들의 생활 모습을 보고 특정한 교육이 필요하다고 생각되는 시기에 읽어 주면 효과적입니다. '특별한 재미'에 포함된 책은 순서에 상관없이 재미있는 영어 그림책을 읽어 주고 싶을 때 활용할 수 있습니다. 영어 그림책을 접하기 시작하는 단계에서는 특히 재미 요소가 많은 책을 여러 권 읽어 주면 아이들이 더욱 흥미를 가지고 참여할 수 있습니다.

Q. 책은 모두 사야 할까요? 어떻게 구하거나 빌릴 수 있을까요?

A. 1) 책을 사는 방법

교사가 그림책을 직접 소장하고 있으면 아이들에게 시의적절하게 읽어 줄 수 있고, 아이들도 언제든 교실에 비치해 둔 책을 볼 수 있다는 장점이 있습니다. 영어 그림책은 온오프라인 서점에서 구입할 수 있으며, 웬디북, 동방북스 같은 온라인 서점, 알라딘 중고 서점에서 좀 더 저렴하게 구입할 수 있습니다. 특히 온라인 서점에서는 1년에 한 번씩 큰 할인 행사를 하는데, 그때 사는 것도 좋습니다.

2) 사지 않고 구하는 방법

책을 모두 사는 것은 부담이 되므로 학교 도서관에 비치된 책을 활용하거나 지역 도서관에서 대출하여 읽어도 괜찮습니다. 목록을 미리 작성해 놓았다가 학교 도서관 책 구입 기간에 맞추어 신청하고, 빅북을 사서 학교 도서관에 두면 여러 학급이 활용할 수 있어서 좋습니다. 책이 준비되지 않았는데 갑자기 책을 읽어 줘야 한다면, 동영상 사이트에서 책 제목을 검색하여 영상으로 보여 줄 수도 있습니다.

Q. 책에 관해 더 알아보고 싶은 정보는 어떻게 찾을 수 있을까요?
A. 온라인 서점에서 해당 책을 검색하면 간단한 책 소개뿐만 아니라, 그림책 미리 보기, 작가 정보, 동일 작가의 다른 작품 등을 확인할 수 있습니다. 독자와 적극적으로 소통하는 작가도 많아, 작가의 SNS를 활용하여 질문하면 답변도 받을 수 있습니다.
독후 활동을 위한 자료가 필요한 경우에는 해당 작가의 홈페이지를 방문하거나 검색창에 '책 제목 + worksheet'를 입력해서 찾을 수 있습니다. 실감 나게 읽어 주는 방법이 궁금하면 동영상 사이트에 '책 제목 + Read Aloud'를 검색해 다양한 책 읽기 예시를 참고하면 됩니다.

Q. 교실에서 담임 교사가 영어 그림책을 읽어 주는 경우, 언제, 얼마나 읽어 주면 좋을까요?
A. 매일 꾸준하게 영어 그림책을 읽어 주고 싶다면, 아침 활동 시간에 10분에서 20분 정도 시간을 내어 책을 읽어 줄 수 있습니다. 학교나 학년의 특별한 아침 활동이 있는 경우를 제외하고 매주 3권씩만 꾸준히 읽어도 1년에 100권 이상 읽어 주기가 가능합니다.
교과 교육과정과 연계하여 수업 시간에 특정 주제의 영어 그림책을 활용할 때는 독후 활동까지 준비하여 꽉 찬 수업을 계획할 수 있습니다. 또 창체 동아리를 '영어 그림책부'로 정하여 운영할 수도 있습니다.

Q. 학년별로 어떻게 다르게 읽어 줘야 할까요?
A. 1) 저학년
그림책을 가장 많이 접하는 시기입니다. 영어 그림책과 짝꿍책(번역본)을 함께 읽어 주면 아이들은 자연스럽고 편안하게 영어 그림책을 받아들입니다. 이 시기의 아이들은 반복하는 것을 좋아하므로 반응이 좋은 책은 여러 번 읽어도 좋습니다. 특히 영어 교과가 도입되지 않은 시기이므로, 영어에 대한 자연스러운 노출을 목적으로 제목이나 주요 단어, 간단한 영어 문장을 따라 읽어 보며 영어에 대한 자신감과 긍정적인 태도를 갖도록 하는 것이 중요합니다.

2) **중학년**

영어 교과가 도입되는 시기로, 영어에 대한 아이들의 지적 호기심이 왕성해지고 영어 그림책을 다양한 교과에 접목할 수 있어 책 활용도가 가장 높은 학년군이라 할 수 있습니다. 알파벳 및 파닉스, 어휘 교육에도 효율적으로 활용할 수 있습니다.

3) **고학년**

고학년 학생들은 그림책을 저학년 학생들이 보는 책이라고 생각하는 경우가 많으므로 흥미를 끌어내기 위한 그림책 선별이 중요합니다. 따라서 발달 단계에 맞는 고학년 수준의 지식과 정서를 반영한 그림책을 제시해야 합니다. 또한 상급 학교 진학에 대비해 다양한 그림책 장면에서 고급 어휘와 문법 등이 어떻게 활용되는지 살펴봄으로써 영어 학습에 대한 자극을 줄 수도 있습니다.

Q. 책을 읽어 주기 전에 어떤 준비를 하면 좋을까요?

A. 1) **책 내용 미리 파악하기**

그림책 내용을 미리 숙지해 놓으면 책을 읽어 줄 때 아이들의 표정을 보면서 여유롭게 교감할 수 있고, 책의 주제를 아이들에게 명확하게 전달할 수 있습니다.

2) **소리 내어 여러 번 읽기**

책을 여러 번 소리 내어 읽으면 유창하고 자연스럽게 내용을 전달할 수 있고, 효과적인 읽기 방법, 목소리 변화, 강조해야 할 부분 등을 새롭게 발견할 수도 있습니다.

3) **어려운 단어와 문장 뜻 정리하기**

어휘 수준이 너무 높은 단어가 나오는 경우에는 단어 카드를 미리 만들어 칠판에 부착해 놓으면 아이들이 책 내용을 이해하는 데 도움이 됩니다.

4) 질문, 독후 활동 생각하기

아이들에게 질문하거나 함께 이야기해 볼 것들, 독후 활동을 미리 생각해 놓고, 책을 읽은 뒤 자연스럽게 후속 활동으로 넘어가면 좋습니다.

하지만 항상 이렇게 미리 준비하기는 어렵습니다. 교사가 처음 보는 그림책을 아이들과 함께 읽을 때 오히려 좋은 효과를 내기도 하니 부담 갖지 마세요. 무슨 내용이 나올지 아이들과 함께 궁금해하고, 같이 감동받기도 하면서 즐거운 책 읽기를 할 수 있습니다.

Q. 아이들이 영어 그림책 읽기에 흥미를 갖게 하는 좋은 방법이 있을까요?

A. 아이들은 어떤 분야든 본인이 재미있다고 느끼거나 자기와 관련이 있다고 생각하면 관심과 흥미를 보입니다. 영어 그림책 중에서도 재미있는 책이나 반전이 있는 책을 골라 먼저 접하게 하면, 영어 그림책에 대한 흥미를 높일 수 있습니다.(Part3. '특별한 재미' 참고) 또한 아이들의 일상생활과 연결되거나 학교에서 배우는 학습과 관련된 영어 그림책은 아이들의 호기심을 더욱 자극합니다.

Q. 책에 있는 AR, Lexile은 무엇을 뜻하나요?

A. 1) **AR**(Accelerated Reader) **지수** (=ATOS 지수, BL)

미국 '르네상스 러닝사'에서 개발한 독서 관리 프로그램의 레벨입니다. 문장의 평균 길이, 총 어휘 수, 단어의 난이도, 단어의 철자 수를 측정하여 산출합니다. 이 지수를 활용하면 자신의 읽기 능력에 맞는 도서를 선택할 수 있습니다. 예를 들어, AR 2.5인 책은 미국 초등학교 2학년 5개월 수준의 학생이 읽기에 적합하다는 의미입니다.

2) **Lexile Level**(렉사일 지수)

미국 '메타메트릭스사'에서 개발한 영어 읽기 능력과 난이도를 수치화한 시스템입니다. 어휘 수준, 문장 구조, 단어의 출현 빈도, 문장 길이 등을 기반으로 수치가 부여됩니다. 렉사일 지수는 L로 표시되며, 각각 다른 의미를 지닌 코드가 앞에 붙기도 합니다.

- BR(Beginning Reader): 유아 수준의 책
- AD(Adult Directed): 어른이 아이들에게 읽어 주면 효과적인 책
- NP(Non Prose): 시, 노래 등 함축적 언어를 내용으로 하는 책
- IG(Illustrated Guide): 삽화가 포함된 가이드 형식의 백과사전 같은 책
- GN(Graphic Novel): 만화로 구성된 책
- NC(Non Conforming): 연령에 비해 독서 능력이 뛰어난 독자에게 적합한 책
- HL(High Low): 연령대는 높지만 독서 레벨이 낮은 독자에게 적합한 책

3) 사용법

AR, Lexile 지수는 측정 기준이 각기 다르기 때문에 영어 수준을 파악하고 싶을 때는 두 지수를 모두 참고하는 것이 도움이 됩니다. 일반적으로 AR 5.5=800L 정도입니다. 두 지수는 우리나라 실정에 맞는 주제나 내용의 난이도는 반영하지 않았기 때문에, 이 책에서는 우리나라 교육과정과 정서 발달 수준에 적합한 학년을 표시하여 책을 선택하는 데 도움이 되도록 했습니다. 또한 AR과 Lexile 지수를 제공하지 않은 책은 기재하지 않았습니다.

Q. 칼데콧, 케이트 그리너웨이는 어떤 상인가요?

A. 1) 칼데콧상(Caldecott Award)

미국도서관협회가 매해 전년도에 미국에서 출간된 그림책 중 가장 뛰어난 작품의 일러스트레이터에게 수여하는 상입니다. '칼데콧'이란 명칭은 현대 그림책에 지대한 영향을 미친 19세기 영국 일러스트레이터 랜돌프 칼데콧(Randolph Caldecott)을 기리는 의미에서 붙였습니다. 그림의 예술성과 주제 전달력을 고려하여 수상자를 선정합니다.

1939년에 시작된 칼데콧상은 수상자에게 청동색 메달을 수여해 오다가, 1971년

부터는 최고 작품 다음으로 뛰어난 1~5권의 그림책을 뽑아 '칼데콧 아너(Caldecott Honor)'라 부르고 은색 메달을 수여합니다. 수여 자격으로는 직접 창작한 그림이어야 하고, 미국 국적을 가졌거나 미국에 거주하는 사람이어야 한다는 제한을 두고 있습니다.

2) 케이트 그리너웨이상(Kate Greenaway Medal)

매년 영국에서 발행된 그림책 가운데 가장 뛰어난 작품을 그린 작가에게 수여하는 상입니다. 1956년에 시작된 이 상은 영국도서관협회가 주관하며, 19세기 영국에서 활발히 활동한 여성 일러스트레이터 케이트 그리너웨이(Kate Greenaway)의 이름을 따왔습니다.

케이트 그리너웨이상 후보가 되기 위한 조건은 아동과 청소년을 대상으로 한 작품이어야 하며, 반드시 영어로 출간되어야 합니다. 또한 영국에서 초판을 발행해야만 하는데, 다른 나라에서 먼저 발행한 경우 3개월 이내에 영국에서도 공동 출판 형식으로 출간하면 영국 초판본으로 인정합니다. 2023년부터 '카네기상(Carnegie Medal for Illustration)'으로 이름이 바뀌었습니다.

Q. 책을 읽어 주다 보면 교실이 소란스러워지기도 하는데, 책을 읽을 때 어떻게 분위기를 조성하면 좋을까요? 아이들이 지켜야 할 규칙이 있을까요?

A. 1) 규칙 정하기

새 학기에 아이들과 함께 책 읽기 규칙을 미리 정하면 좋습니다. 예를 들어, 바른 자세로 앉기, 책상 위에 독서 통장이나 독서 기록장만 꺼내 두기, 다른 활동 하지 않고 집중하기, 중간에 끼어들지 않기 등을 규칙으로 정하고 실천을 약속합니다.

규칙을 지키기로 약속했는데도 책을 읽다가 교실이 소란스러워진 것은 집중력이 떨어졌다는 의미이므로, 책 읽기를 잠시 멈추거나 교사가 그림책을 들고 교실을 한 바퀴 돌면서 분위기를 환기하면 좋습니다. 또는 분위기를 소란스럽게 만드는 학생에게 직접 질문하거나 활동을 하도록 유도하여 주의를 다시 끄는 것도 해결 방법입니다.

2) 책 선정 시 학생들의 관심사와 정서적 수준을 고려하기

읽을 책은 학년, 학급, 아이들의 관심사를 고려하여 선정합니다.

3) 평소 수업과 다른 분위기 만들기

어울리는 배경 음악을 틀어 집중하게 하거나, 목소리를 아주 작게 하거나, 반대로 마이크를 사용해 읽어 주는 것도 집중하는 데 도움이 됩니다.

Q. 주제는 적합한데 어휘가 너무 어렵거나 글밥이 많아서 부담스러울 때는 어떻게 하면 좋을까요?

A. 반드시 모든 글을 다 읽어 주어야 한다는 부담은 갖지 않아도 됩니다. 그림만 보여 주거나 중심 문장을 골라 몇 개만 읽어 주어도 괜찮습니다. 중요한 것은 아이들이 영어 그림책에 대한 흥미를 잃지 않고 주제에 관해 생각해 보게 하는 것이니까요.

Q. 영어를 이해 못 하는 아이들에게는 어떻게 해석해 주면 좋을까요?

A. 영어 교육 전문가들 사이에서도 "내용을 이해해야 하니 해석하면서 읽어 주어라.", "맥락에서 의미를 파악할 수 있게 절대 해석해 주면 안 된다."는 등 의견 차이가 있습니다. 우리에게 영어 그림책 읽기는 온전히 영어만 들려주고 내용을 이해하게 하는 학습적 목적만 있지는 않습니다. 그림책 고유의 창의적인 표현력이 가진 아름다움을 함께 느끼며, 그림책을 매개로 교사와 아이들이 소통한다는 더 큰 차원의 목적이 있습니다. 따라서 교사는 영어 그림책 자체의 가치를 훼손하지 않는 범위 내에서 듣는 아이들 수준에 맞게 재가공할 수 있어야 합니다. 어려운 단어는 쉬운 단어로 바꿔서 한 번 더 말해 주거나 우리말로 번역해 줄 수도 있습니다.

재차 강조하지만, 중요한 것은 아이들이 영어를 몰라서 내용 파악을 못 하거나 흥미를 잃게 해서는 안 된다는 것입니다. 그림으로 의미를 유추할 수 있게 질문하거나 너무 어려운 단어만 해석해 짚어 주는 방법도 있고, 이해를 위해서 어려운 문장이나 중요한 문장은 바로 해석해 주는 것도 도움이 됩니다. 반 특성에 맞추어 교사가 판단하고 알

맞게 적용하면 된다고 생각합니다.

Q. 크기가 작은 영어 그림책을 교실에서 다수의 학생들에게 효과적으로 보여 주는 방법이 있을까요?

A. 교실 앞이나 뒤에 매트를 깔거나 가운데에 공간을 만들어 아이들을 영어 그림책 가까이 모여 앉히고 그림책을 읽어 줄 수 있습니다. 또는 실물 화상기를 사용하여 TV 화면에 확대하여 보여 주어도 좋습니다. 실물 화상기를 이용하여 책장을 넘기는 모습, 그림을 손으로 짚어 가며 자세히 살펴보는 모습을 공유하며 읽으면, 아이들이 그림책을 함께 읽는다는 느낌을 받을 수 있습니다. 하지만 실물 화상기는 실제 색감과 다르게 표현되는 경우가 있으니, 책을 읽은 뒤에는 교실에 전시하여 아이들이 직접 책을 보게 해 주는 것이 좋습니다.

Q. 고학년 담임 교사는 학습 진도를 나가기도 바쁩니다. 독후 활동은 꼭 해야 하나요?

A. 고학년처럼 진도를 따라잡기 바쁜 경우에는 영어 그림책을 읽어 주는 것만도 효과적입니다. 반드시 독후 활동을 하지 않아도 영어 그림책을 함께 읽으면서, 교사가 던지는 발문에 답하거나 그림책에 관한 생각을 말로 표현하는 기회를 가질 수 있습니다. 또 책 제목과 한 줄 서평을 쓰는 활동으로도 충분합니다.

Q. 책을 함께 읽은 뒤, 그림책에 대한 관심을 지속시키기 위한 방법이 있나요?

A. 1) 교실 환경 이용하기

- 학급 문고 비치하기

    그림책을 학급 문고에 비치하여 학생들이 자투리 시간에 볼 수 있도록 하면 좋습니다. 선생님과 함께 읽었던 재미있는 영어 그림책을 아이들 손이 자주 닿는 곳에 두면, 영어 그림책을 더욱 친숙하게 여기고 관심을 가지게 됩니다. 다만, 훼손이 걱정된다면 선생님께 빌려 가게 하거나, 대여 장부를 적는 등 규칙을 정하는 것도 좋습니다.
　- 표지가 보이게 전시하기

　　최근에 읽은 책 몇 권을 골라 표지가 보이게 미니 이젤 등을 활용하여 비치하면 전시 효과도 기대할 수 있습니다. 책장에 꽂혀 있는 책보다 전면 배치한 책이 아이들의 선택을 더 받는 모습을 확인할 수도 있습니다. 책이 없을 경우에는 표지를 인쇄하여 게시판에 붙이는 것도 좋은 방법입니다.

2) 학급 독서 활동과 연계하기
　- '이달의 책' 선정하기

　　한 달 동안 읽은 책을 교실 주변에 배치하고 '이달의 책'을 선정해 봅니다. 붙임쪽지에 '이달의 책으로 선정되어야 하는 이유'를 적어 해당 책에 붙이고, 붙임쪽지가 많은 책을 최종 선정합니다. 읽은 책의 내용을 상기할 수도 있고, 내가 뽑은 책을 더 소중하게 여기는 모습도 볼 수 있습니다.

　- 독서 통장 이용하기

　　읽은 책 제목과 작가 이름, 한 줄 평, 별점 등을 독서 통장에 간단히 기록하는 활동입니다. 독서 통장에 꾸준히 책 제목을 기록하면 읽은 책이 목록으로 가시화되고, 권수가 늘어날수록 뿌듯함을 느낄 수 있습니다. 한 줄 평을 통해 책을 읽은 당시의 느낌을 떠올리며, 그 책을 다시 들춰 보게 하는 효과도 있습니다. 또한, 독서 통장에 책 제목을 영어로 적는 활동은 자연스럽게 영어 단어를 써 보는 기회가 됩니다. 시중에 판매하는 독서 통장을 활용하면, 간단하게 기록하는 습관을 기르는 데 도움이 됩니다.

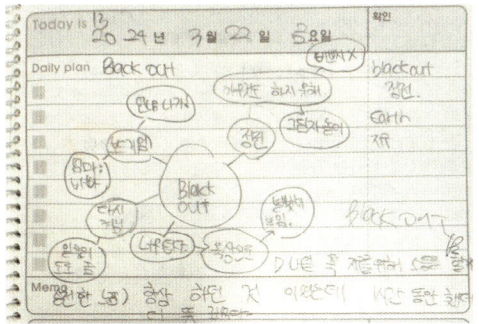
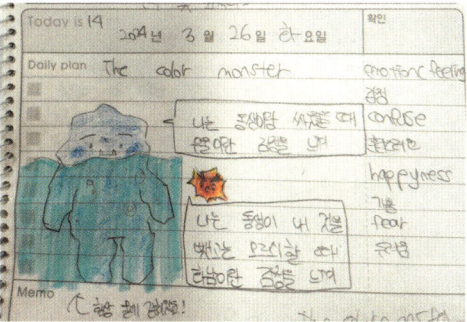

[부록 1] 수록 그림책과 학년별 교과 수업 연계

	책 제목	관련 주제
1	My Teacher Is a Monster!	전 학년 창체 / 새 학년 적응하기 1-2학년군 통합 / 그림을 보고 사람들의 표정 떠올리기 5-6학년군 국어 / 비유하는 표현 알기
2	The Happy Day	1-2학년군 통합 / 계절을 알려 주는 동식물 알기 3-4학년군 과학 / 한해살이 여러해살이 식물 알기
3	In the Forest	1-2학년군 통합 / 자연을 소중히 여기는 방법 알아보기 3-4학년군 도덕 / 자연과 공생하기 위해 자신이 할 수 있는 일 탐색하기 3-4학년군 사회 / 이용과 개발에 따른 환경 변화 알기
4	We Are Water Protectors	5-6학년군 사회 / 지구촌을 위협하는 문제 해결을 위한 노력 조사하기 5-6학년군 도덕 / 환경 위기를 극복하기 위한 방안 살펴보기 3-4학년군 과학 / 물의 중요성을 알고 물 부족 현상을 해결하기 위해 노력하기 5-6학년군 과학 / 생태계 보전의 필요성을 인식하고 생태계 보전을 위해 노력하기
5	Susan Laughs	1-2학년군 통합 / 우리 생활 속 편견에 대해 생각해 보기 5-6학년군 도덕 / 서로의 다름을 존중해야 하는 이유 알기
6	10 Things I Can Do to Help My World	1-2학년군 통합 / 에너지 아껴 쓰는 방법 알아보기 3-4학년군 국어 / 제안하는 글쓰기 3-4학년군 도덕 / 생명에 대한 존중
7	Library Mouse	3-4학년군 국어 / 이야기를 읽고 이어질 내용 상상하기 5-6학년군 국어 / 경험을 이야기로 만들기
8	Yes Day!	1-2학년군 통합 / 어린이의 놀 권리 알아보기 3-4학년군 국어 / 작품 속 인물이 되어 상상하기
9	Where's Halmoni?	1-2학년군 통합 / 우리나라 문양을 사용한 물건 찾아보기 3-4학년군 사회 / 옛날 사람들이 사용하던 도구를 통해 생활 모습의 변화 알기
10	Handa's Surprise	1-2학년군 통합 / 기후와 환경에 따른 다른 나라의 전통 의상 살펴보기 1-2학년군 통합 / 자연환경에 따른 집의 모습 알아보기 5-6학년군 사회 / 세계 여러 국가에 대한 편견 없는 관심과 호기심
11	Hey! Get Off Our Train	1-2학년군 통합 / 동물을 지키기 위해 우리가 할 수 있는 것 생각하기 5-6학년군 사회 / 지구촌을 위협하는 문제 해결을 위한 노력 조사하기
12	I'm the Biggest Thing in the Ocean	3-4학년군 국어 / 상황에 어울리는 표정, 몸짓, 말투로 극본 읽기 5-6학년군 국어 / 상황에 어울리는 표정, 몸짓, 말투로 대화하기 3-4학년군 과학 / 동물의 생김새와 생활 방식의 관계 알기
13	The Water Princess	3-4학년군 국어 / 제안하는 글쓰기 5-6학년군 도덕 / 타인을 왜 도와야 하며, 어떻게 도울 수 있을지 생각해 보기

	책 제목	관련 주제
14	The Day War Came	1-2학년군 통합 / 교실과 교실 밖에서 어린이를 위한 것 찾기 5-6학년군 도덕 / 다른 나라의 사람들이 겪는 문제를 살펴보고 해결 방안 생각하기 5-6학년군 사회 / 지구촌의 평화를 위한 국가와 개인의 노력 알기
15	Flotsam	1-2학년군 통합 / '~한다면' 다양한 상상하기 3-4학년군 국어 / 이야기를 읽고 사건을 생각하며, 이어질 내용 쓰기 3-4학년군 미술 / 관찰과 상상으로 아이디어를 떠올리기
16	Hot Dog	1-2학년군 통합 / 계절의 소중함을 느끼며 나들이하기 5-6학년군 국어 / 그림 보고 내용 추론하기
17	Negative Cat	1-2학년군 국어 / 느낌이나 분위기 살려 작품을 소리 내어 읽기 5-6학년군 실과 / 동식물에 대한 생태 존중감을 갖는 태도
18	The Paper Bag Princess	5-6학년군 국어 / 이야기 속 주인공의 가치관 찾기 5-6학년군 도덕 / 자주의 의미를 살펴보고 자신의 생활에 반영하기 5-6학년군 도덕 / 편견 사례를 찾고 수정 방안 제안하기
19	It's a Book	1-2학년군 국어 / 책에 흥미 가지기 3-4학년군 국어 / 온라인 언어 예절 알기 5-6학년군 국어 / 매체별 특징과 장단점 알아보기
20	The Incredible Book Eating Boy	전 학년 창체 / 기본 생활 습관 형성하기(독서) 3-4학년군 국어 / 읽기 경험과 느낌을 다른 사람과 나누기 5-6학년군 국어 / 자신의 읽기 습관을 점검하며 스스로 글을 찾아 읽기
21	Imagine	3-4학년군 국어 / 제안하는 글쓰기 3-4학년군 도덕 / 통일의 필요성 설명하기 5-6학년군 사회 / 지구촌 갈등 사례를 알고, 지구촌을 위협하는 문제 해결을 위한 노력 조사하기 5-6학년군 도덕 / 정의로운 공동체 형성 의지 함양하기
22	Martin's Big Words: The life of Dr. Martin Luther King, Jr.	3-4학년군 국어 / 본받을 점을 생각하며 전기문 읽기 3-4학년군 국어 / 인물, 사건, 배경을 생각하며 이야기를 읽고 내용과 관련 있는 인물 알아보기 5-6학년군 사회 / 인권 침해 문제를 합리적으로 해결하기 5-6학년군 사회 / 지구촌 갈등 사례 알아보기
23	The Stray Dog	3-4학년군 국어 / 시간의 흐름을 생각하며 이야기 읽기 3-4학년군 도덕 / 생명의 소중함을 이해하고 보호하려는 태도 갖기 3-4학년군 국어 / 마음을 전하는 글을 쓰고 친구의 글에 마음을 담아 붙임쪽지 쓰기
24	It's a No-Money Day	5-6학년군 도덕 / 타인을 왜 도와야 하며, 어떻게 도울 수 있을지 생각하기 5-6학년군 사회 / 지구촌을 위협하는 문제 해결을 위한 노력 조사하기 5-6학년군 도덕 / 정의로운 공동체 형성 의지 함양하기

	책 제목	관련 주제
25	Skeleton Hiccups	1-2학년군 국어 / 흉내 내는 말 알기 5-6학년군 과학 / 뼈와 근육 모형 만들기
26	No Kimchi for Me!	1-2학년군 통합 / 좋아하는 우리나라 음식 이야기하기 5-6학년군 실과 / 음식을 마련하는 과정 체험하기
27	The Mitten	3-4학년군 미술 / 장갑 속 세상을 상상하여 표현하기 5-6학년군 사회 / 다양한 문화의 사례 조사하기(우크라이나)
28	Harvey Slumfenburger's Christmas Present	전 학년 창체 / 문화 탐구 활동(크리스마스) 3-4학년군 사회 / 교통수단의 변화
29	Chrysanthemum	전 학년 창체 / 공동체 자치 활동(학급 규칙 세우기) 3-4학년군 도덕 / 친구를 서로 배려하는 방법 탐색하기 5-6학년군 국어 / 상대의 장점을 찾아 칭찬하기
30	Eat Your Peas	1-2학년군 통합 / 학교에서 급식하는 방법 알아보기 3-4학년군 체육 / 건강한 나의 몸 5-6학년군 실과 / 함께 식사하는 즐거움
31	The Bad Seed	3-4학년군 과학 / 식물의 씨앗 관찰하기 3-4학년군 도덕 / 정직하고 도덕적으로 행동하려는 자세 5-6학년군 도덕 / 자신의 생활을 점검하여 성찰하고 반성하기
32	The Crocodile Who Didn't Like Water	3-4학년군 도덕 / 자기를 소중히 하는 태도 5-6학년군 실과 / 아동기 발달과 자기 이해
33	The OK Book	전 학년 창체 / 자아 탐색 활동 3-4학년군 도덕 / 자기를 소중히 하는 태도
34	Mean Soup	3-4학년군 도덕 / 자신을 탐구하여 자기 감정의 소중함 설명하기 5-6학년군 미술 / 조형 요소와 원리 알고 글씨체 디자인하기
35	The Color Monster: A Story about Emotions	1-2학년군 통합 / 내 마음의 색깔로 작품 만들기 1-2학년군 국어 / 듣는 사람을 생각하며 자신의 기분 말하기 3-4학년군 도덕 / 자신을 탐구하여 자기 감정의 소중함 설명하기 5-6학년군 국어 / 인물의 감정선 그래프 그리기
36	When Sadness Comes to Call	1-2학년군 통합 / 상황에 어울리는 감정 생각해 보기 3-4학년군 도덕 / 자신을 탐구하여 자기 감정의 소중함 설명하기
37	Black Dog	1-2학년군 통합 / 상황에 어울리는 감정 생각해 보기 3-4학년군 국어 / 친구의 고민에 해결 방법을 제안하는 글쓰기
38	I Talk Like a River	5-6학년군 도덕 / 편견 사례를 찾고 수정 방안 제안하기 5-6학년군 국어 / 비유적인 표현하기

책 제목	관련 주제
39 The Dot	1-2학년군 통합 / 동그라미, 세모, 네모로 나만의 모양 나라 만들기 3-4학년군 국어 / 이야기를 읽고 존중과 격려의 의미 생각하기 5-6학년군 미술 / 조형 요소와 원리의 관계 알고 표현하기
40 Me... Jane	전 학년 창체 / 진로 이해 활동 5-6학년군 국어 / 경험을 이야기로 만들기 5-6학년군 국어 / 공감하며 읽기
41 I Can Be Anything!	5-6학년군 국어 / 낱말의 짜임 알아보고 새로운 낱말 사전 만들기 5-6학년군 실과 / 진로 발달과 직업
42 Imogene's Antlers	5-6학년군 창체 / 주제 탐구 활동(성교육, 신체 변화) 5-6학년군 국어 / 작품 속 인물이 추구하는 삶을 생각하며 자신의 생각이나 느낌 쓰기
43 It's Okay to Make Mistakes	1-2학년군 통합 / 내가 잘하는 것 이야기하기 3-4학년군 도덕 / 자기를 소중히 하는 태도
44 Pete the Cat: I Love My White Shoes	1-2학년군 통합 / 색으로 자연 나타내기 1-2학년군 통합 / 화난 마음 조절하는 방법
45 How to Lose All Your Friends	전 학년 창체 / 관계 형성 및 소통 활동 1-2학년군 통합 / 친구와 함께 시간을 보내면 좋은 점 이야기하기 3-4학년군 도덕 / 친구를 서로 배려하는 방법 탐색하기
46 I'm the Best	3-4학년군 국어 / 적절한 표정, 몸짓, 말투로 극본 읽기 3-4학년군 국어 / 대화 예절을 지키며 대화하기 3-4학년군 도덕 / 친구를 배려하는 자세
47 Lost and Found	전 학년 창체 / 관계 형성 및 소통 활동 3-4학년군 도덕 / 우애의 의미 설명하기
48 Ping	전 학년 창체 / 관계 형성 및 소통 활동 3-4학년군 도덕 / 우애의 의미 설명하기
49 Stick and Stone	전 학년 창체 / 관계 형성 및 소통 활동 3-4학년군 도덕 / 친구를 배려하는 방법 탐색하기
50 Superworm	3-4학년군 국어 / 이야기를 읽고 이어질 내용 상상하기 5-6학년군 국어 / 경험을 이야기로 쓰기
51 The Invisible Boy	3-4학년군 도덕 / 타인의 감정 함께 나누고 공감하기 5-6학년군 도덕 / 자신의 생활 점검하여 성찰하기
52 The Rabbit Listened	1-2학년군 국어 / 기분을 나타내는 말하기 3-4학년군 국어 / 읽을 사람을 생각하며 마음을 담아 글쓰기

	책 제목	관련 주제
53	Blackout	1-2학년군 통합 / 고민을 이야기하기 5-6학년군 사회 / 지구촌을 위협하는 문제 해결을 위한 노력 조사하기 3-4학년군 도덕 / 가족을 사랑하는 태도
54	Papa, Please Get the Moon for Me	3-4학년군 과학 / 달의 모양과 위상 변화 관찰하기 5-6학년군 미술 / 콜라주 등 다양한 표현 방법을 탐색하여 활용하기
55	Hello Lighthouse	5-6학년군 실과 / 진로 발달과 직업 5-6학년군 창체 / 직업 이해 활동(직업 세계의 변화 탐구)
56	Swimmy	3-4학년군 국어 / 인물들의 관계를 파악하는 방법 알기 3-4학년군 미술 / 다양한 재료로 질감의 특징을 살려 바닷속 표현하기 5-6학년군 도덕 / 타인을 왜 도와야 하며, 어떻게 도울 수 있을지 생각하기
57	They All Saw a Cat	3-4학년군 도덕 / 타인의 감정 함께 나누기 3-4학년군 과학 / 동물의 생김새
58	A Million Dots	3-4학년군 수학 / 큰 수 익히기 5-6학년군 미술 / 시각 이미지 만들기
59	Animalia	1-2학년군 통합 / 세계 여러 나라의 자랑거리 살펴보기 3-4학년군 미술 / 미술 작품에 관한 느낌과 생각을 설명하기
60	Baa Baa Smart Sheep	3-4학년군 국어 / 적절한 표정, 몸짓, 말투로 극본 읽기 5-6학년군 국어 / 적절한 표정, 몸짓, 말투로 대화하기 5-6학년군 국어 / 그림 보고 내용 추론하기
61	Bark, George	1-2학년군 국어 / 흉내 내는 말 알기 3-4학년군 미술 / 관찰과 상상으로 아이디어 떠올리기
62	Daisy Really, Really	1-2학년군 통합 / 하루 동안 어떤 일이 있었는지 이야기 나누기 3-4학년군 체육 / 건강한 생활 습관을 알고 생활 속에서 규칙적으로 실천하기
63	Dog Breath: The Horrible Trouble with Hally Tosis	3-4학년군 도덕 / 자기를 소중히 하는 태도 5-6학년군 도덕 / 생명에 대한 존중 5-6학년군 실과 / 동식물을 기르고 가꾸기
64	Hi! Fly Guy	1-2학년군 국어 / 소리는 같고 뜻이 다른 낱말 알기 5-6학년군 실과 / 생활 속 동식물의 이해
65	From Head to Toe	3-4학년군 과학 / 여러 가지 동물을 관찰하여 동물 분류하기 3-4학년군 체육 / 움직임 표현에 따른 자신의 신체 움직임과 신체 변화 인식하기 5-6학년군 국어 / 연극 수업 전 몸풀기
66	I Spy: An Alphabet In Art	3-4학년군 미술 / 미술 작품에 관한 느낌과 생각을 설명하기 5-6학년군 미술 / 디지털 매체 등 다양한 표현 재료와 용구를 탐색하여 작품 제작에 활용하기

책 제목	관련 주제
67 I Want My Hat Back	3-4학년군 국어 / 적절한 표정, 몸짓, 말투로 말하기 3-4학년군 도덕 / 정직의 의미 알아보기
68 Not a Box	1-2학년군 통합 / 오감을 이용해 상자 속 물건 상상하기 3-4학년군 미술 / 관찰과 상상으로 아이디어 떠올리기 5-6학년군 실과 / 발명 제품의 설계와 제작하기
69 Pigsty	3-4학년군 도덕 / 가족의 행복을 위해 해야 할 일 생각해 보기 5-6학년군 실과 / 쾌적한 생활 공간 유지를 위한 노력
70 Press Here	1-2학년군 통합 / 동그라미, 세모, 네모로 나만의 모양 나라 만들기 1-2학년군 수학 / 1~50까지 숫자 알기
71 Roller Coaster	5-6학년군 국어 / 기행문 쓰기 5-6학년군 창체 / 체험 학습 계획 짜기
72 Sam & Dave Dig a Hole	1-2학년군 통합 / 내가 도착한 세상 모습을 상상해서 그리기 3-4학년군 국어 / 뒷이야기 상상하여 쓰기
73 That Is Not a Good Idea!	3-4학년군 국어 / 인물의 성격을 바꾸어 이야기 쓰기 5-6학년군 국어 / 연극하기
74 The Napping House	전 학년 국어 / 그림을 보고 내용 추론하기 1-2학년군 국어 / 말놀이하기
75 The Very Hungry Caterpillar	1-2학년군 통합 / 색 점토로 동식물 만들기 3-4학년군 과학 / 배추흰나비의 한살이
76 Tops & Bottoms	1-2학년군 통합 / 식물이 잘 자라는 데 필요한 것 알아보기 3-4학년군 과학 / 한해살이 여러해살이 식물 알기
77 What Does an Anteater Eat?	3-4학년군 과학 / 동물의 생활, 다양한 동물 소개 5-6학년군 국어 / 낱말의 짜임 알기, 복합어 만들기

[부록 2] 수록 그림책과 학년별 영어 수업 연계

	책 제목	관련 주제
1	My Teacher Is a Monster!	3-4학년군 / 지시하고 이에 답하기, 인물 묘사하기, 영어권 나라에서 선생님을 부르는 말
2	The Happy Day	3-4학년군 / 지금 하고 있는 일 묻고 답하기
3	In the Forest	5-6학년군 / 위치 묻고 답하기, 세계 여러 나라의 환경보호를 위한 노력
4	We Are Water Protectors	5-6학년군 / 의무 표현하기, 세계 여러 나라의 환경보호를 위한 노력
5	Susan Laughs	3-4학년군 / 감정 상태 묻고 답하기, 다른 사람이 지금 하고 있는 일 묻고 답하기
6	10 Things I Can Do to Help My World	3-4학년군 / 할 수 있는 것 묻고 답하기 5-6학년군 / 세계 여러 나라의 환경보호를 위한 노력
7	Library Mouse	3-4학년군 / 자기 주변 주제에 관한 담화의 주요 정보 파악하기 5-6학년군 / 의견 묻고 답하기, 위치 나타내기
8	Yes Day!	5-6학년군 / 요청하고 이에 답하기
9	Where's Halmoni?	3-4학년군 / 제안하고 이에 답하기 5-6학년군 / 길 묻고 답하기, 물건의 주인이 누구인지 묻고 답하기, 의견을 나타내는 말하기
10	Handa's Surprise	3-4학년군 / 좋아하는 음식 묻고 답하기 5-6학년군 / 좋아하는 것 묻고 답하기
11	Hey! Get Off Our Train	3-4학년군 / 지시하고 이에 답하기 5-6학년군 / 허락을 요청하고 이에 답하기
12	I'm the Biggest Thing in the Ocean	5-6학년군 / 비교하기
13	The Water Princess	3-4학년군 / 능력 표현하기 5-6학년군 / 세계 여러 나라의 환경보호를 위한 노력
14	The Day War Came	5-6학년군 / 특정 장소에 무엇이 있는지 묻고 답하기, 다른 나라 친구들의 학교생활
15	Flotsam	5-6학년군 / 그림을 보고 간단한 문장으로 말하거나 쓰기
16	Hot Dog	5-6학년군 / 감탄하기

	책 제목	관련 주제
17	Negative Cat	3-4학년군 / 할 수 있는 것과 없는 것 표현하기 5-6학년군 / 허락 구하고 이에 답하기, 의무 표현하기
18	The Paper Bag Princess	5-6학년군 / 외모 묻고 답하기, 세계 여러 나라의 명작 동화
19	It's a Book	3-4학년군 / 할 수 있는 것 묻고 답하기 5-6학년군 / 계획 묻고 답하기
20	The Incredible Book Eating Boy	3-4학년군 / 지금 하고 있는 일 묻고 답하기 5-6학년군 / 비교하기, 좋아하는 것 표현하기, 조언하는 말 하기
21	Imagine	5-6학년군 / 세계 여러 분야의 역사적 인물(존 레논), 세계의 봉사 단체
22	Martin's Big Words: The life of Dr. Martin Luther King, Jr.	5-6학년군 / 미래에 할 일 묻고 답하기, 계획 묻고 답하기 5-6학년군 / 세계 여러 분야의 역사적 인물(마틴 루터 킹, 간디)
23	The Stray Dog	3-4학년군 / 요일 묻고 답하기 5-6학년군 / 의견 나타내기, 외모를 묻거나 묘사하기
24	It's a No-Money Day	3-4학년군 / 할 수 있는 것과 할 수 없는 것 표현하기 5-6학년군 / 특정 장소에 무엇이 있는지 묻고 답하기
25	Skeleton Hiccups	3-4학년군 / 지시하기 3-6학년군 / 핼러윈
26	No Kimchi for Me!	3-4학년군 / 좋아하거나 싫어하는 음식 표현하기, 할 수 있는 것과 할 수 없는 것 표현하기 5-6학년군 / 음식 설명 요청하고 이에 답하기, 맛 표현하기, 여러 나라에서 즐겨 먹는 음식
27	The Mitten	3-6학년군 / 세계 여러 나라의 집(우크라이나) 5-6학년군 / 비교하기
28	Harvey Slumfenburger's Christmas Present	3-4학년군 / 자기소개하기, 사과하고 수용하기 3-6학년군 / 크리스마스 5-6학년군 / 다양한 교통수단
29	Chrysanthemum	3-4학년군 / 자기소개하기, 여러 나라에서 성과 이름 쓰는 순서 5-6학년군 / 이름의 철자 묻고 답하기, 다른 나라 친구들의 학교생활
30	Eat Your Peas	3-4학년군 / 좋아하거나 싫어하는 음식 표현하기

	책 제목	관련 주제
31	The Bad Seed	3-4학년군 / 마음을 움직이는 마법의 말 please 5-6학년군 / 감정이나 상태의 이유 묻고 답하기
32	The Crocodile Who Didn't Like Water	3-4학년군 / 감정이나 상태 묻고 답하기, 좋아하거나 싫어하는 것 묻고 답하기 5-6학년군 / 좋아하는 것 표현하기, 하고 싶은 일 표현하기
33	The OK Book	3-4학년군 / 자기소개하기 5-6학년군 / 좋아하는 것 표현하기
34	Mean Soup	3-4학년군 / 감정이나 상태 묻고 답하기 5-6학년군 / 과거에 한 일 묻고 답하기
35	The Color Monster: A Story about Emotions	3-4학년군 / 색깔 묻고 답하기, 감정 상태 표현하기, 다른 사람 소개하기 5-6학년군 / 하고 싶은 일 표현하기, 감정이나 의견, 경험을 간단한 문장으로 표현하기
36	When Sadness Comes to Calll	3-4학년군 / 이야기 자료를 통해 기쁨, 슬픔 등의 감정을 느끼고 공감하기 5-6학년군 / 위로 또는 격려하는 말 하기, 감정이나 상태의 이유 묻고 답하기
37	Black Dog	5-6학년군 / 인물의 외모, 옷차림 묘사하기
38	I Talk Like a River	3-4학년군 / 알파벳으로 시작하는 낱말 찾기, 파닉스 5-6학년군 / 일과를 묻고 답하기
39	The Dot	3-4학년군 / 할 수 있는 것 묻고 답하기, 색깔 묻고 답하기
40	Me... Jane	5-6학년군 / 장래 희망 묻고 답하기, 세계 여러 분야의 역사적 인물(제인 구달)
41	I Can Be Anything!	3-4학년군 / 할 수 있는 것 묻고 답하기 5-6학년군 / 장래 희망 묻고 답하기, 직업에 대해 묻고 답하기
42	Imogene's Antlers	3-4학년군 / 요일이나 일과를 나타낸 표현 찾기 5-6학년군 / 다양한 직업 알아보기
43	It's Okay to Make Mistakes	3-4학년군 / 감정이나 상태 나타내는 낱말 읽고 쓰기
44	Pete the Cat: I Love My White Shoes	3-4학년군 / 색깔 묻고 답하기
45	How to Lose All Your Friends	3-4학년군 / 행동 지시를 쉽고 간단한 문장으로 말하거나 보고 쓰기
46	I'm the Best	3-4학년군 / 할 수 있는 것 표현하기

	책 제목	관련 주제
47	Lost and Found	3-4학년군 / 감정이나 상태 묻고 답하기 5-6학년군 / 두 대상을 비교하는 말 하기, 감정이나 상태의 이유를 묻고 답하기
48	Ping	3-4학년군 / 할 수 있는 것 묻고 답하기, 감정이나 상태 나타내기
49	Stick and Stone	3-4학년군 / 감정이나 상태 묻고 답하기
50	Superworm	3-4학년군 / 지시하기 5-6학년군 / 인물 묘사하기
51	The Invisible Boy	3-4학년군 / 칭찬하기, 지금 하고 있는 일 묻고 답하기, 지시하기, 제안하기 5-6학년군 / 일과를 묻고 답하기
52	The Rabbit Listened	3-4학년군 / 제안하기 5-6학년군 / 감탄하기
53	Blackout	5-6학년군 / 여러 나라의 여가 활동(보드게임), 장소의 위치를 나타내는 말 하기
54	Papa, Please Get the Moon for Me	3-4학년군 / 요청하고 답하기
55	Hello Lighthouse	5-6학년군 / 직업에 대해 묻고 답하기, 장소 묘사하기
56	Swimmy	3-4학년군 / 제안하고 답하기 5-6학년군 / 비교하기
57	They All Saw a Cat	5-6학년군 / 인물 묘사하기
58	A Million Dots	3-6학년군 / 숫자 세기
59	Animalia	3-4학년군 / 첫 글자가 같은 단어 찾기, 알파벳과 쉽고 간단한 단어의 소리를 듣고 식별하기
60	Baa Baa Smart Sheep	3-4학년군 / 무엇인지 묻고 답하기 5-6학년군 / 물건의 가격 묻고 답하기
61	Bark, George	3-4학년군 / 지시하기 3-4학년군 / 다양한 동물 울음소리
62	Daisy Really, Really	3-4학년군 / 시각 묻고 답하기 3-6학년군 / Crossed Fingers(문화)
63	Dog Breath: The Horrible Trouble with Hally Tosis	3-4학년군 / 지시하기 5-6학년군 / 인물이나 장소 묘사하기

책 제목		관련 주제
64	Hi! Fly Guy	3-4학년군 / 누구인지 묻고 답하기
65	From Head to Toe	3-4학년군 / 자기 소개하기 3-4학년군 / 능력 여부 묻고 답하기
66	I Spy: An Alphabet In Art	3-4학년군 / 알파벳 학습, I spy 놀이 소개하기
67	I Want My Hat Back	3-4학년군 / 감사 표현하기 5-6학년군 / 물건을 묘사하는 말 하기, 하고 싶은 일 표현하기
68	Not a Box	3-4학년군 / 지금 하고 있는 일 묻고 답하기
69	Pigsty	5-6학년군 / 세계 여러 나라의 장난감, 놀이
70	Press Here	3-4학년군 / 요청하기, 지시하기 5-6학년군 / 칭찬하기
71	Roller Coaster	3-4학년군 / 인물이나 사물 묘사하기
72	Sam & Dave Dig a Hole	3-4학년군 / 제안하기 5-6학년군 / 위치 나타내기
73	That Is Not a Good Idea!	5-6학년군 / 감탄하기, 의견 묻고 답하기
74	The Napping House	3-4학년군 / 사물의 위치 묻고 답하기 5-6학년군 / 장소 묘사하기
75	The Very Hungry Caterpillar	3-4학년군 / 색깔 묻고 답하기, 요일 묻고 답하기
76	Tops & Bottoms	5-6학년군 / 미래의 일 묻고 답하기
77	What Does an Anteater Eat?	3-4학년군 / 만나고 헤어질 때 인사하기, 감사하고 이에 답하기, 사과하고 수용하기